D1639904

Uwe Ochsenknecht
Was bisher geschah

Uwe Ochsenknecht
mit Claudia Thesenfitz

WAS BISHER GESCHAH

Lübbe

FSC MIX Papier aus verantwortungsvollen Quellen FSC® C014496
www.fsc.org

Papier: holzfrei Schleipen – Werkdruck, der Cordier Spezialpapier GmbH

Dieser Titel ist auch als Hörbuch und E-Book erschienen

Originalausgabe

Copyright © 2013 by Bastei Lübbe AG, Köln

Lektorat: Ramona Jäger
Textredaktion: Dr. Matthias Auer, Bodman-Ludwigshafen
Copyright © Fotos Bildtafelteil: API (Seite 15 unten links); Bastei Lübbe AG (S. 15 u. re.); ddp images (S. 9, 11, 13 u., 14 o. re., 14 u.); Jim Rakete (S. 15 o.); ullsteinbild (S. 13 o., 10 u.). Alle übrigen Bilder entstammen dem Privatarchiv des Autors.
Umschlaggestaltung: Pauline Schimmelpenninck Büro für Gestaltung, Berlin
Umschlagmotiv: © KRAUS & PERINO, München (vorne), Uwe Ochsenknecht (hinten)
Satz: Greiner & Reichel, Köln
Gesetzt aus der Weiss
Druck und Einband: GGP Media GmbH, Pößneck

Printed in Germany
ISBN 978-3-7857-2485-9

5 4 3 2 1

Sie finden uns im Internet unter: www.luebbe.de
Bitte beachten Sie auch: www.lesejury.de

Für Kiki, Rocco, Wilson, Jimi und Cheyenne

»Wenn du glücklich sein willst – dann sei es!«
Tolstoi

INHALT

Prolog 11

Teil 1: In the Beginning 13

Kaba & Nutella – Erste Kindheitserinnerungen 15
Viel zu viel und viel zu wenig – Meine Eltern 22
Bier & Schläge – »Papa was a drunken stone« 30
Adam & Eva – Nicht immer das Paradies 40
Löwenzahn im Asphalt – Kuckuckskind 42
Musik – Meine erste große Liebe 45
Der Bauklotz-Trick – Wunderbare Mädchen 51
Neue Wohnung – Mannheim-Vogelstang 57
Wahlfamilie – Die Welt des Theaters 60
Körperspiele – Nudel-Contest und Schlafsack-Ängste 64

Teil 2: Coming of Age 71

Rocker & AN 1 – Ferien von den Eltern 73
Mutter München und die Pension Olive – Mein erster Film 77
Tschüss Schule! – Aufbruch ins Leben 79
Tschüss Brille! – Sonya, die erste Beziehung 83
»Ich dachte, mir platzt das Hirn« – Das erste Mal 85
Lieben und lernen – Auf der Schauspielschule 86
»Ich freu mich auf morgen früh!« – Ein ganz normales Leben 92
Untauglich – Der Anti-Einberufungs-Eiweißtrick 93
Krisenfest – Sonyas Affäre 101
Die hohe Kunst des Schauspiels – Was einen guten Darsteller ausmacht 105

Teil 3: Wild Times 109

Nach der Schauspielschule – Erste Film- und Theaterrollen 111
Das Ding – London, Vilma und eine abenteuerliche Fahrt 114
Ibiza 79 – Sonne, Strand und Partys mit Richy Müller 120
Kiffen, Koks, Konversation – In Amsterdam 129
Das Boot – Ein Welterfolg 133
Gesiebte Luft – Wegen Koks im Knast 145
Die verhasste Leo-Unterhose – *Männer* 154
»Du musst dich doof stellen« – Schauspielkunst 159
Rosana & Rocco – Familie zum Ersten 164
Butterbrot im Teamtheater – Back to the roots 168
Hollywood? – »Nee, besser doch nicht!« 171

Teil 4: Films & Family 175

Natascha – Eine Frau fürs Leben? 177
Wilson und Jimi – Warum sie nicht Klaus und Detlef heißen 185
»Wo die Sprache aufhört, fängt die Musik an« – In den Charts 189
Schtonk! oder Stunk? – Die Oscar-Farce 193
Bis dass der Tod uns scheidet – Unsere Hochzeit 199
40 Jahre – Mehr als 120 Filme 201
Versöhnung – Mit Cheyenne als Sahnehäubchen 206
Filme fürs Leben – Leben für den Film 214
Meine *Wilden Kerle* – Ein gefährlicher Versuch 220
Mit Wilson und Jimi auf den Spuren von Hendrix –
Marokko revisited 225
»Schlaf gut, Inge« – Der Tod meiner Mutter 226
Minus achtzehn – Trennung von Natascha 229
Kids – Das Projekt »Familie« 232

Teil 5: Today & Tomorrow 235

Kiki – Nicht gesucht und doch gefunden 237
Magic Moments – Über Beziehungen und Liebe 243
Die verkorkste Crème Brûlée – Wie Tim Mälzer und ich
Freunde wurden 246
Über den Tellerrand schauen – Gedanken und Einsichten 249
»Ich hab noch dreißig Sommer!« – Aussichten 251

Abspann 255

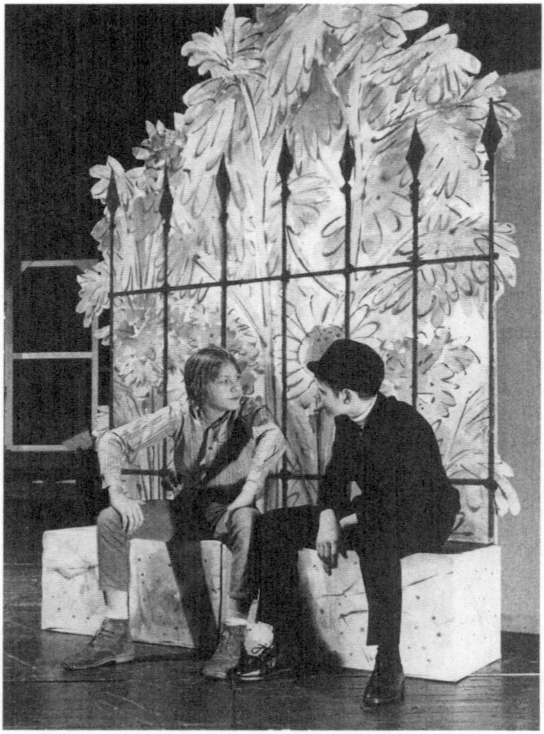

PROLOG

Nationaltheater Mannheim, November 1970, 15.20 Uhr

»Ach deswegen hast du so einen doofen Anzug an«, sage ich zu Emil, der eben mit dem Zug aus seiner Heimatstadt im großen Berlin eingetroffen ist.

»Nimm das sofort zurück! Sonst kleb ich dir eine, dass du scheintot hinfällst«, antwortet der und funkelt mich kampfeslustig an.

Ich bin vierzehn und spiele meine erste große Theaterrolle – die des Gustav in der Bühnenfassung von Erich Kästners berühmtem Kinderroman *Emil und die Detektive*. Tagelang habe ich meinen Text geübt, ihn mit meinen Kumpeln durchgespielt und versucht, mich in den Berliner Jungen einzufühlen. Was ist das für ein Kerl, der mit einer Hupe durch die Hauptstadt läuft und durch sein simples Getröte in Sekundenschnelle eine ganze Kinder-Gang versammeln kann? Er trötet, und sie kommen aus allen Ecken. Kenne ich Jungs, die so sind wie er? Das Kostüm – eine zu kurze Hose mit Hosenträgern und ein zerschlissenes Hemd – sowie meine zerwühlten Haare helfen mir, mich in die Situation des Berliner Straßenjungen hineinzudenken.

Im Stück haben Emil und ich uns gerade kennengelernt, nun sitzen wir nebeneinander auf einer Bank.

»Ich beobachte einen Dieb«, sagt Emil geheimnisvoll zu mir.

»Was? Wen hat er denn beklaut?«

»Mich!«, erwidert er.

Ich gucke ihn verblüfft an und spiele an der Hupe, die aus meiner Hosentasche hängt. »Hundertvierzig Mark hat er mir gestohlen, und jetzt sitzt er da drüben im Café und lässt sich's gutgehen!«

»Das ist ja wie im Kino«, rufe ich begeistert und starre wie gebannt auf die andere Seite der Bühne in ein Café, das es gar nicht gibt.

Der alte Bühnenscheinwerfer oben an der Decke strahlt mich an, und mit jeder Minute, die ich spiele, versetze ich mich mehr in die Figur hinein. Die Sätze kommen mir ohne Stocken über die Lippen. Ich bin jetzt Gustav, der »Junge mit der Hupe«, und die Tröte gehört zu mir wie ein drittes Bein.

Im Zuschauerraum ist es dunkel, ich sehe nur die Gesichter in den ersten Reihen, und die Leute schauen mich gebannt an, wenn ich spreche. Ich spüre ihre Aufmerksamkeit und ihre Blicke, die mir folgen. Das fühlt sich phantastisch an. Ich höre meine eigene Stimme, während über hundert Menschen im Saal ganz still sind und mir zuhören. Mein Herz klopft mir bis zum Hals vor Freude. Es ist wie ein Rausch, wie Musikhören, wie Tanzen, wie Biertrinken – wie küssen! Und mir geht es nicht alleine so: Auch den anderen merke ich den Spaß beim Spielen an. Wir machen hier etwas Großes – und schaukeln uns gegenseitig hoch. Eine euphorisierende Dynamik entsteht zwischen uns. So etwas Tolles habe ich noch nie erlebt. Das ist spannender als jeder Film, den ich bisher gesehen habe, das ist intensiver als jede Mutprobe, die ich bisher bestehen musste.

An den dramatischen Stellen wird es ganz still im Saal, und bei überraschenden Wendungen ruft ab und an ein Kind erschrocken »Oh« im Zuschauerraum. Wir scheinen also überzeugend zu spielen. Plötzlich – viel zu schnell – ist das Stück dann zu Ende.

Der Vorhang fällt. Lauter Applaus brandet auf. Bravo-Rufe ertönen. Ein völlig neues Glücksgefühl durchströmt mich. Der Beifall prasselt wie eine warme Dusche auf mich nieder. Wir laufen einzeln vor den Vorhang und verbeugen uns vor dem Publikum. Bei jedem von uns wird das anhaltende Klatschen wieder lauter. Ich fühle mich phantastisch. Zum ersten Mal werde ich wirklich gesehen, anerkannt, geliebt ...

Ist das hier meine Zukunft?

Teil 1
In the Beginning

KABA & NUTELLA – ERSTE KINDHEITSERINNERUNGEN

Ich mache die Augen auf. Alles ist verschwommen, wie von Weichzeichner vernebelt. Vor dem Fenster schweben Schneeflocken. Leise, gedämpfte Welt – ich krieche tiefer unter meine warme Decke. Aus der Küche dringen Frühstücksgeräusche an mein Ohr: Geschirr klappert, jemand schaufelt Kohlen, Schranktüren werden geöffnet und geschlossen. Vor einer Stunde schon hat meine Mutter den riesigen Kohlenherd angefeuert, damit wir es zum Frühstück schön warm haben. Eine Heizung, die man einfach aufdreht, oder fließend warmes Wasser gibt es nicht. Die Küche ist morgens der einzig warme Raum unserer winzigen 42-Quadratmeter-Wohnung.

Erst wenn mein Vater nachmittags um halb vier von der Arbeit kommt, wird der kleine Eisenofen im Wohnzimmer aktiviert, der nach und nach dann die ganze Wohnung in eine wohlige Wärme hüllt. Nur das Schlafzimmer wird nie beheizt, weil es auch noch als großer Kühlschrank dient, in dem die verderblichen Lebensmittel lagern.

»Uwe! Aufstehen!« Nachdem meine Mutter mich zum dritten Mal aus der Küche ruft, schäle ich mich aus meinem warmen Bett, tripple in meinem hellblauen Nachthemd mit hochgezogenen Schultern barfuß über den kalten Linoleumboden und kauere mich mit meiner Decke auf die rote Eckbank aus Plastikleder. Das Feuer knistert, es riecht nach Kaffee und frischem Brot, und meine Mutter stellt mir wie jeden Morgen einen dampfenden Becher heißen Kaba vor die Nase. Dazu gibt es eine dickbeschmierte Nutella-Schnitte.

In diesen Momenten kann ich mir keinen schöneren Ort auf der Welt vorstellen als unsere Küche. Vorausgesetzt der Kaba hat keine »Haut« …

Mein Dasein auf diesem Planeten begann bescheiden: Sowohl meine Schwester Beate als auch ich wurden im Haus von Freunden geboren, in dem meine Eltern einige Zeit wohnten. Als meine Mutter 1951 mit meiner Schwester Beate schwanger war und langsam klar wurde, dass die sowjetische Besatzungszone den Übergang in die BRD einschränken würde, hatten sich meine Eltern aus Saalfeld in Thüringen bei Nacht und Nebel aus dem Staub gemacht – richtig dramatisch soll das gewesen sein, verfolgt von Suchscheinwerfern krabbelten sie unter Stacheldraht in den Westen. Es gelang ihnen die Flucht, und sie kamen dann bei einem Ehepaar in der Jahnstraße im hessischen Biblis unter, das sie freundlicherweise aufnahm und in deren Haus wir Kinder das Licht der Welt erblickten.

Sowohl Beates als auch meine Hausgeburt ging unkompliziert über die Bühne, ohne Arzt, nur mit Hilfe von warmem Wasser und einer Hebamme. Und dank der Willenskraft und Vitalität meiner Mutter selbstverständlich. Ich kam am 7. Januar 1956 zur Welt, einem kalten Wintermorgen, um 4.15 Uhr. Sternzeichen Steinbock, Aszendent Skorpion.

Mein Vater hielt seine kleine Schar zunächst mit einer Arbeit als Tagelöhner auf Bauernhöfen über Wasser. Als er bei Mercedes-Benz eine Stelle als Feinmechaniker angeboten bekam, griff er sofort zu, und wir zogen nach Mannheim. Dort waren wir nicht schlecht gelandet: Die geografische Lage ist klimatisch sehr begünstigt – und die Landschaft herrlich. Heidelberg, für viele die schönste Stadt Deutschlands, liegt gleich nebenan, und die Ufer von Rhein und Neckar sind ja nicht weniger berühmt. Die südliche Lage sorgt außerdem für gutes Wetter: heiße Sommer, weiße Winter und wenig Regen.

Das Beste an der neuen Umgebung waren aber, wie sich später für mich herausstellen sollte, die umliegenden Kasernen der US-Army beziehungsweise der Lifestyle der amerikanischen GIs. Die Amerikaner hatten eine extrem lässige Art, geile Autos, Kaugummis, und vor allem: Die Schwarzen hörten die coolste Musik, konnten fantastisch tanzen und brachten Leben und gute Laune in die ansonsten so unendlich miefigen Nachkriegs- und Wirtschaftswunderjahre.

Waldhof, wohin es uns verschlagen hatte, ist ein Vorstadtbezirk von Mannheim im Rhein-Neckar-Dreieck und als traditionelles Arbeiterviertel bekannt. Im Süden Waldhofs liegt das Mercedes-Benz-Werk der Daimler AG, in dem die Mannheimer Arbeit fanden – und einer davon war damals auch mein Vater.

Das Leben auf dem Waldhof, wie man sagt, war recht dörflich geprägt und beschaulich: vierstöckige, gelb oder grau verputzte Wohnblocks, dazwischen jede Menge Bäume, Spielplätze, ein »Konsum«, ein Bäcker, die Gaststätte »Zum deutschen Michel«, der Hühnerzuchtverein »Die Goggelrobber« und ein paar Kneipen mit depressiv-düsterer Eichen-Einrichtung und Kunstblumen vor den nikotingelben Gardinen. Die Sehnsucht nach Geborgenheit und heiler Welt manifestierte sich in Spießertum, Persil und den ersten Schwarz-Weiß-Fernsehapparaten. Jeder kannte jeden – und beobachtete jeden.

Sonntags wurde Waldhof zur Geisterstadt, und schon um elf roch es überall nach Mittagessen: Kohl, Frikadellen, Kartoffeln. Als Kind habe ich diese Sonntage gehasst. Ich wollte spielen, wollte Action, aber draußen war es so leer und öde, als wäre gerade die Pest ausgebrochen. Das Schlimmste jedoch war mein unbequemes, sperriges Outfit: Sonntags zog man gute Sachen an – das war ein unverrückbares »Anständige Leute«-Gesetz. Die Sonntagskleidung, in die mich meine Mutter schon morgens zwängte, bestand aus einer Hose mit Schlag und Bügelfalten, den »guten« Schuhen und einem Nylon-Hemd. Die Klamotten waren grauenhaft beengend: Alles klemmte, und ich schwitzte darin wie in der Sauna. Auf diese Weise kleidungstechnisch gegeißelt, traf ich mich trotzdem mit meinen Freunden auf dem Spielplatz, was nicht besonders viel Spaß brachte, weil keiner von uns seine Sachen schmutzig machen durfte.

Unsere erste Wohnung war spartanisch eingerichtet. Es gab weder eine Badewanne noch eine Dusche, kein warmes Wasser und keine Heizung. Samstags war Waschtag, dafür wurden auf dem

Kohlenherd in der Küche mehrere Kannen Wasser erhitzt und in eine große Zinkwanne gegossen. In der wurden erst meine Schwester und danach ich mit einem Frotteelappen abgeschrubbt – im selben Wasser!

Die Wohnung umfasste zwei Räume – Wohn- und Schlafzimmer –, die ineinander übergingen, plus eine Küche, einen winzigen Flur und eine ebenso winzige Toilette. Im Wohnzimmer standen eine Klappcouch und ein Schrankklappbett, die abends für meine Schwester und mich zurechtgemacht wurden. Mich legte man zum Schlafen allerdings erst mal ins Schlafzimmer meiner Eltern, weil die »Erwachsenen« (und dazu zählte zu meinem großen Ärger auch meine fünf Jahre ältere Schwester) im Wohnzimmer noch Fernsehen guckten, spielten oder redeten. Wenn meine Eltern dann ins Bett gingen, trugen sie mich rüber ins Wohnzimmer. Im Winter war der Raum so kalt, dass sich am Fenster Eisblumen bildeten und ich meine kleinen Füße an die Bettflasche aus Zink drückte, die die einzige Wärmequelle darstellte.

Geschlafen habe ich in meinem »Du musst früher ins Bett«-Exil natürlich selten sofort. Es war viel zu spannend herauszufinden, was die Erwachsenen machten und redeten. Fernsehen war damals ja sowieso noch ein Weltwunder. Meine Eltern konnten sich erst ziemlich spät ein eigenes Gerät leisten und hatten sich bis dahin von den Nachbarn ab und an zu einem Fernsehabend einladen lassen. Erst seit kurzem besaßen wir nun selbst einen mit Schwarz-Weiß-Bildschirm – und wenn ich es geschickt anstellte, konnte ich, mich auf der Frisiertoilette meiner Mutter abstützend, durch den Türspalt vom Schlafzimmer ins Wohnzimmer auf den Bildschirm gucken.

Die Kunst bestand darin, die Tür so vorsichtig, leise und zudem nur so wenig aufzumachen, dass es keiner mitbekam. Und sie rechtzeitig wieder zu schließen, sobald mein Vater sagte: »So, der Tag ist vorbei.« Auf diese Weise schaffte ich es tatsächlich oft, TV-Sendungen mit anzusehen. Der Preis dafür waren jedoch nicht nur tiefe Augenringe, sondern auch dauerrote Augen, weil es durch den Türspalt immer so zog.

Unsere Wohnung war zwar klein, aber ich fand sie immer total gemütlich: Nachts, im Bett meiner Eltern, lauschte ich den Zügen im naheliegenden Bahnhof und habe mir vorgestellt, wohin die wohl alle fuhren. In die große, weite Welt? Die Kirchturmglocke wiederum besaß für mich damals schon immer etwas Unheimliches und Bedrohliches. Sie erinnerte mich in der Stille der Nacht daran, wie spät es schon geworden war. Im Sommer, wenn es in der Wohnung sehr heiß wurde und deshalb das Fenster zum Schlafen aufgelassen werden durfte, konnte ich die blühenden Linden und Kastanien riechen, in den Sternenhimmel schauen und mich ins All träumen.

Unser Waldhof war ja eigentlich nur ein größeres Dorf, aber trotzdem gab es viel zu entdecken: Meine Kumpel und ich stromerten herum und suchten überall Abenteuer. Das gigantisch große Fabrikgelände von Zellstoff Waldhof in der Altrheinstraße zum Beispiel bot jede Menge Spannendes. Wir kletterten über den brüchigen Fabrikzaun und erforschten die verrosteten Container, deren Türen sich leicht aufstemmen ließen. In einem fanden wir einmal eine Riesenladung tischtennisballgroßer weißer Kugeln. Sie waren allerdings um einiges schwerer als die kleinen Sportgeräte, und wenn man sie in die Hand nahm, hinterließen sie einen schleimigen, pulvrigen Film, den man erst durch mühseliges Schrubben mit Kernseife wieder loswurde. Aus welchem eventuell hochgradig giftigen Material sie waren, hat uns damals wenig interessiert.

Erstaunlicherweise wurde mir erst vierzig Jahre später klar, dass die »Zewa Wisch & Weg«-Haushaltstücher, die jeder kennt, von eben dieser Fabrik produziert wurden.

Auf einem anderen Teil des Geländes gab es einen Sandplatz mit zwei kleinen Toren. Ich habe mich oft gefragt, wer die da wohl hingestellt hatte – und vor allem für wen, mitten auf einem verwilderten Industriegelände. Ihr Zweck war es sicher nicht, den Mitarbeitern der Zellstofffabrik einen Mittagspausen-Kick zu ermöglichen ... Das Rätsel blieb für immer ungelöst, aber dafür trugen wir dort mit den älteren Jungs leidenschaftliche Fußball-Matches aus, die so spannend waren, dass ich oft stinksauer wurde, wenn ich mitten in der heißesten Phase des Spiels heimmusste, weil es schon fast sechs Uhr war, also Abendbrotzeit.

Und dann gab es da noch einen etwa fünf Meter hohen Berg aus Matratzen, von denen allerdings nur noch das Gerippe, nämlich die von der Witterung verrosteten Matratzenfedern, übrig war. Aus irgendeinem Grund hieß das Gebilde bei uns »die Kina«. In der Abendsonne erinnerte »die Kina« manchmal an das sakrale Monument einer Kultstätte aus längst vergangenen Zeiten, aber auch Joseph Beuys hätte sich an ihrem Anblick bestimmt erfreut.

»Was mache man heid?«, hieß es oft, wenn wir uns trafen.

»Gehma uff die Kina?«

»Eijo, mache ma!«

»Auf die Kina gehen« bedeutete, wettkampfmäßig auf den fünf Meter hohen Turm zu klettern (wer ist als Erster oben?), dort herumzuhüpfen wie auf einem Trampolin oder sich an der phänomenalen Aussicht zu ergötzen. Die Jungs, die schon oben waren, lachten sich schlapp, wenn die anderen beim Hoch- oder Runterklettern abstürzten oder sich die Hosen zerrissen.

Wenn wir einen ganz mutigen Tag hatten, wagten wir es, den endlos langen Weg an der Zellstofffabrik vorbei zum Rheinufer zu gehen. Der Altrhein ist ein Seitenarm des Hauptstroms, und eigentlich durften wir da nicht hin. Der Fußmarsch dauerte ewig, aber es war toll, am Ufer Steine ins Wasser zu werfen und die Schiffe zu beobachten. Manchmal haben wir auch angeschwemmte tote Fische gefunden (die BASF war ja nicht weit entfernt), die wir dann in Einzelteile zerlegten und untersuchten. Die waren bestimmt genauso ungiftig wie die Zewa-Tischtennisbälle ...

Mittwochs hatte ich immer Training im Fußballverein SV Waldhof, dem Jugendclub des legendären Otto »Holz« Siffling. Der Waldhofer Fußballgott hatte den kleinen Verein in den Dreißigerjahren berühmt gemacht, weil er sich bis in die deutsche Nationalmannschaft hochgespielt und mit ihr bei der Weltmeisterschaft 1934 die Bronzemedaille gewonnen hatte. Zu seinem Gedenken wurde die Kornstraße, in der wir wohnten, im Juni 1977 in Otto-Siffling-Straße umbenannt.

Da ein neues Fußballoutfit für meine Eltern unerschwinglich war, schenkten mir Freunde meiner Eltern die abgelegten Sachen ihres Sohnes. Alles war komplett outdated: Das Trikot entpuppte sich als zwei Nummern zu groß und musste an der Brust geschnürt werden, die Hose war viel zu weit und reichte mir bis über die Knie, und die Schuhe waren abgelaufen. Ich kassierte von meinen Mannschaftskumpeln manchen blöden Spruch für meine altmodischen Trainings-Klamotten, aber letztlich gewöhnten sich alle (einschließlich mir) an meinen Look. Außerdem war mein Können als Stürmer und später als Torwart nicht schlecht: Ich hatte ein ganz passables Ballgefühl, konnte gut dribbeln und war sprintstark.

Meine Fähigkeiten auf dem Platz bewirkten, dass mir während des Spiels der Respekt wieder gezollt wurde, den mich meine Sportklamotten zuvor gekostet hatten.

Ich selbst allerdings fand, dass ich noch weit von den Fähigkeiten eines Siffling entfernt war, und auch meine Anfahrt zum Verein erschien mir noch optimierungsbedürftig: Meist fuhr ich mit dem dunkelblauen Drahtesel meiner Schwester vor, einem Mädchenfahrrad ohne Stange und deshalb imagemäßig eine Katastrophe. Ich schämte mich, aber für ein eigenes Fahrrad hatten wir kein Geld. Später immerhin konnte ich den Auftritt etwas verbessern: Da kam ich mit meinem eigenen grasgrünen Roller.

Die Väter der anderen Jungs aus meiner Mannschaft standen öfter am Spielfeldrand und feuerten ihre Söhne an, freuten oder ärgerten sich mit ihnen, fieberten mit, diskutierten die Taktik und nahmen ihren Nachwuchs nach dem Spiel in den Arm. Mein Vater dagegen war nur selten da. Ich wünschte mir sehnlichst, dass er öfter die Spiele an den Samstagen besuchen und sich für mich und mein eventuelles Talent interessieren würde. Irgendwann aber gab ich die Hoffnung auf, zwischen den wenigen Zuschauern meinen Vater zu finden, und konzentrierte mich stattdessen ganz aufs Spiel.

Mein Kinderleben war in materieller Hinsicht also bescheiden, aber dafür geregelt. Und diese Routine vermittelte mir ein Gefühl der Geborgenheit: Der Tag begann mit dem Frühstück in der behaglichen Küche, danach ging es in die Schule. Wenn ich nach Hause kam, stand das dampfende Essen bereits auf dem Tisch. Nachmittags spielte ich draußen mit den Freunden – und um sechs gab's Abendbrot. Danach höchstens noch eine Stunde raus, und dann ab ins Bett.

🐂 VIEL ZU VIEL UND VIEL ZU WENIG – MEINE ELTERN

Der Fehler war vielleicht, dass meine Eltern Sex hatten. Obwohl ich später nie irgendeine körperliche Anziehungskraft zwischen ihnen spürte und selten eine zärtliche Geste sah, muss es eine Zeit gegeben haben, in der sie miteinander schliefen. Damals gab es die Pille noch nicht, Kondome waren teuer beziehungsweise schwer zu beschaffen – und Kinder deshalb eine kaum vermeidbare Nebenwirkung der Lust. Die Verzweiflung angesichts der Blagen, die versorgt werden mussten und die die Eltern vom Glücklichsein, von ihren eigentlichen Lebensträumen, abhielten, äußerte sich in Frustration, Ablehnung oder Gefühlskälte und entlud sich leider auch manchmal in Gewaltausbrüchen.

Kindern zuzuhören, die sogenannte antiautoritäre Erziehung, ein feinfühliges Eingehen auf kindliche Bedürfnisse und Respekt vor deren empfindsamen, unschuldigen Seelen waren damals noch nicht Praxis – nicht nur bei uns zu Hause. Ich empfand mich nie als geliebten kleinen Menschen, über dessen Existenz man sich einfach freute. Ganz im Gegenteil, schon sehr früh hatte ich das Gefühl, dass wir Kinder nicht wirklich gewollt waren, sondern nur geduldet. Bei uns galt: funktionieren, nicht laut sein, nicht schwierig, nicht kompliziert. »Spuren um jeden Preis« lautete die Devise. Wir hatten im Wesentlichen nicht auf- und nicht zur Last zu fallen, am besten unsichtbar zu sein und eigene Bedürfnisse weder zu haben noch – um Himmels willen – zu artikulieren. Manchmal fragte ich mich allen Ernstes, ob wir vielleicht adoptiert waren.

»Ihr wart eigentlich nicht geplant«, dieser Satz rutschte meiner Mutter nach ein paar Gläsern Wein dann mal versehentlich tatsächlich heraus. »Wolltet ihr uns denn gar nicht?«, fragte ich damals entsetzt. Sie daraufhin, abschwächend: »Ach, nach dem Krieg war das halt so. Da gründete man eben eine Familie ...«

Ich habe mich oft auch gefragt, ob meine Eltern zusammengeblieben wären, wenn es mich und meine Schwester nicht gegeben hätte. Ob mein Vater dann doch noch Opernsänger oder Friseur geworden wäre – und meine Mutter vielleicht Rot-Kreuz-Chefin. Auch sie hatten ja ihre Träume gehabt, als sie jung waren ...

Werner Ochsenknecht war ein gutaussehender Mann. Nicht besonders groß, aber drahtig, und mit einem feingeschnittenen Gesicht. Er kam aus einer strengen preußischen Familie, deren Erziehungsmethode hauptsächlich in Prügelstrafe und Stubenarrest bestand, was mit Blick auf sein eigenes Verhalten später einiges erklärte. Bei besonders schlimmen Vergehen wurde er an die Heizung gekettet. Und dabei einmal so heftig geschlagen, dass er drei Tage nicht reden konnte. Oder wollte. Er selbst hatte nie davon gesprochen. Das haben wir von unserer Mutter erfahren.

Ein anderer Junge hätte diese Härte vielleicht irgendwie weggesteckt. Mein Vater aber hatte eine ganz weiche, künstlerische Seite. Da er eine musische Ader besaß, wollte er Opernsänger werden – oder noch lieber Friseur. Sein Pech war, dass er dafür ein paar Jahrzehnte zu früh auf diesem Planeten gelandet war – und in der falschen Familie. Sein Vater, ein strenger Beamter, stufte die Haarschneiderei abfällig als »Beruf für Schwule« ein. Friseur sei was für »warme Brüder«. Und Opernsänger? »Damit kann man doch kein Geld verdienen, Junge!«

Mit achtzehn meldete sich mein Vater dann freiwillig als Kampfflieger bei der Reichsluftwaffe. Ob es Verzweiflung war oder ein Akt der Coolness – ich weiß es nicht. Flieger zu sein war damals Rock 'n' Roll. Und Fliegerjacke und Uniform zu tragen so sexy, wie sich später Jeans und Brando-Lederjacke überzustreifen.

Er wurde Bordfunker in Sturzkampfflugzeugen, klapprige Blechbüchsen, deren Räder kleiner waren als die an Kinderwagen. Die berühmt-berüchtigten Stukas waren einmotorige Kampfflugzeuge, die in tollkühnen Aktionen unter Sirenengeheul im Sturzflug aus mehreren tausend Metern Höhe auf ihre Ziele zuschossen. Direkt über dem Ziel wurde dann die Bombenladung abgeworfen, die Maschine erst etwa 500 Meter über dem Boden abgefangen und anschließend im 90-Grad-Winkel wieder nach oben gezogen. Die Beschleunigungskräfte dabei waren so enorm, dass manche Piloten sekundenlang in Ohnmacht fielen. Um die Organe an ihrem Platz zu halten, sollten sich die Piloten anschnallen. Aber anschnallen war uncool. Mein Vater hat den Gurt so gut wie nie benutzt – und sich so seinen Magen ruiniert.

An der Ostfront wurde er mehrfach beschossen, stürzte zweimal ab und geriet schließlich in britische Gefangenschaft ...

Ingeborg Hegner, meine Mutter, machte mit achtzehn eine Ausbildung zur Schwesternhelferin beim Roten Kreuz in Meiningen. Danach meldete sie sich freiwillig zum Kriegseinsatz, weil sie »etwas fürs Vaterland tun« wollte. Im Sommer 1941 – da war sie gerade mal einundzwanzig – wurde sie an die Ostfront versetzt und reiste über Polen bis tief in den Kaukasus. Schreckliche Bilder und Szenen muss sie dort gesehen haben: schlimme Verletzungen, herumhumpelnde junge Kerle, schmerzheisere Schreie. Miterleben zu müssen, dass viele Soldaten und Offiziere, die fit und gesund an die Frontlinie geschickt wurden, ohne Arme, Beine oder mit schlimmen Gesichts- oder Kopfblessuren wieder zurückkamen, war mit Sicherheit eine schmerzhafte und traumatisierende Erfahrung für meine Mutter. Trotz dieser Situation, oder vielleicht gerade deswegen, hatte man in den Lazaretts aber auch viel Lust am Leben: Um den täglichen Tränen, dem Tod und der Verzweiflung etwas entgegenzusetzen, feierten die Ärzte und Schwestern ab und an spontane Partys mit reichlich Alkohol. So mancher Arzt bediente sich dabei auch am Giftschrank, um sich den täglichen Horror mit etwas Morphium weichzuzeichnen. Himmel und Hölle – ganz dicht beieinander. Die Psyche meiner Mutter muss davon ziemlich heftig beeinflusst worden sein ...

Ihre Erinnerungen, die sie damals schon in ihrem Kriegstagebuch notierte, hat sie sich 2004 in einem umfassenden Buch von der Seele geschrieben: *Als ob der Schnee alles zudeckte* stellt ein eindrucksvolles Zeitdokument dar und wurde nicht zuletzt deshalb zu einem großen Überraschungserfolg.

Als Hitler endlich kapitulierte und sich erschoss, war meine Mutter fünfundzwanzig, mein Vater ein Jahr jünger. Der Krieg hatte beiden die Jugend geklaut, und sie mussten sich in den Trümmern ganz neu orientieren. Zudem sahen sie sich mit der bitteren Erkenntnis konfrontiert, einem Unrechtsstaat gedient zu haben: Sie hatten ihre Seelen und ihre vielleicht besten Jahre an ein Horrorsystem unter einem verrückten Diktator verkauft.

Wegen seiner immer schmerzhafter werdenden Magenprobleme musste mein Vater nach dem Krieg operiert werden. Und er landete just in dem Krankenhaus, in dem meine Mutter arbeitete. Man entfernte ihm die Hälfte seines Magens – und sie betreute ihn und pflegte ihn gesund. So lernten die beiden sich kennen. In ihrem Buch beschreibt meine Mutter die Begegnung folgendermaßen: »Ich arbeitete im Krankenhaus in Saalfeld und lernte dort einen Patienten näher kennen, der eine Magenoperation hinter sich hatte. Im Krieg war er Bordfunker gewesen, zwei Mal war er mit dem Flugzeug abgestürzt und hatte es beide Male überlebt. Nach der englischen Gefangenschaft war er nach Thüringen gekommen, um nach seiner Mutter und seiner Schwester zu suchen, und fand mich. Oder sollte ich lieber sagen, dass wir einander fanden? Mit diesem schweigsamen Mann, mit meinem Werner, der mir zwei wunderbare Kinder schenkte, floh ich dann in den Westen.«

Im Nachkriegsdeutschland und aufkeimenden Wirtschaftswunderland hatte man nach den schlimmen, chaotischen Jahren ein großes Verlangen nach einem »geregelten« Leben. Und wie bei allen anderen Paaren jener Zeit nahm dieses auch bei meinen Eltern seinen Gang: Man heiratete, arbeitete, zog in eine kleine Wohnung und gründete eine Familie. Das Kinderkriegen zugunsten einer irgendwie gearteten Selbstverwirklichung zu hinterfragen war undenkbar. Kinder bekam man genauso selbstverständlich, wie man am 24. Dezember Weihnachten feierte. In unserem Fall hieß das: Erst kam meine Schwester Beate und fünf Jahre später ich zur Welt.

Doch während mein Vater mit Kindern überhaupt nichts anfangen konnte und uns das auch zeigte, versuchte meine Mutter, seine emotionale Kargheit mit umso mehr Liebe zu kompensieren. Aber ihre zur Schau gestellte Zuneigung war oft aufdringlich und übertrieben, für mein Empfinden resultierte sie aus einem schlechten Gewissen und kam nie wirklich in meinem Herzen an. Es fehlte echtes, spürbares Interesse an mir als Individuum, warme, aufmerksame Zuwendung. Wenn ich ihr etwas erzählte, hörte sie mir nie richtig zu. Zugegeben, Kleine-Jungs-Erlebnisse sind für Erwachsene auch nicht besonders fesselnd, aber ich wurde auch sonst nie für irgendetwas gelobt, nie gefordert oder gefördert. Sie schmuste zwar mit mir, streichelte mich und gab mir dadurch körperliche Zuwendung, aber an Sätze wie »Ich hab dich lieb« oder »Das hast du toll gemacht!« kann ich mich nicht erinnern.

Viel zu viel Liebe und viel zu wenig – beides war nicht gut. Und es gab noch ein zweites Problem: Ich hatte keine Privatsphäre. Das heißt, ich besaß noch nicht einmal eine eigene Schublade oder ein Fach in einem Schrank, in dem ich irgendetwas hätte verstauen oder verstecken können. Meine Mutter ist an alle meine Sachen und Pappschachteln gegangen. Ich durfte keine Geheimnisse besitzen, wurde komplett durchleuchtet. Wenn ich zum Beispiel von der Schule kam, hatte sie meine Sachen oft neu und anders eingeräumt. Und an meinen selbstgebastelten Flugzeugen – etwa der nachgebauten Stuka meines Vaters – fielen beim Hochnehmen Teile ab, die beim Putzen abgebrochen und von meiner Mutter gleichgültig einfach wieder drangelegt worden waren. Regte ich mich darüber auf, und das tat ich immer, antwortete sie scheinheilig: »Wieso? Ich wollte doch nur sauber machen!« Es war furchtbar. Ich fühlte mich völlig kontrolliert.

Weil ich kein eigenes Zimmer hatte, bastelte ich mir eines unter dem Wohnzimmertisch: Geschützt durch die Tischdecke besaß ich dort einen Rückzugsort, einen Bereich für mich, und damit die Chance, mal alleine zu sein – bis meine Mutter mit dem Staubsauger anrückte ...

Mein Vater duldete keine fremden Menschen in der Wohnung, deshalb gab es nie Geburtstagsfeiern für meine Schwester und mich. Wenn sich trotzdem mal ein Schulfreund von mir nachmittags zu uns verirrte, was äußerst selten vorkam, betrachtete meine Mutter das als Riesen-Event. Als ich nach unserem Umzug ins Neubaugebiet Vogelstang endlich ein eigenes Zimmer besaß, das ich mit meiner Schwester teilte, und mich mit meinem Besuch dorthin zurückzog, kam sie alle fünf Minuten rein. Ohne anzuklopfen. Anklopfen gab es bei uns generell nicht. Also schloss ich die Tür ab, wenn ich Besuch hatte.

»Wieso schließt du zu, Uwe?«, fragte meine Mutter sofort durch die Tür hindurch. »Was besprecht ihr denn da? Habt ihr Geheimnisse?«

»Nein, Mama. Wir wollen nur mal unter uns sein!«

Um ihre Störaktionen zu beenden und ihr Misstrauen zu zerstreuen, schloss ich die Tür wieder auf. Fünf Minuten später stand sie im Zimmer:

»Möchtest du deinem Freund nicht mal was zu trinken anbieten, Uwe?«

»Mama, wir holen uns das schon!«

»Ja, ich mein ja nur ...«

Drei Minuten später stand sie erneut in der Tür: »Und wie geht's deiner Mutter, Bernd?«

Kurz darauf kam sie, um »die Heizung zu kontrollieren« oder »die Gardine zurechtzurücken«.

»Mama, was machst du hier?«

»Ich darf ja wohl kurz mal hier reinkommen, oder?«
»Ja, aber warum?«
»Ich dachte, die Heizung sei vielleicht zu hoch gedreht ...«
»Ist sie aber nicht.«
Es war im Winter sowieso immer arschkalt in unseren Zimmern. An den Heizkörpern war von der Hausverwaltung ein kleiner Behälter mit einer Flüssigkeit angebracht, die den Verbrauch nach Strichen anzeigte, der von meinem Vater peinlichst genau kontrolliert wurde: »Ihr habt diese Woche schon zwei Striche verbraucht. Das ist zu viel!« Es wurde nach Strichen geheizt und nicht nach Temperatur. Wann das Monatslimit an Strichen für meinen Vater erreicht war, weiß ich allerdings nicht mehr. Und ehrlich gesagt war es mir schon damals egal. Denn ich wollte einfach nur 'ne warme Bude!

Diese ganzen respektlosen Unterbrechungen machten mich wütend.

»Kannst du uns jetzt endlich in Ruhe lassen, Mama?«, fragte ich schließlich ungeduldig.

Worauf sie mit Blick auf meinen Freund antwortete: »Bist du auch so frech zu deiner Mutter, Bernd?«

Ich fand ihr Verhalten nervig, penetrant und blöd. Um meinen Freunden ihre Auftritte zu ersparen, hörte ich irgendwann auf, sie zu mir nach Hause einzuladen. Stattdessen versuchte ich, bei ihnen zu Gast zu sein – gerne auch über Nacht. Das führte zu einem anderen Problem, denn meine Mutter wurde bei Einladungen dieser Art sehr eifersüchtig: »Gefällt es dir bei denen besser als bei uns?«, fragte sie aufgebracht.

»Nein, Mama«, versuchte ich sie verzweifelt zu beruhigen.

»Ja, dann musst du da doch auch nicht übernachten und den Leuten zur Last fallen!«

Besonders gern blieb ich bei meinem besten Kumpel Thomas Buchleiter über Nacht. Jedes Mal wenn ich ihn besuchte und der Zeitpunkt näher rückte, an dem ich nach Hause gehen musste, begann der Kampf mit meiner Mutter. Kam ich mit meinen Überredungskünsten am Telefon nicht weiter (und das war fast immer der Fall), bat ich Thomas' Ma, mit meiner Mutter zu reden. Sie sollte ihr klarmachen, dass nichts dabei wäre, wenn ich bei ihr und ihrem Sohn schliefe. Manchmal klappte es, aber noch viel öfter leider nicht.

Blieb meine Mutter hart, trieb es mir vor Wut die Tränen in die Augen. Denn ich fühlte mich bei Buchleiters immer extrem wohl. Der Vater von Thomas arbeitete, allerdings in gehobener Stellung, ebenfalls bei Mercedes-Benz und spielte hobbymäßig Jazz. Wenn ich nachmittags zu Thomas kam, übte sein Vater klassische Gitarre. Das fand ich total cool und hochinteressant. An Samstagen waren oft andere Musiker zu Besuch, und Thomas und ich durften dabeisitzen und ihren Gesprächen lauschen. Ich fand diese Fachsimpeleien riesig, was öfter dazu führte, dass Thomas stocksauer war, wenn er in sein Zimmer gehen, ich aber nicht mitkommen wollte.

Vielleicht war er auch unterschwellig eifersüchtig, weil er spürte, dass ich mich ein wenig in seine Mutter Marga verguckt hatte, eine Jugendschwärmerei. Sie war sehr hübsch, lustig, und sie hatte die Wohnung – als gelernte Dekorateurin – beeindruckend geschmackvoll gestylt. Ganz anders, als ich es von uns zu Hause her kannte, und natürlich viel cooler.

Als ich mich später von meiner Familie räumlich und emotional löste, begann ich über mein Zuhause nachzudenken und mir Fragen zu stellen: Warum war es bei uns immer so gefühlskalt? Nach vielen langen Gesprächen, die ich mit meiner Mutter führte, habe ich es schließlich verstanden.

Ich begriff, dass die beiden damals auch nicht aus ihrer Haut konnten. Sie hatten es durch ihre eigene Erziehung nicht anders erfahren – wo sollten sie emotionale Wärme, die sie selbst nicht kennengelernt hatten, und vollkommen neue Erziehungsmethoden herhaben? Kinder zu kriegen und mit harter Hand aufzuziehen, gehörte damals zu einer »ordentlichen« Ehe einfach dazu. Und genauso wenig, wie man auf die Idee gekommen wäre, die Psyche des Wohnzimmersessels verstehen zu wollen, haben sich Eltern damals große Gedanken über die Befindlichkeiten ihrer Brut gemacht. Natürlich gab es durchaus auch Momente der Nähe, aber die waren halt extrem selten – und das finde ich heute noch sehr schade!

Ich gebe meinen Eltern trotzdem keine Schuld mehr: Sie haben uns sicher nach bestem Wissen und Gewissen erzogen, aber sie waren jung und wussten oft einfach nicht, was wir Kinder brauchten. Es war ganz sicher kein böser Wille – und vielleicht für mich letztlich ja auch ganz gut so, denn gerade das fehlende Interesse an meiner Person, an meinen Gefühlen, Träumen und Gedanken, die mangelnde Zuwendung haben mich für meinen späteren Beruf prädestiniert: Wenn ich auf der Bühne stehe, werde ich wahrgenommen. Das Publikum verfolgt jede meiner Handlungen, jeden mimischen oder gestischen Ausdruck ganz genau. Diese Aufmerksamkeit war zu Anfang ein völlig neues, aber unglaublich schönes Gefühl. Dass es mir so viel bedeutete, mich so glücklich machte, habe ich letztlich der Erfahrung mit meinen Eltern zu verdanken.

🐂 BIER & SCHLÄGE – »PAPA WAS A DRUNKEN STONE«

»Uwe, mich hat gerade ein Mann angerufen, der alles Mögliche über deinen Vater wissen wollte!« Die Stimme meiner Mutter klang atemlos. Sie war aufgeregt.

»Was wollte er denn genau?«, fragte ich sie misstrauisch. Es kam in letzter Zeit öfter vor, dass irgendwelche Presse-Heinis anriefen, um meiner Mutter Details aus meinem Privatleben zu entlocken. Da sie ihre Nummer partout nicht aus dem Telefonbuch streichen lassen wollte, hatte ich sie instruiert, keine Auskünfte zu geben und stattdessen den Namen und die Nummer des Anrufers zu notieren. Manchmal befolgte sie die Order sogar – so wie heute: »Ich weiß auch nicht! Ich geb dir mal die Nummer. Ruf du doch da mal an!«

Ich wählte die Nummer und wurde mit einem Mitarbeiter der

»Arbeitsgruppe für Vermisstenforschung« verbunden, die es sich zur Aufgabe gemacht hat, Menschen wieder zusammenzuführen, die sich im Zweiten Weltkrieg verloren haben. Wird irgendwo ein ausgebranntes Panzergerippe gefunden, ein Schiffsteil oder ein Flugzeugwrack entdeckt, versucht der Verein, die jeweiligen Besatzungsmitglieder zu identifizieren, und forscht nach, ob die Soldaten gestorben oder »nur« verschollen sind.

Der Grund für den Anruf bei meiner Mutter war ein Flugzeug-Wrackteil, das im Zuge von Renaturierungsmaßnahmen auf einem Acker zwischen Worms und Biblis entdeckt worden war. Mit Hilfe des Typen-Schildes, der Vereinsunterlagen, des Logbuchs und der Fluglisten hatte man die Insassen des Fliegers ermittelt – einer davon war mein Vater! An einem Julimorgen im Jahr 1944 war er mit seinem Piloten Siegfried Seiffert, genannt Jonny, vom Flughafen Biblis aus zu einem Schulungsflug gestartet. Die Maschine – so die Ermittlungen – war mit einer anderen kollidiert und abgestürzt. Mein Vater konnte sich mit dem Fallschirm retten, Jonny leider nicht. Ich erinnerte mich an die Besuche von Jonnys Grab auf dem Ehrenfriedhof in Biblis, bei denen ich meinen Vater begleitet und in deren Zusammenhang er mir die Geschichte des Absturzes erzählt hatte.

Die Vergangenheit wurde plötzlich wieder lebendig.

Ein paar Tage später besichtigte ich den Fundort. Auf einem Acker zu stehen, auf dem mein Vater sechzig Jahre zuvor fast ums Leben gekommen wäre, war ein Gänsehaut verursachendes Gefühl. In dem morastigen Gebiet war das Flugzeug damals etliche Meter tief in die Erde geschossen – und die nun entdeckten Bruchstücke konnten deshalb zum Teil noch sehr gut erhalten geborgen werden. Dichtungsringe, Sitz-Federn – sogar das Rotorblatt war noch vorhanden. Ein Teil davon wurde mir übergeben. Für mich waren diese Stücke emotional so berührend, dass ich einen Freund eine Skulptur daraus fertigen ließ. Es ist eben nicht alles aus Gold, was wertvoll ist. Manches ist auch aus rostigem Metall – oder aus einem verschmorten Dichtungsring ...

Werner Ochsenknecht wollte nie, dass man ihm ansah, dass er »nur« ein Arbeiter war. Deshalb trug er stets Anzüge, war sehr gepflegt und achtete peinlichst auf saubere Hände und Fingernägel. Um die Maschinenschmiere und das schwarze Öl wieder von seinen Händen zu kriegen, hatte er zu Hause »extra grobe« Seife deponiert. Die roch und fühlte sich an wie körniges Marzipan und war ein Fleckenwunder. Mit dem Zeug bekam man auch die hartnäckigste Schmiere wieder von den Fingern.

Als junger Kerl hatte er hobbymäßig geboxt, und er interessierte sich auch später noch brennend für jeden Kampf. Als wir uns damals einen Fernseher leisten konnten, durfte ich mit ihm die Live-Übertragungen sehen. Die legendären Fights von Karl Mildenberger, Sonny Liston und Cassius Clay liefen bei uns, wenn in Übersee gekämpft wurde, wegen der Zeitverschiebung oft erst um drei Uhr morgens. Papa weckte mich dann aus dem Tiefschlaf, ich durfte neben ihm auf dem Sofa sitzen, und er erklärte mir die Taktik und die Schläge der Boxer, während ich krampfhaft versuchte, die Augen offen zu halten. Diese Momente einer seltenen und seltsamen Zuwendung habe ich, mit dem Schlaf kämpfend und morgens mit Augenringen versehen, immer sehr genossen. Ich nahm, was ich kriegen konnte.

Mein Vater war ein sehr verschlossener, extrem introvertierter Mann. Gefühle konnte er nicht zeigen und mit seinen Kindern, wie schon gesagt, nicht viel anfangen. Weil er jung eine Familie hatte, Geld ranschaffen musste und deshalb nicht als Opernsänger, sondern als Feinmechaniker arbeitete, durfte er seine Leidenschaft für die Musik nur im Theater, in seinem Gesangverein oder zu Hause ausleben. Andauernd hörte er Arien von Richard Tauber und Schlager von Gerhard Wendland, die schrecklichen Rudolf Schock-Operetten oder die noch schrecklicheren Schnulzen seiner geliebten Sängerin Lolita und schmetterte sie aus voller Brust mit. Ich habe das laute Singen immer gehasst.

Vermutlich war seine Frustration über diese nicht-verwirklichte Facette seiner selbst die Ursache für seine regelmäßigen cholerischen Anfälle. Wenn er mir mal wieder eine Tracht Prügel verpasste und laut brüllend auf mich eindrosch, konnte er seine aufgestaute Wut entladen. Er kannte es nicht anders. So war er ja schließlich auch »erzogen« worden. Es nervte mich immer total, wenn auch noch meine Mutter dazwischenging und schrie: »Nicht auf den Kopf, Werner! Bloß nicht auf den Kopf!«

»Jetzt fang du nicht auch noch an«, flehte ich sie an, weil ihre Versuche, mir zu Hilfe zu kommen, meistens die gegenteilige Wirkung hatten.

»So sprichst du nicht mit deiner Mutter«, schrie mein Vater dann und intensivierte seine Erziehungsmaßnahmen.

Meine Mutter hatte immer Angst, dass ich durch seine Schläge einen Hirnschaden erleiden könnte – der Schaden an meiner Kinderseele interessierte sie dabei leider weniger.

Ich hatte furchtbare Angst vor der körperlichen Gewalt meines Vaters und hasste ihn abgrundtief dafür. So sehr, dass ich ihm einmal Nadeln ins Bett legte, in der Hoffnung, dass sie ihm ähnliche Schmerzen zufügten, wie ich sie dauernd erleiden musste. Vielleicht würde er dann ja mal was kapieren und aufhören, mich zu schlagen ...

Trotz allem ist aber wohl das emotionale Band zwischen einem Sohn und seinem Vater so stark, dass selbst solche Situationen mich nicht davon abhielten, ihn zu lieben. Wahrscheinlich in der Erwartung, dass irgendwann ein Moment der Nähe käme, ertrug ich seine Attacken. Ich wünschte mir, dass er sich eines vielleicht fernen Tages doch noch als der Papa entpuppte, den ich mir so sehnlichst wünschte. Ein Vater, der einen bei der Hand nimmt und sagt: »Komm, mein Sohn. Wir gehen spazieren, und ich erzähle dir etwas über das Leben!« Als Kumpel, so unter Männern.

Im Grunde war mein Vater jedoch nicht mehr als ein fremder, selten gut gelaunter Mann, der mit uns in einer Wohnung lebte. Jeden Morgen stand er um fünf Uhr auf und musste in das ihm so verhasste Mercedes-Benz-Werk. In einem lichten Moment sagte er einmal zu mir: »Ich wünsche dir, dass du nie jeden Morgen aufstehen musst, um in eine Fabrik zu gehen.« Das kam aus tiefstem Herzen, und er schaute mich dabei mit seinen graugrünen Augen eindringlich an.

Ich ziehe heute mit großem Respekt den Hut davor, dass er diesen morgendlichen Gang zur so ungeliebten Arbeit für seine Familie vierzig Jahre lang auf sich genommen hat! Weil er die Arbeitswoche aber nur mit Müh und Not ertrug, feierte er am Wochenende dann seinen Frust weg. Freitagabends war »Singstunde« im Gesangverein MGV Sängerlust Waldhof, dem er angehörte. Für ihn hieß das, die Fabrik zu vergessen und ein bisschen Spaß zu haben – für uns hieß es: wahrscheinlich wieder ein langer Freitag! »Aber heute kommst du nicht erst wieder um vier nach Hause«, rief meine Mutter ihm im Treppenhaus nach. »Nö, aber vielleicht um fünf«, kam als Antwort prompt zurück.

Freitagabend ließ mein Vater alles raus: singen, trinken und feiern mit den Kumpeln war angesagt, erst im Vereinslokal und danach meistens noch auf etliche Absacker zu Hause bei einem der Sangeskollegen. Heute kann ich sein Verhalten, sein Bedürfnis, endlich ein bisschen Spaß zu haben und sich frei zu fühlen, gut nachvollziehen, aber damals lief für uns Daheimgebliebene dann folgender Film ab: Ab Mitternacht stampfte meine Mutter zwischen Wohn- und Schlafzimmer hin und her und hielt an den Fenstern Ausschau nach ihm. Da mein Schrankwandbett zwischen den beiden Zimmern stand, war es mit dem Einschlafen deshalb nicht so einfach. Doch das wurde noch getoppt durch ihre immer hysterischer werdenden Flüche. Ich war genervt, denn samstags war Schule, ich musste früh aufstehen und brauchte meinen Schlaf. Darauf konnte sie in diesen langen Nächten aber wohl wenig Rücksicht nehmen.

»Jetzt kommt der wieder nicht!«, rief sie dann total aufgeregt. Gemeinsam mit meiner Schwester beobachtete sie vom Fenster aus die Straße in alle Richtungen.

»Siehst du was?«

»Nee!«

»Ich seh auch nichts! Jetzt ist es schon halb eins! Immer bleibt der so lange weg! Wenn der nicht pünktlich kommt, ist er wahrscheinlich wieder total besoffen! Wenn dem was passiert! Hoffentlich hat er seinen Ausweis dabei. Die wissen doch sonst gar nicht, wer er ist! Was sollen die Leute im Haus nur denken?«

»Wichtiger als das, was die Leute im Haus denken, ist mir, dass ich endlich mal schlafen kann, Mama«, warf ich ein.

»Da kommt einer ... Nee, das ist er wieder nicht!«

»Ah, da kommen zwei! Wie die schwanken, fürchterlich!« Das war dann meistens mein Vater, zusammen mit einem der Nachbarn, seinem Sangesbruder und Zechkumpan Klaus.

»Ekelhaft! Das wird wieder dauern, bis der hier oben ist!«

Da wusste ich: Jetzt geht's los! Meine Mutter raste zur Haustür und rief verhalten ins Treppenhaus: »Komm halt hoch!« Geholfen hat sie ihm selten, deshalb dauerte es Ewigkeiten, bis er die vier Stockwerke geschafft hatte und lallend und schwankend oben in der Tür stand.

»Wie voll du wieder bist!«, empfing ihn meine Mutter. Das empfand ich immer als einen Fehler. Ihre Vorwürfe und Beschimpfungen hätte sie ihm an den Kopf knallen können, wenn er wieder nüchtern war, aber doch nicht in diesem abgefüllten Zustand, wenn er erstens nichts mehr mitbekam und zweitens seine Ruhe haben wollte. Genau wie ich. Sie bugsierte ihn ins Schlafzimmer, zog ihm die Klamotten aus, und er fiel ins Koma. Manchmal kam er auch in Begleitung der Polizei, weil er unten an die Hauswand gepinkelt hatte, was meine Mutter (wegen der Nachbarn) extrem peinlich fand.

Samstag früh wankte ich dann, wegen des Schlafmangels selbst wie beschwipst, zur Schule. Als ich auf dem Rückweg gegen Mittag um die letzte Häuserecke bog und unser Wohnblock in mein Sichtfeld rückte, hoffte ich immer, dass mein Vater aus dem Küchenfenster schaute und mich erwartete. So wusste ich, dass er nicht auch noch zum Frühschoppen gegangen war. Und das bedeutete dann nicht nur ein ruhiges Wochenende, sondern dass ich mich schon auf die hervorragende Rindfleischsuppe freuen konnte, die mein Vater mir nach Schulschluss an den Samstagen manchmal zum Mittagessen zubereitete.

Schon Montag früh saß mir jedoch die Angst vor dem nächsten

Freitagabend wieder im Nacken. Meine Mutter hat das Leid meines Vaters angesichts seines unglücklichen Lebens leider nie verstanden und deshalb auch keinen Plan entwickelt, ihren Mann mit weiblicher Raffinesse auf die richtige Bahn zu lenken. Sie hatte aber auch nicht die Größe und Souveränität, ihn einfach machen zu lassen – oder gar einen Ausgleich zu schaffen.

Eines Abends, mitten unter der Woche, kam er erst um neun Uhr von der Arbeit zurück (normalerweise war er schon um vier da). Er saß dann vollkommen breit am Küchentisch. Meine Mutter brüllte ihn in einer Tour an, aber er ging nicht ins Bett. Dass er schnell ins Bett ging, war immer das Wichtigste für sie, und auch für uns, denn da konnte er ausnüchtern, und dann war Ruhe. Irgendwann kam sie zu mir: »Uwe, geh du mal zu ihm hin, auf mich hört er ja nicht!«

Ich ging also in die Küche, setzte mich zu ihm und sagte erst mal lange nichts. Mit gesenktem Kopf starrte mein Vater auf die Tischplatte. Er tat mir leid.

»Geht's dir nicht so gut?«

»Geht so.«

»Was ist denn?«

Fast unmerklich füllten sich seine blutunterlaufenen Augen mit Tränen, und mit zitternder Stimme schüttete er mir, seinem kleinen achtjährigen Sohn, lallend sein Herz aus: »Ist doch alles Scheiße! Ich bin nur zum Arbeiten da. Ich bringe nur das Geld nach Haus ...«

Schluchzend fuhr er fort: »Mein Leben ist Scheiße ...«

»Aber Papa! Es ist doch toll, dass du Geld für uns verdienst«, versuchte ich mich als Tröster, als Mini-Therapeut.

Da streichelte er mir über den Kopf, was er sonst noch nie getan hatte.

»Und, bist du müde jetzt?«, fragte ich ihn. Er nickte. Das ging schon mal in die richtige Richtung!

»Soll ich dir die Schuhe ausziehen?«

»Nee!«, kam es bestimmt zurück. Oh, das kann sich dann doch noch etwas ziehen, dachte ich.

Nach einer Ewigkeit durfte ich ihm dann doch die Schuhe ausziehen. Erst den linken, dann den rechten. Das war das Zeichen, dass sein Widerstand schwand und er doch irgendwann ins Bett gehen würde. Was er dann endlich auch tat.

Ein anderes Mal zerrte ihn meine Mutter nach einem Besäufnis so brutal ins Haus, dass er mit der Stirn gegen den Rahmen der Wohnungstür knallte und blutete. Er saß dann im Wohnzimmersessel, noch in Hut und Mantel, und das Blut tropfte ihm von der Stirn. »Ich lass mich scheiden«, schrie meine Mutter. Mein Vater stand mühsam auf und lief schwankend aus dem Haus. Ohne ein Wort zu sagen. Meine Mutter wischte schimpfend das Blut vom Türrahmen und aus dem Treppenhaus weg. Und ich hatte einen Knoten im Hals und ein fürchterliches Brennen im Magen. Es ist schrecklich, wenn Eltern sich gegenseitig fertigmachen, verletzen und sich ganz offensichtlich nicht guttun. Man liebt ja beide. »Willst du dich wirklich von Papa scheiden lassen?«, fragte ich meine Mutter. »Ach nee, das hab ich nur so gesagt«, antwortete sie. Und das stimmte.

Oft musste ich ihn auch aus der Kneipe holen, dem »Deutschen Michel«, und dort stundenlang zwischen den alten, trinkenden und Lieder schmetternden Männern am Tisch sitzen und warten, bis er mitging. Ich durfte mir Fanta oder sogar Cola bestellen, aber ich wollte viel lieber mit meinen Freunden spielen, als in der dunklen, verräucherten Kaschemme mit den gelben Nikotin-Gardinen zu hocken. Außerdem hatte ich ja den Auftrag, meinen Vater nach Hause zu holen, und je länger sich das hinzog, desto höher war die Wahrscheinlichkeit, dass ich mit Mutti Probleme bekam, weil wir auf uns warten ließen. Der einzige Trost war, dass mir die Kumpel meines Vaters Geld für den Spielautomaten schenkten. Die bunt blinkenden Räder mit den Zahlen und Zeichen rotieren zu lassen, machte Spaß, und manchmal gewann ich auch richtig was.

Ich habe meinen Vater als Junge, wie Bismarck einst schrieb, »nächtelang durchgehasst«. Heute weiß ich, dass Hass kein produktives Gefühl ist und nur dazu beiträgt, dass man sich immer schlechter fühlt. Hass bindet extrem viel Energie, und die Situation oder das Gegenüber ändern sich dadurch nicht. Hass führt zu nichts.

Im Grunde ist es ja ganz einfach: Denke Gutes, und du fühlst dich gut; denke Schlechtes, und du fühlst dich schlecht. Und um nichts unversucht zu lassen und ihm und mir eine letzte Chance auf eine Versöhnung zu geben, wollte ich meinem Dad später, als es schon dem Ende zuging, im wahrsten Sinne des Wortes die Hand reichen: Mitten in den Dreharbeiten zum *Boot* ging es ihm plötzlich schlecht. Er konnte nicht mehr im Liegen schlafen und hustete sich durch die Nächte. Die Ärzte stellten fest, dass er Wasser in der Lunge hatte. Man wusste noch nicht, ob es an seinem doppelten Herzklappenfehler lag oder an etwas anderem. Er wurde fortlaufend untersucht, sein Zustand war mal besser, mal schlechter, bis er mehrmals kollabierte und schließlich ins Krankenhaus kam. Da lag er dann und magerte sehr ab, bis man feststellte, dass er Bauchspeicheldrüsenkrebs hatte.

Die Ärzte sagten mir, dass es nicht gut aussehe, und ich besuchte ihn im Krankenhaus Mannheim, sooft es der Drehplan in Frankreich zuließ. Bei diesen Besuchen lag er im Bett und stierte schweigend vor sich hin. Zu gerne hätte ich gewusst, was für ein Film da in ihm ablief, aber ich kam einfach nicht an ihn heran. Als mir klarwurde, es könnte tatsächlich das letzte Mal sein, dass ich mit ihm spreche, nahm ich seine Hand. Er war davon sichtlich irritiert. Es war nicht leicht für ihn, diese Nähe auszuhalten. Aber er ließ es über sich ergehen.

»Hast du schon mal über den Tod nachgedacht, Papa?«, fragte ich ihn. »Übers Sterben?«

Er sagte nichts.

»Ich meine, wir müssen ja jetzt schon damit rechnen, dass er eintreten könnte – da dürfen wir uns nichts vormachen ...«

Ich wollte das Tabu bewusst brechen und mir nicht den Vorwurf machen müssen, ihm und mir nicht die Chance gegeben zu haben, darüber zu sprechen.

»Nö, was soll denn sein? Da stirbst du, und dann biste weg!«

»Aber Papa, was glaubst du, wie das so ist, das Sterben? Hast du Angst davor? Glaubst du, es wird mit Schmerzen verbunden sein?«

»Nö! Da is man tot, und dann is man weg!«
»Ja und findest du das nicht Scheiße, irgendwie? Du hast doch immer gerne gelebt? Bist du nicht traurig?«
»Nö! Es ist halt so, wie es ist!«
Es war vergeblich. Unmöglich, diese Verhärtung aufzubrechen. Ich kam nicht an ihn ran. Aber ich hatte es wenigstens versucht. Und dann fing er an, übers Wetter zu reden.

Desillusioniert fuhr ich wieder zurück zum *Boot*-Dreh nach La Rochelle, dem kleinen Hafenörtchen, in dem mein Vater als junger Flieger makabrerweise auch mal stationiert war und wo er mich bei den Dreharbeiten immer mal besuchen wollte.

Als er dann merkte, dass der Tod wirklich nahte, wollte er unbedingt nach Hause, wo ihn meine Mutter und meine Schwester bis zu seiner letzten Stunde aufopfernd pflegten. Das werde ich den beiden nie vergessen. Die einzige Möglichkeit, Beate und meine Mutter zu unterstützen, bestand darin, ihnen am Telefon immer wieder gut zuzureden. Da ich in dieser Phase durchgehend am Drehort in Frankreich sein musste, konnte ich leider nicht mehr tun.

Irgendwann rief meine Mutter mich dann an, um mir mitzuteilen, dass mein Papa gestorben sei. Im Grunde war sein Tod emotional kein großer Verlust für mich. Trotzdem brachen die Tränen einfach so aus mir heraus, und ich konnte und wollte mich meines einsamen Abschiedsschmerzes nicht erwehren. Nun waren keine Versuche mehr möglich, doch noch zueinanderzufinden. Und nun konnte ich mich auch nicht mal mehr mit ihm streiten. Ich fand es schade um diesen Menschen, der sein unerfülltes, kurzes Leben eher ertragen als genossen hatte. Ich glaube, er war nie richtig glücklich. Eines habe ich durch dieses Erlebnis jedoch gelernt: So wie mein Vater, der gerade mal neunundfünfzig war, als er starb, wollte ich nicht aus dieser Welt gehen.

ADAM & EVA – NICHT IMMER DAS PARADIES

Wenn die Eltern nicht genug Zuwendung schenken können, halten Geschwister manchmal zusammen wie Pech und Schwefel und geben sich gegenseitig Schutz und Liebe. Das war bei Beate und mir leider etwas anders: Ich war der »kleine Prinz«, und meiner Mutter fiel es nicht immer leicht zu verheimlichen, dass sie mich mehr liebte als meine Schwester. Und leider hat sie die Beziehung zwischen uns Geschwistern auch nicht gefördert, indem sie darauf vertraute, dass die »große« Beate ihren kleinen Bruder liebte und gut auf ihn aufpassen würde. Sie machte es genau verkehrt: Da sie ein extrem ängstlicher Mensch war, hatte sie Panik, dass mir etwas passieren könnte, und hielt Beate, wo es nur ging, von mir fern. Sie erlaubte ihr nie, mich hochzunehmen oder sich dem Kinderwagen auch nur zu nähern. Das hat bei meiner Schwester ziemlichen Unmut geschürt, und sie baute mir gegenüber eine Aversion auf, die Jahr für Jahr zunahm. Meine Versuche, geschwisterlich mit ihr zu kommunizieren, stießen auf strikte Ablehnung, was mir damals unbegreiflich war.

Wenn meine Mutter mir etwas schenkte, schob sie sofort den Klassiker »Aber die Beate hat auch was bekommen!« hinterher – daran erkannte ich ihr schlechtes Gewissen. Warum sie mich mehr liebte als meine Schwester, ist mir bis heute nicht klar. Vielleicht lag es einfach daran, dass ich das jüngere Kind war. Vielleicht lag der Grund aber auch darin, dass sie zwei Jahre nach Beates Geburt wieder schwanger geworden war und das Kind verloren hatte. Doris, wie sie das Mädchen genannt hatte, kam tot zur Welt, weil die Nabelschnur sich um ihren kleinen Hals wickelte.

Beate wurde auf den Zweitnamen Eva getauft – und ich auf Adam. Eine Superidee! Die Namen waren eine Hommage an unsere Pateneltern, die Adam und Eva hießen, bezeichnenderweise auch noch in *Biblis* wohnten und uns Unterschlupf gewährt hatten. Meine Beziehung zu Beate war aber alles andere als paradiesisch. Sie nutzte im Gegenteil fast jede Gelegenheit, mir eins auszuwischen. Egal, ob ich später abends unter der Bettdecke noch mit Kopfhörer Radio hören oder mit der Taschenlampe lesen wollte – sie verbot es und drohte, wenn ich ihre Anweisungen nicht sofort befolge, meinen Vater zu rufen. Ich konnte ihr Verhalten nicht begreifen, verstand nicht, warum sie immer so gemein zu mir war. »Warum bist du denn so?«, fragte ich sie mehrfach. »Ich mach dir doch auch keinen Stress. Du kannst von mir aus abends das Licht anlassen, fernsehen oder was auch immer. Für mich ist alles okay.« Beate ging auf diese Fragen nie ein, drehte mir stattdessen schweigend den Rücken zu.

Heute kann ich gut nachvollziehen, wie sich meine Schwester damals gefühlt haben musste. Aber damals konnte ich nicht verstehen, warum zwischen ihr und mir nie so ein inniger geschwisterlicher Zusammenhalt entstand, wie ich es bei einigen meiner Freunde gesehen hatte, die ich darum beneidete. Der große Bruder, der seine kleine Schwester verteidigt, die große Schwester, die ihren kleinen Bruder in Schutz nimmt – das war undenkbar bei uns.

Nach dem Tod meiner Mutter saß ich oft lange mit Beate zusammen, um mit ihr über unsere Kindheit zu sprechen. Ich wollte unsere Beziehung aufarbeiten und die Vergangenheit analysieren, wollte gemeinsam mit ihr ergründen, warum damals zwischen uns alles so war, wie es war, und warum sich alle Familienmitglieder so verhalten hatten, wie sie es taten. Ich wollte versuchen, einen neuen Anlauf zu starten und endlich ein besseres, liebevolleres Verhältnis aufzubauen. Diese langen Gespräche haben sicher ein bisschen zu unser beider Verständnis füreinander beigetragen, haben gezeigt, dass eigentlich weder sie noch ich etwas dafür konnten, dass damals zwischen uns so vieles schiefgelaufen war. Dennoch kann man vierzig Jahre später natürlich nicht die gemeinsame Kindheit und Jugend einfach mal eben so durch Gespräche korrigieren. Was passiert ist, ist passiert – man kann es nicht mehr ändern, höchstens verstehen und verzeihen. Wir haben beide unter dieser Situation gelitten.

Heute stehen wir regelmäßig in Kontakt, mögen uns und haben, denke ich, das Beste aus unserem etwas verschrobenen Geschwisterverhältnis gemacht. Und wir wissen, dass wir trotz allem immer füreinander da sind.

🐂 LÖWENZAHN IM ASPHALT – KUCKUCKSKIND

Ich habe durch unser ungewöhnliches Familienleben letztendlich keinen größeren Schaden davongetragen, denke ich. Auch wenn sie mich sehr geprägt haben – die Umstände hätten noch wesentlich schlimmer sein können. Und offenbar war ich stark genug, mich nicht negativ beeinflussen zu lassen. Genau dies hat mich später noch oft beschäftigt: Warum war ich so anders als der Rest der Familie? Ich war wie ein Kuckuckskind, ein schwarzes Schaf. Ich konnte in mich reinhören und hatte immer ein sicheres Bauchgefühl, eine innere Stimme, die mir klar den Weg wies. Der Faktor Spaß war mein Motor – nicht Anpassung und Gehorsam. Ich hatte Mut für eigene Gedanken und bildete mir stets eine eigene Meinung. Ich stellte Dinge in Frage und fand es überhaupt nicht schlüssig, etwas zu machen, das mir widerstrebte, nur weil man das »halt so machte«. In der Schule sinnlose Fakten auswendig zu lernen gehörte zum Beispiel dazu. Oder eine Lehrstelle in einem Beruf anzunehmen, mit dem man nichts anfangen konnte. Mit jemandem zusammenzubleiben, den man nicht mehr liebte. Oder zur Bundeswehr zu gehen. Mir schwebte schon früh vor, kein möglichst normales Leben zu führen, sondern ein möglichst glückliches.

Wenn ich Freunden von meiner Kindheit erzähle, sagen sie oft: »Erstaunlich, dass du bei all diesen Erfahrungen so geworden bist, wie du bist.« Irgendeine Kraft muss mich durch diese Zeit förmlich getrieben haben. Wie der Löwenzahn, der durch die geteerte Straße bricht.

In einem Persönlichkeits-Horoskop, das ich aus Neugier mal

anonym habe erstellen lassen, steht: »Die Analyse der Faktoren, welche sich im Zusammenhang mit Ihrer Kindheit negativ auf Ihr Lebensgefühl auswirkten, weist auf erhebliche Belastungen hin. Sie haben wohl viele Anpassungen an die gegebenen Umstände akzeptieren müssen und werden viele Ihrer Bedürfnisse zurückgestellt haben, um in einer Umgebung zu überleben, in der Sie sich nicht erwünscht fühlten.«

Als ich diese Sätze zum ersten Mal las, klappte mir die Kinnlade runter. Woher wussten die Sterne das? Das Gefühl, im Grunde nur zu stören und nicht wirklich gewollt zu sein, hat mich als Kind wirklich sehr gepeinigt. Und mein Bedürfnis nach Privatsphäre hatte ich tatsächlich zurückstellen müssen.

Fasziniert las ich weiter: »Diese Situationen gehören jedoch der Vergangenheit an. Vielleicht haben gerade solche frühen Entbehrungen, die Sie sehr an sich selbst zweifeln ließen, einen unbändigen Lebenswillen mobilisiert. Sie mögen sich inzwischen durch Ihre Leistungen eine Lebensgrundlage und eine Sicherheit geschaffen haben, die Ihnen ermöglichen, das Leben von nun an aus einer ganz anderen Warte zu betrachten. Richten Sie deshalb Ihren Blick auf die Zukunft und all die Möglichkeiten, die noch brach vor Ihnen liegen. Niemand zwingt Sie, die alten Frustrationen mitzunehmen und als Ihr Eigen zu betrachten. Umgeben Sie sich mit Menschen, die einen positiven Ausblick aufs Leben haben, um die bejahenden Kräfte in Ihrer Psyche zu aktivieren!«

Die »alten Frustrationen« – das konnten ja nur die meiner Eltern sein. Und nein, die hatte ich tatsächlich nicht übernommen. Mein Leben sollte Spaß machen und nicht an erster Stelle regelkonform ablaufen, so wie ihres. Und mit positiv denkenden Menschen hatte ich mich spätestens in der Theaterwelt umgeben.

»Mit Saturn im ersten Haus haben Sie wahrscheinlich schon als Kind die Erfahrung gemacht, dass Ihre Energien gebremst wurden und dass man Ihnen Grenzen gesetzt hat, die Sie nicht verstanden haben, denen Sie sich aber trotzdem fügen mussten.«

Ja, ja, die Schule ...!

»Aufgrund dieser Einschränkungen konnten Sie sich nicht so zum Ausdruck bringen, wie Sie es wollten, sondern fühlten sich von Autoritätspersonen in Ihrer Spontaneität stark behindert und mussten sich anpassen. Gezählt haben vielleicht vor allem Selbstdisziplin, Anstand und gute Leistungen. Heute mag dieser elterliche Maßstab für Sie ein Ansporn für besondere Einsätze bedeuten, indem Sie hohe Anforderungen an sich selbst stellen und den anderen beweisen wollen, dass Sie sich durchsetzen und erfolgreich sein können. So mögen sie beruflich sehr ehrgeizig sein und Ihre Ziele hartnäckig verfolgen. Dadurch, dass Sie etwas erreichen, können Sie Ihr Selbstwertgefühl stärken.«

Danke Mami und Papi, das habt ihr wirklich gut gemacht! Disziplin und Perfektionismus sind wirklich zu meinen Motoren geworden und haben mich stets vorangebracht. Diese Werte habt ihr mir vermittelt, und das war äußerst effektiv.

»Ein starker Aspekt zwischen Saturn und Mars verstärkt die Aussagen über die Stellung des Saturn im ersten Haus. Damit wird Ihre Eigendurchsetzung zu einem besonders wichtigen Thema in Ihrem Leben. Die im Zusammenhang mit Eltern und Vorgesetzten erlebten Frustrationen Ihrer spontanen Antriebe wollen durch entsprechende Arbeitsleistungen, die Ihnen zu einer befriedigenden beruflichen Position verhelfen, zurückgelassen werden.«

Auch das war richtig: Weil ich zu Hause ignoriert wurde und man sich für meine Person nicht interessierte, empfand ich die Anerkennung und die Aufmerksamkeit der Zuschauer, wenn ich auf der Bühne stand, als doppelt und dreifach überwältigend. Hätte ich dieses Defizit nicht gehabt, hätte mir vielleicht der Drive gefehlt, Schauspieler zu werden.

»Im Moment, wo Sie sich nicht mehr ohnmächtig fühlen, sondern eine gesunde Position der Stärke aufgebaut haben, können Sie zu einer Spontaneität zurückfinden, die bereits in der frühen Kindheit unterdrückt wurde. Sie können Ihre ursprünglichen Motivationen wieder entdecken und sich in einem zweiten Anlauf wieder dem widmen, was Ihnen Freude und Spaß macht.

Auf einer ganz anderen Ebene dürfte Ihnen diese Konstellation auch schauspielerische Talente vermitteln, und über einen solchen Beruf könnten Sie Ihr Bedürfnis nach Selbstdarstellung und Größe leben, ohne in die ethischen Konflikte verwickelt zu werden, die mit der Verkörperung einer Chefrolle im praktischen Leben verbunden wären.«

Na, wer sagt's denn? Stand ja offenbar alles schon in den Sternen! Vielleicht hat meine positive Lebenseinstellung aber auch eine ganz weltliche Ursache: Als ich neun war, erkrankte meine Schwester an Gelbsucht. Und da ich immer heimlich den Lebertee aus ihrem Becher trank, steckte ich mich an und musste für vier endlos öde Wochen ins Krankenhaus. In dieser Zeit habe ich die merkwürdigsten Pillen und Tabletten bekommen. Keine Ahnung, was das für Zeug war. Manchmal habe ich den Verdacht, dass es sich um Glückspillen handelte, deren Wirkung bis heute anhält ...

🐂 MUSIK – MEINE ERSTE GROSSE LIEBE

Ich werde Beate immer dafür dankbar sein, dass sie meinen Musikgeschmack geprägt und dadurch meine ewige Liebe zur Musik geweckt hat. Das Ticket in die magische Welt aus Sounds, Rhythmen, Soulstimmen und Melodien war – ihr Kofferradio!

Mit dem Drücken des On-Knopfes war ich – switch – weggebeamt in andere Sphären. Musik war meine Eintrittskarte für einen anderen Planeten: Wenn Marvin Gaye *I heard it through the grapevine* sang, schwebte ich auf schönen, intensiven Gefühlen davon und musste mich einfach dazu bewegen. Wenn *In my room* von den Beach Boys erklang, fühlte ich mich endlich verstanden. Mit Kopfhörern *Stairway to heaven* zu hören war der Knaller schlechthin. Und Songs wie *Where did our love go* von den Supremes oder *In the midnight hour* von Wilson Pickett – nach dem übrigens mein zweiter Sohn benannt wurde – waren mein Rettungsboot, um der Überschaubarkeit des Vorstädtchens, der Enge der Wohnung und den Schwierigkeiten zwischen den Familienmitgliedern zu entkommen. Knopf gedrückt – und weg. *Sittin' on the dock of the bay* statt Mannheim-Waldhof.

Musik war damals noch ein echtes Ereignis: Es gab kaum Fernseher, wenige Kinos, keine Computer, keine Game Boys, iPads oder iPods. Aber im Radio liefen Songs, die die schönsten Gefühle hervorriefen – echte Glücks-Booster. Ich schlief abends mit Musik aus den Kopfhörern ein und wachte morgens, wenn meine Schwester Radio Luxemburg hörte, mit *My sweet Lord* von George Harrison wieder auf.

Als Kleinkind Schlagern und Operetten ausgeliefert, war es für mich eine akustische Sensation, zum ersten Mal die Beatles und die Stones zu hören. Meine Schwester brachte die ersten Soul-Platten mit nach Hause und hörte coole Radiosendungen wie die Hitparade am Freitagabend, wo die Neuerscheinungen vorgestellt und die aktuellen Charts gespielt wurden. Und dann entdeckte ich den amerikanischen Radiosender AFN. Mit AFN war man ganz vorne mit dabei, denn die spielten Titel, die erst ein halbes Jahr später im deutschen Radio zu hören waren. Und es kamen täglich neue Songs dazu.

In etlichen Kasernen rund um und in Mannheim waren nach dem Krieg amerikanische Soldaten stationiert worden. Eine Alliierten-Polizei, die dafür sorgen sollte, dass in West-Deutschland fortan alles mit rechten Dingen zuging und sich nicht irgendwo wieder ein neues Nazi-Nest bildete.

Die US-Garnison Mannheim umfasste unzählige Gebäude und Wohnungen und beherbergte mehrere tausend Soldaten. Da die GIs und ihre Familien sich auch in Deutschland wie zu Hause in den USA fühlen sollten, baute man ihnen Schulen, Kirchen, Sportplätze und schuf Einkaufsmöglichkeiten. Die Anwesenheit der Amerikaner prägte die gesamte Infrastruktur der Stadt: American Football, Beauty Shops, Graffiti, American Diners, Chevys, Coca Cola, Kaugummi und Lucky-Strike-Zigaretten gehörten in Mannheim zum Straßenbild. 1956 eröffnete die Mannheim High School, und später gab es sogar einen Ableger der University of Maryland. Die Garnison wurde Teil des Mannheimer Lebens: Es gab deutsch-amerikanische Volksfeste und Albert-Schweitzer-Basketballturniere. Und eben den Radiosender AFN.

AFN, den man auf 102,3 MHz empfing, unterhielt die in den Kasernen stationierten GIs. Moderatoren wie Bill Ramsey (ja der!), Wolfman Jack, Casey Kasem (*American Top 40*), Rick Dees und Bob Kingsley wurden schnell zum Kult, denn sie hatten tolle Stimmen, waren absolut lässig drauf, spielten neueste Ami-Mucke und natürlich auch Soul vom Feinsten.

Dagegen waren die deutschen Schlager der frühen Sechzigerjahre, die auf den regionalen Frequenzen liefen, schleimig, brav, spießig und absolut verklemmt. Die Schnulzen von Freddy Quinn (*Junge, komm bald wieder*), Gitte (*Ich will 'nen Cowboy als Mann*) oder Siw Malmkvist (*Liebeskummer lohnt sich nicht*) waren wie trockenes Knäckebrot, gegen das die Soul-Songs wie ein dicker fetttriefender Burger wirkten. Ihr treibender Rhythmus, der funkige Groove gingen direkt in den Bauch. Und in die Beine: Reflexartig zuckten meine Füße, wenn zum Beispiel *Since you've been gone* von Aretha Franklin aus dem Radio tönte. Da konnte ich gar nichts dagegen machen.

Die schwarzen Soul-Songs haben mich als Junge völlig umgehauen. Sie wurden mit so viel mehr Kraft, Leidenschaft, Power, Witz, Lebendigkeit und eben Seele gesungen. Sie waren so viel direkter, emotionaler, sexyer als das »deutsche Liedgut«. Man fühlte die Leichtigkeit und Unverkrampftheit ganz unmittelbar. Und ich liebte die schwarzen Stimmen: Wenn die Foundations *Build me up buttercup* sangen oder Diana Ross und die Supremes *Stop! In the name of love* flehten, wenn James Brown als Sex-Machine »Stay on the scene« forderte und Isaac Hayes sich mit tiefem Bass direkt in meine Seele sang, habe ich mich dem herrlich wehrlos ergeben. Eine Tina Turner hatte mehr Sex im kleinen Finger als alle deutschen Schlagertanten zusammen. Schwarze konnten besser singen, besser tanzen – und sie hatten bessere Laune.

Das Feeling der heißen, softeisschwangeren Sommer im Freibad, wenn man auf der Wiese lag, das Chlor und den Geruch der langsam ranzig werdenden Butter der Wurstbrote, die Mutti uns mitgegeben hatte, in der Nase, 'ne Cola in der Hand, einen Wrigley's Chewing Gum im Mund, und dazu die treibenden Rhythmen dieser Soul-Songs, die aus den Kofferradios oder den kleinen tragbaren Stereoplattenspielern mit zwei Boxen (damals eine Sensation) der schwarzen GIs schallten, das hat sich mir für immer eingebrannt. Wenn die Typen dann noch in ihren Badeklamotten mit ihren hübschen Freundinnen dazu tanzten, war das für mich ein Ausdruck purer Lebensfreude. Am liebsten wäre ich aufgestanden und hätte mitgetanzt, aber das hat sich der kleine Uwe vom Waldhof dann doch nicht getraut.

Das schönste Weihnachtsgeschenk meines Lebens war wegen meiner Musikleidenschaft auch ein Mono-Kassettenrekorder von Blaupunkt, ein kleiner tragbarer Kasten mit großen Tasten: Vorlauf, Rücklauf, Stopp- und Aufnahme-Funktion! Die Taste mit dem roten Punkt erschloss mir eine völlig neue Welt, denn von nun an konnte ich meine Lieblingssongs aufnehmen und immer wieder anhören, und zwar, wann ich es wollte. Mir stand sozusagen jederzeit meine ganz private Hitparade zur Verfügung.

Die technische Durchführung war allerdings sehr kompliziert: Kam irgendeine wichtige Hitparade, platzierte ich den Kassettenrekorder direkt vor das Kofferradio meiner Schwester, hielt das Mikrofon in der Hand und wies meine Mutter an, jetzt um Himmels willen nicht ins Zimmer zu platzen: »Ich nehm auf!« Das alles war absolute Konzentrationssache, eine Herausforderung für echte Profis: Man musste beim Ausblenden der Songs früh genug auf Stopp drücken, sodass der Moderator nicht reinquatschte, aber gleichzeitig erst so spät, dass man den ganzen Song auf Band hatte – akustische Millimeterarbeit. Aber natürlich kam meine Mutter genau in diesen so heiklen Momenten ins Zimmer gestürmt, um so wichtige Sachen zu fragen wie: »Nimmst du immer noch auf, Uwe?«

Diese Frage – mitten im Song – hat mich oft an den Rand der

Verzweiflung gebracht. Natürlich war die Aufnahme dann im Eimer, und ich konnte tagelang warten, bis das Lied vielleicht mal wieder gespielt werden würde. Wenn es ein Lieblingshit war, hörte ich ihn dann eben immer nur bis zu der Stelle, wo ihn meine Mutter mit ihrer Stimme kastriert hatte. Aber *das* Stückchen hatte ich immerhin! Das konnte mir niemand mehr wegnehmen.

Die Akustik meines Gerätes war armselig: Nach dreimal Abspielen war der Sound völlig durch und hörte sich an, als würde jemand in einen mit Schaumstoff gefüllten Blecheimer singen. Ich reinigte die Tonköpfe liebevoll und geduldig mit Wattestäbchen, das half auch kurz, aber irgendwann leierte der Motor, und das Abspieltempo wurde täglich langsamer. Zudem trug der Umstand, dass ich die Kassetten dauernd wieder überspielte, auch nicht gerade zur Verbesserung der Tonqualität bei. Der batteriebetriebene Rekorder war jedoch trotzdem eine technische Sensation. Ich konnte ihn überallhin mitnehmen, das Kabel meiner Kopfhörer in ihn stöpseln und nachts unter der Bettdecke heimlich noch endlos lange Musik hören, zwar nicht besonders laut, aber es war trotzdem der Himmel! Der Schrott-Sound machte mich glücklich, egal wie schlecht er war. Verglichen mit den heutigen iPods ist der Unterschied natürlich der absolute Wahnsinn.

Musik hat mich durch mein gesamtes Leben begleitet – zum Beispiel auf der Kirmes: Bei den Autoscootern knallten *She's a rainbow* von den Stones oder *Monday, Monday* von The Mamas and the Papas aus den Lautsprechern, während ich und die anderen Jungs am Rand standen und sich im Coolsein übten. Mädchen fuhren damals nicht nur Kettenkarussell und aßen Zuckerwatte, sie standen am liebsten mit den Jungs am Autoscooter. Von meinen Eltern bekam ich für die einwöchige Kirmes immer fünf Mark – für mich damals ein Vermögen.

Einmal Autoscooter fahren kostete eine Mark. Ich musste also genau überlegen, wie ich mein Vermögen einteilte. An der Schießbude zehnmal schießen und eventuell eine Trophäe zum Angeben mitnehmen? Oder doch lieber auf cool machen und mir noch mal eine Runde Scooter gönnen? Die Mitarbeiter dort fuhren die Autos zwischen den Runden immer total relaxt im Stehen oder auf der Einfassung sitzend rückwärts in ihre Parkposition zurück. Das sah extrem lässig aus, und jeder wollte so einen verdammten Universalschlüssel haben, den man dann einfach in den Schlitz des Autos steckte, wo normalerweise die Chips reinkamen.

Ein Leben lang umsonst Autoscooter fahren – was für eine abgefahrene Vorstellung! Für mich wurde sie tatsächlich, zumindest für eine kurze Zeit, Wirklichkeit: Ein Scootertyp, der sich in meine Schwester verknallt hatte, überließ mir mal für einen Abend seinen Schlüssel, um bei ihr Punkte zu machen. Damit war ich natürlich der Größte. Ich übte rückwärtsfahren und einarmig lenken, wobei der andere Arm lässig über die Lehne hing. Alles andere als einfach, aber extrem berauschend, vor allem wegen der aktuellen Hits, die aus den umstehenden Boxen schallten und meine Manöver lautmalerisch begleiteten.

Meine Schwester durfte natürlich immer länger wegbleiben, da sie älter war – ich dagegen musste um elf im Bett liegen. Das fand ich ganz schön unfair! Denn auf dem Platz neben unserem Block ging die Kirmes an den Wochenenden bis Mitternacht, und ich lag dann bei geöffnetem Fenster frustriert auf meinem Schrankklappbett im Wohnzimmer und lauschte der Musik, die der laue Abendwind zu mir in den vierten Stock wehte. Die bunten Lichter der Fahrgeschäfte tanzten an der Wand und an der Decke. Ich hörte, wie die Leute unten Spaß hatten, und fand es grausam, dass ich nicht mitmachen durfte. Irgendwann lullte mich der Soundteppich aus heiterem Gelächter und ausgelassenen Jauchzern, der Mix aus meinen Lieblingssongs und den Ansagen der Betreiber (»... das macht Spaß, das macht Laune ...«) doch so weit ein, dass mir die Augen zufielen und mich der Schlaf übermannte. Wenn ich endlich groß wäre, würde alles besser. Dann würde mich niemand mehr daran hindern, mein Leben zu genießen – das schwor ich mir.

DER BAUKLOTZ-TRICK – WUNDERBARE MÄDCHEN

Musik machte mein Leben bunter, unterhaltsamer und spannender, aber ich entdeckte schon ziemlich früh noch etwas anderes, das mich verzauberte: Mädchen! Diese wunderbar duftenden Wesen übten eine große Anziehung auf mich aus. Noch völlig unschuldig, diesen Gefühlsschwall überhaupt nicht einordnen könnend, überschwemmte er mich wie ganz leichte elektrisierende Stromstöße, sobald mich ein Mädchen anlächelte oder sie aus Versehen meine Hand streifte.

Das ging schon im Kindergarten los: Meike war fünf, genau wie ich, und ich fand sie toll. Vor allem ihre langen schwarzen Haare und ihre freche Art, mit mir zu reden, faszinierten mich. Wir spielten zusammen an einem Tisch mit Holz-Bauklötzen, und sie lächelte mich alle paar Sekunden schelmisch an. Sie mochte mich wohl auch. Es musste also etwas passieren! Aber was bloß? Fieberhaft dachte ich nach.

»Pass auf, wir machen das so«, flüsterte ich ihr endlich über den Tisch hinweg zu. »Dir fällt jetzt ein Klotz runter, dann kriechst du unter den Tisch, um ihn aufzuheben, und ich mach das kurz danach auch!«

Meike guckte verständnislos, lächelte aber weiter beharrlich zuckersüß.

»Und dann treffen wir uns unter dem Tisch und knutschen!«

Jetzt hatte Meike kapiert. Ihr Lächeln wurde um etliche Volt-Zahlen strahlender. Klack – schon fiel ihr Holzklotz auf den Boden. Schmunzelnd schob sie ihn mit ihrem Fuß unter die Tischplatte – und verschwand. Ich guckte mich kurz um, schubste ebenfalls einen Klotz runter und krabbelte unter den Tisch. Mein Herz klopfte, es war ein unglaublich aufregendes Abenteuer. Wir knutschten, Meike roch nach Natur, und ihr Mund war weich und warm. Es war der

Wahnsinn. Offenbar auch für Meike, denn ab diesem Tag probierten wir den Trick noch öfter. So oft, bis irgendwann eine der Erzieherinnen quer durch den Raum rief: »Uwe! Meike! Was macht ihr denn da immer so lange unterm Tisch?«
»Nix«, rief ich zurück. »Wir suchen unsere Steine!«
»Jaja, aber jetzt kommt mal wieder hoch!«
Viele Jungs finden Mädchen in dem Alter doof, ich fand sie immer klasse. Hochinteressant und geheimnisvoll. So wie Marion zum Beispiel, die Klassenkameradin meiner Schwester. Auf dem Spielplatz hinter unserem Haus trafen sich immer die Teenie-Cliquen, um zu rauchen und abzuhängen. Es gab nichts Spannenderes für mich, als bei den Älteren zu stehen und zu hören, worüber die so redeten. Es gab nur ein Problem: Ich war noch zu jung! Beate war vierzehn, ich erst neun, und sie hasste es, wenn ich mich zu ihrer Clique stellte.
»Geh weg, Uwe! Du bist zu klein! Hier sind nur die Älteren!«, rief sie mir zu.
Gedemütigt zog ich ab und hörte die anderen aus ihrer Clique sagen: »Ach, lass ihn doch! Ist doch in Ordnung.«
Aber solange Beate da war, hatte ich keine Chance. Nur wenn sie aus irgendeinem Grund mal fehlte, durfte ich bei den »Großen« stehen. Dann starrte ich Marion heimlich und verschämt wie ein hypnotisiertes Kaninchen an. Sie hatte ein außergewöhnlich hübsches Gesicht mit großen dunklen Augen, schön geschwungenen Lippen, umrahmt von langen braunen Haaren. Und das Beste: Sie war überraschend nett zu mir, ließ mich sogar mal an ihrer Zigarette ziehen. Da kam ich mir unendlich erwachsen vor. Außerdem kribbelte es bei mir so komisch im Bauch ...
Wenn ich von der Schule nach Hause ging, musste ich immer an der Wohnung von Verena, einer anderen hübschen Schulkameradin meiner Schwester vorbei, die ich einmal kennengelernt hatte. Und immer stach mir dabei das Klingelschild ihrer Familie ins Auge. Ich wusste schon länger, dass sie da wohnte. Jedes Mal spielte ich mit der Möglichkeit, einfach den Klingelknopf zu drücken, und jedes

Mal fehlte mir dann doch der Mut. Was sollte ich denn sagen, wenn sie mir tatsächlich öffnete? Das war alles viel zu peinlich.
Doch einmal kam mir das Glück zu Hilfe. Als ich an ihrem Haus vorbeikam, sah ich sie ganz oben im fünften Stock aus dem Fenster schauen. Sie entdeckte mich ebenfalls und rief: »Hallo, Uwe!«
»Ja, hallo, Verena! Na was machste so?«
»Ach, ich häng hier gerade ein bisschen am Fenster ab.«
Mir fiel nichts Blöderes ein als: »Sicher eine gute Aussicht von da oben?!«
»Ja, stimmt.«
Daraufhin sagte ich dann ganz verwegen und darauf achtend, dass mein Herz, das mir in diesem Augenblick bis zum Hals pumpte, meine Stimme nicht abquetschte: »Würde mich auch total interessieren, wie der Ausblick von da oben ist!« Total peinlich eigentlich, aber mein Verhalten war in dieser Situation eher mit Todesmut zu vergleichen. Und Mut wird ja oft belohnt – so auch damals.
»Ja, klar. Dann komm doch kurz hoch!«, rief Verena zu meinem größten Glück. In wilder Freude stieg ich also die Treppe hoch und kam atemlos oben an, den Ranzen auf dem Rücken und ein verlegenes Grinsen im Gesicht.
»Hey, Uwe! Komm rein. Willst du eine Cola?«
Wow. Cola! War bei uns zu Hause verboten.
»Ja, gerne.«
Ich folgte ihr in die Küche, Verena schenkte zwei Gläser Cola ein, und wir unterhielten uns. Alles war ganz einfach und unkompliziert. So ging das also ... Sie fragte mich nach der Schule, nach meinen Freunden, nach Fußball. Ich erzählte frei von der Leber weg und war ziemlich perplex, dass sie sich für mich interessierte. Sie behandelte mich so erwachsen, so respektvoll.
Im Radio lief *She loves you, yeah, yeah, yeah* von den Beatles. Verena zündete sich eine Zigarette an und beugte sich zum Rauchen weit aus dem offenen Fenster. Ihre Eltern, die tagsüber arbeiteten, durften es nicht mitkriegen, deshalb vermied sie den Qualm in der Wohnung. »Paffste auch schon?«, fragte sie mich zwischen zwei Zügen,

bei denen sie lässig den Rauch aus der Nase blies. Ich musste mit der Antwort vorsichtig sein, da sie ja eine Freundin meiner Schwester war: »Ich habe schon mal bei älteren Jungs ziehen dürfen«, gab ich zu.

»Willst du eine?«

»Klar, aber nix meiner Schwester sagen, sonst krieg ich tierischen Ärger!«

Verena lächelte verständnisvoll und reichte mir eine Lord Extra rüber.

»Du, Uwe, ich muss jetzt gleich los«, sagte sie, während ich an der Kippe zog. »Ich geh kurz ins Bad und zieh mich um. Du kannst ruhig fertigrauchen, und dann gehen wir zusammen runter!«

Während des Rauchens stellte ich mir vor, wie sie sich gerade im Bad umzog, und mir kam die Idee, diesen Vorgang aus nächster Nähe zu betrachten. In der Küche entdeckte ich ein Oberlicht, das zum Badezimmer gehörte. Möglichst lautlos kletterte ich auf die Küchenbank und zog mich hoch. Von dort konnte ich sie tatsächlich beim Ausziehen beobachten. Sie trug etwas, das man damals Hüftgürtel (wie sexy!) nannte, mit Strumpfhaltern, und nestelte an ihrem BH. Mein Herzschlag wurde schneller und in meiner Hose wurde es plötzlich eng. Sehr eng. Dieser Anblick und die freudige Erwartung, noch mehr zu sehen, verwirrte mich derart, dass ich mich verschluckte. Prompt bekam ich einen Hustenanfall und konnte nicht mehr verhindern, dass Verena mich entdeckte.

»Uwe! Was machst du denn da?«, rief sie erschrocken.

»Ach, ich ...«

Stammeln.

»Na, na, na, du Schlingel!«

»Hab grad 'nen Hustenanfall ...«, krächzte ich mühsam und wollte am liebsten im Boden versinken.

Wir trafen uns dann im Flur, sie grinste schon wieder und gab mir einen Klaps auf den Rücken, um mich von meinem Anfall zu kurieren.

»Ist nicht so schlimm. Ist okay!«, brachte ich hervor – und mehr

Worte wurden auch von ihrer Seite aus zu diesem peinlichen Vorfall nicht gemacht. Gott sei Dank, da musste ich auch nichts mehr antworten.

Ich fand Verenas Verhalten total cool, aber nun wusste sie etwas, das meine Schwester nie, unter gar keinen Umständen erfahren durfte. In diesem Fall hätte sie ein Druckmittel gegen mich in der Hand und würde es bei nächster Gelegenheit nutzen. Ich würde von meinen Eltern den Ärger meines Lebens kriegen.

Eines Abends klingelte es dann an unserer Wohnungstür, ich lag schon im Bett. Der Mann stellte sich als Verenas Vater vor. Er bat meine Eltern um ein Gespräch in der Küche. Mir wurde schwindelig vor Angst. »Jetzt bin ich dran«, dachte ich. Ich bekam Schweißausbrüche und ein unbezwingbares Durchfallgefühl. Fünf Minuten später ging er aber schon wieder, verabschiedete sich lachend und freundlich.

»Beate, kommst du mal«, rief mein Vater aus der Küche. Er schloss die Küchentür, und ich hörte ihn mit lauter und bestimmter Stimme Sätze sagen, deren Inhalt ich leider nicht verstand. Schluchzend tapste Beate später wieder ins Wohnzimmer und vergrub sich in der nachts zum Bett umfunktionierten Schlafcouch. »Was war denn?«, fragte ich. Sie zog sich nur die Decke über den Kopf. »Lass mich!«

Meine Mutter klärte mich beim Frühstück auf: Verenas Vater hatte Beate und Verena beim Rauchen erwischt. Mein Geheimnis kam zwar nie raus, aber der Gedanke daran hat mich noch ein paar Jahre verfolgt.

Meine Mutter überflutete mich nicht nur mit zu viel Liebe, sondern leider auch mit zu viel Essen. Die Folge: Ich wurde immer dicker und schlapper und bekam mächtige Pausbacken. Zum Abspecken schickten meine Eltern mich deshalb in den Sommerferien auf eine »Kur« ins Kinder-Sanatorium in Bad Dürrheim im Schwarzwald – sechs endlose, einsame Wochen lang.

Im Sanatorium war es wie im Straflager: Eine Armee verhärmter alter Jungfern mit Schwesterntracht, Häubchen, schrecklichen Pumps mit Klotz-Absätzen und unerträglichem Altweiber-Schweißgeruch sollte die Kinderhorde im Zaum halten. Mit Angst, Schrecken und stechendem Damenbart (bei den unvermeidbaren Gute-Nacht-Küssen auf die Wange) sorgten sie wie Gefängniswärterinnen in schlechten Horrorfilmen für Zucht und Ordnung: Im kantinenartigen Speisesaal gab es fürchterliches Essen, eine geschmacksneutrale, widerliche Pampe, die man restlos aufessen musste: Grießbrei zum Beispiel, den ich bis heute abgrundtief verabscheue. Wer nicht aufaß, dem wurde der Rest seines Tellers mit dem Löffel reingezwungen. Einige Kinder kotzten deshalb manchmal vor Ekel auf den Tisch – was natürlich bei den anderen nicht unbedingt eine Steigerung des Appetits bewirkte.

Auch das Schlafen unterlag strengen Regeln: Bettdecke und Kissen mussten exakt glattgezogen sein, und die Kissen durften beim Schlafen nicht geknüllt werden. Ich hatte aber die Angewohnheit, mein Kopfkissen zusammenzuballen, was sofort angemahnt wurde. Folgte ich der Aufforderung nicht, nahmen sie mir das Kissen weg.

Eine Nacht musste ich, weil ich mich mit einem anderen Jungen gerauft hatte, auf zwei harten Holzstühlen schlafen, die man zusammengestellt hatte. Drastische Erziehungsmethoden, die ich noch von meinen ersten Schuljahren in der Volksschule kannte, wo so mancher Lehrer schon mal mit dem Lineal auf die Finger klopfte, einem an den Haaren zog oder mit einem Rohrstock auf den nackten Hintern schlug. Berichtete man den Eltern davon, hieß es immer: »Na ja, der wird schon seinen Grund dafür gehabt haben.«

Wie ein wärmendes Licht in dieser emotionalen Eishölle war Schwester Monika, ein sehr hübsches dunkelhaariges Mädchen. Ich verknallte mich sofort in sie und hing ihr an den Fersen, wohin sie auch ging. An einem Nachmittag, als wir uns alleine auf dem tristen Linoleumflur mit den großen weißen Ballonlampen begegneten, schien mir die Gelegenheit günstig, um ihr zu sagen, dass ich sie sehr gerne mochte. Zu meinem Erstaunen erwiderte sie: »Das ist ja schön. Krieg ich jetzt ein Küsschen?« Mit hochrotem Kopf drückte ich meine Lippen auf ihre Wange. Sie ging weiter, ich blieb zurück – stolz, verwirrt und glücklich zugleich. Von da an war ich der festen Überzeugung, wir wären nun zusammen. Natürlich musste ich meinen veränderten Beziehungsstatus sofort bekanntgeben: »Ich hab die gestern geknutscht«, prahlte ich vor den anderen Jungs und stieg damit in deren Achtung ins Unermessliche. Meine Angeberei machte vermutlich die Runde, bis sie der Schwestern-Brigade zu Ohren kam, denn auf einmal war Monika extrem distanziert. Kein Lächeln, keine Unterhaltung – und schon gar keine weiteren Küsse. Auch wenn sie es sicher nur nett meinte, hätte sie natürlich keine »Flirt-Situation« mit einem Neunjährigen initiieren dürfen. Ich kapierte ihre plötzliche Reserviertheit damals überhaupt nicht, litt wie ein Hund und lernte zum ersten Mal ansatzweise kennen, wie sich ein gebrochenes Herzchen anfühlt.

Ich war damals schon sehr fasziniert vom Gesamt-Phänomen Frau: wie sie redeten, wie sie gingen, wie sie rochen, wie sie aussahen. Wie weich und sanft sie waren, welche magische Anziehungskraft sie auf mich ausübten. Sehr vorsichtig, aber beharrlich in meinem Forscherdrang, näherte ich mich dem Mysterium der Weiblichkeit und also des Gefühls, das diese wunderbaren Wesen in meinem Bauch und meinem Herzen auslösten. Sie besaßen einen absoluten Zauber für mich.

᛫ NEUE WOHNUNG – MANNHEIM-VOGELSTANG

Als ich zehn war, kam es zu einer entscheidenden Verbesserung in meinem Leben – ich erhielt ein eigenes Zimmer! Na ja, fast: Ich musste es mit meiner Schwester teilen, aber wenigstens wurde ich nicht mehr jede Nacht zwischen Schlaf- und Wohnzimmer hin- und hergetragen. Noch viel wichtiger war indes, dass ich fortan eine Rückzugsmöglichkeit besaß. So glaubte ich zumindest.

Mein Vater hatte eine neue Wohnung angemietet, und wir zogen um ins Neubaugebiet Mannheim-Vogelstang. Unser neues Heim war das totale Upgrade: Außer dem zusätzlichen Zimmer für Beate und mich gab es einen großen Flur, einen Balkon, fließend warmes Wasser und: eine Heizung! Wenn man die aufdrehte, wurde es in jedem Zimmer sofort kuschelig warm – ein Wunder.

Das mit Beate geteilte Zimmer eröffnete mir zudem neue Perspektiven: Auch meine eigene Schwester blieb von meiner erotischen Neugier nicht verschont. Mit fünfzehn hatte sie bereits einen wunderschönen Körper. Ich war mittlerweile zehn, und wenn Beate am Wochenende in die Disko ging, hielt ich mich mit meinem Minifernseher wach, bis sie wiederkam, nur um zuzugucken, wie sie sich auszog. Mein Trick war ein Spiegel, den ich im Regal gegenüber von meinem Bett positioniert hatte. Kam sie ins Zimmer, stellte ich mich schlafend und konnte, ihr den Rücken zugewandt, im Spiegel mit halb geschlossenen Lidern beobachten, wie sie sich aus den Kleidern schälte. Bei uns zu Hause war Nacktheit ja absolut tabu. Nie habe ich meine prüden Eltern auch nur ansatzweise unbekleidet gesehen. Eine Frau live nackt zu sehen war deshalb etwas sehr Besonderes für mich. Die Faszination, die es für mich hat, wenn eine Frau sich entblättert und ich ihren nackten Körper anschauen und bewundern darf, ist mir übrigens bis heute geblieben.

Außer der größeren, moderneren Wohnung gab es noch eine zweite Neuerung, die uns in den gehobenen Mittelstand aufrücken ließ: Unser erstes Auto – ein schnittiger NSU Prinz. Stolz fuhr mein Vater damit durch die Gegend. Problematisch war nur, dass ihn das Autofahren nicht vom Feiern abhielt und er in seinem neuen Transportmittel regelmäßig zu seiner geliebten freitäglichen Singstunde »abrauschte«.

Eines Nachts, es war bereits drei Uhr und er wieder mal noch nicht zu Hause, klingelte es plötzlich Sturm an unserer Haustür. Meine Mutter öffnete und blickte in die ernsten Augen von zwei Polizisten: »Sind Sie Frau Ochsenknecht?«, hörte ich eine offiziell klingende, amtlich-tiefe Männerstimme fragen.

»Ja, die bin ich. Was ist denn los? Ist etwas mit meinem Mann?«, fragte meine Mutter hysterisch.
»Ihr Mann hatte einen schweren Autounfall!«
»Um Himmels willen! Lebt er noch?«
»Ja, er lebt noch. Er ist nicht in Lebensgefahr, aber er liegt im Krankenhaus.«
Nun war sie eingetreten, die Situation, die meine Mutter stets gefürchtet hatte. Die Polizisten gaben ihr die Adresse der Klinik und verabschiedeten sich wieder.
Am nächsten Tag besuchten wir ihn. Er hatte eine Gehirnerschütterung und eine gebrochene Rippe, aber nichts wirklich Dramatisches. Mein Vater war mit einem Sangeskumpan aus dem Vereinslokal nachts nach Biblis gefahren, um in seiner dortigen Stammkneipe noch einen zu heben. Auf dem Rückweg hatte er auf der Hauptstraße in Biblis einige parkende Autos gestreift, war dadurch auf die linke Spur geraten und mit einem entgegenkommenden Auto zusammengestoßen. Sein Ein und Alles, der NSU, war völlig ausgebrannt. Totalschaden! Die zerbeulte Karosserie wurde zu einem Schrottplatz in unserer Nähe transportiert, und ich ging in den folgenden Tagen oft dort vorbei, um mir das Auto anzusehen, in dem mein Vater fast gestorben wäre. Ein Wunder, dass ihm damals nicht mehr passiert ist. Der Wagen war total verkohlt. Das verschmorte Plastik der Sonnenblenden hing in Tropfenform herunter, der Wagen war vorne komplett eingedellt, und zu meinem Erschrecken fand ich im Inneren sogar Blutspuren ...

Das war es dann erst einmal mit unserem sozialen Aufstieg: Die Versicherung zahlte nicht, weil mein Vater Promille im Blut hatte, das ganze mühsam gesparte Geld war weg, und meine Mutter fühlte sich darin bestätigt, dass die Sauferei sein und unser Unglück bedeutete. Aber zumindest hatte mein Vater seinen Personalausweis dabeigehabt ...

WAHLFAMILIE – DIE WELT DES THEATERS

Meine Eltern mussten sich jede Art von Luxus vom Mund absparen – ich dagegen verdiente ab zehn schon ziemlich viel Geld: Weil ich eine recht gute Stimme hatte, wurde ich vom Schulchor in den Kinderchor der Oper des Nationaltheaters Mannheim befördert.

Ich habe es schon als Kind geliebt zu singen. Zu Hause schmetterte mein Vater zwar immer seine Lieblingsarien, die ich total ätzend fand, weil diese Art Gesang so entsetzlich laut war. Aber das Singen im Schulchor, zu dem ich mich schon mit acht freiwillig gemeldet hatte, war wunderschön: Wenn dreißig Kehlen gleichzeitig sangen, mit verschiedenen Stimmen in unterschiedlichen Höhen, und das alles perfekt harmonierte, besaß das eine Power, die mich extrem berührte. Die Vibration der Stimmen konnte ich bis in den Bauch hinunter fühlen. Ich bin immer gerne zum Chorsingen gegangen, auch wenn ich dafür nach Schulschluss eine Stunde länger bleiben musste.

Und dann kam eines Tages meine Chance: Der Leiter des Kinderchores des Nationaltheaters Mannheim suchte talentierten Nachwuchs. Weil er mit unserem Musiklehrer befreundet war, fragte er ihn eines Tages: »Hast du ein paar Jungs mit schönen Stimmen, die den Ton treffen und halten können?« »Ja, klar«, antwortete der und ließ mich sowie ein paar andere Jungs vorsingen. Scheinbar gefiel dem Chorleiter, was er hörte. Denn er wählte mich mit zwei anderen Konkurrenten aus, und von dem Zeitpunkt an durfte ich auf der großen Bühne stehen und mein Taschengeld mit Singen verdienen.

Die Zugehörigkeit zu diesem ältesten städtischen Theater der Welt, in dem Schillers *Räuber* einst im Beisein des Autors uraufgeführt wurden, machte nicht nur wahnsinnigen Spaß, sondern brachte vor allem auch erstaunlich viel Geld: Pro Probe wurden sensationelle 5 Mark gezahlt, das ergab bei zwei Proben die Woche ein beachtliches Taschengeld. Das Beste jedoch war, dass bei Vorführungen das Honorar verdoppelt wurde! Pro Vorstellung gab es 10 Mark, und wenn es besonders lange dauerte, wurde auf 20 Mark erhöht – damals unglaublich viel Geld für mich. Monatlich hatte ich bis zu 200 Mark zur Verfügung und konnte mir von da an plötzlich all die Sachen leisten, von denen ich bislang nur geträumt hatte: Möbel, Platten, eine Stereo-Anlage, ein Mofa und coole Klamotten. Jetzt konnte auch ich die angesagten Jeans tragen, ins Kino gehen und den Mädels Drinks spendieren.

Noch besser als das Geld war allerdings, wie gesagt, der Spaß, den das Leben am Theater mit sich brachte: Geschminkt und kostümiert zu werden, die bunten Kulissen, die Technik, die Maskenbildner, der ganze verrückte Haufen der exaltierten Schauspieler, Balletttänzer und Opernsänger – all das fand ich superspannend. Eine schillernde, bunte Welt, von deren Existenz ich nichts geahnt hatte und die mich sofort faszinierte. In der Oper *Cavalleria rusticana*, in der unser Kinderchor mitsang, gab es immer eine Stelle, an der ein Sänger, nur von einer Harfinistin begleitet, eine kurze Arie sang: *O Lola ch'ai di latti la cammisa*. Er stand voll geschminkt und kostümiert neben der Musikerin, sein Blick richtete sich konzentriert auf den Monitor, auf dem der Dirigent zu sehen war, und er begann mit voller Power zu singen. Diese wunderschöne Melodie, dieser kraftvolle Gesang, gepaart mit dem lieblichen Klang der Harfe, war für mich so überwältigend, dass mir die Tränen in die Augen schossen.

In der Oper *Macht des Schicksals* wiederum gab es eine Szene, in der etwa hundert Opernsänger (inklusive meines Vaters) auf der Bühne standen. Wenn alle aus voller Kehle sangen und das Orchester in der höchsten Lautstärke dazu spielte, war ich vollkommen platt. Wie berauscht lauschte ich diesem beeindruckenden Ereignis regelmäßig in der Seitengasse der Bühne. Damals registrierte ich, was für eine emotionale Macht Musik haben kann. Ich fühlte mich, als hätte ich von einem Zaubertrank probiert ...

In der Kantine saßen wir Kinder oft auch mit den erwachsenen Balletttänzern, Opernsängern und Schauspielern an einem Tisch.

Sie erzählten sich, wie die Schauspielerei funktionierte, wer gut war und wer schlecht. Ich gehörte dazu, obwohl ich noch so klein war – ganz anders als bei uns zu Hause. Die Künstler, für mich von jeher sehr eindrucksvolle Persönlichkeiten, hörten mir zu und setzten sich mit mir auseinander. Alles war frei, offen und tolerant, es gab keine Tabus, keine Themen, über die nicht gesprochen wurde. Lesben küssten sich, Schwule fuhren sich gegenseitig durchs Haar, alles ging, alles war erlaubt und normal, und ich fand es herrlich.

Im Theatergebäude gab es natürlich viel zu entdecken und zu erforschen – jede Menge Ecken und Winkel, die es auszuspionieren galt: Als Komparsen in einer Oper kletterten wir während einer kleinen Pause einmal eine Eisenleiter in einem Schacht nach oben. Wir wollten wissen, wohin sie führte und wie es dort aussah. Zu unserer Verblüffung fanden wir uns bald ganz oben auf der Beleuchterbrücke wieder und bemerkten, dass die Vorstellung zwischenzeitlich schon wieder begonnen hatte und auf der Bühne ein paar Jungs fehlten – wir! Zum Glück hatte das außer uns noch niemand mitbekommen, und so sausten wir die Leiter wieder runter und sprinteten zurück auf die Bühne.

Ein anderes Mal hatten wir während einer Opernaufführung ein bisschen Zeit, während wir im Ministrantenkostüm hinter der Bühne auf unseren Auftritt warteten. Wir langweilten uns zu Tode, und einer der Jungs hatte die geniale Idee, sich auf einen der Gabelstapler zu setzen, mit dem beim Umbau die Kulissen hin und her geschoben wurden. Zu unserem Entsetzen ging das Ding plötzlich los und knallte von hinten an die Bühnendeko – während der Aufführung! Die Wand begann gefährlich zu schwanken, fiel aber zum Glück nicht um. Das hätte beinahe unser Aus im Theater bedeutet. Ärger gab's trotzdem.

Bei der Oper *Carmen* fiel eines Tages ein Statist aus, und ich durfte dann seine Rolle übernehmen. Es ging um den großen Einmarsch der Toreros in die Stierkampfarena. Leider waren mir die Schuhe meines Vorgängers drei Nummern zu groß, und ich musste mich als stolzer Torero im wunderschönen Kostüm hauptsächlich darauf konzentrieren, nicht aus den Schuhen zu stolpern. Mein Gang war dementsprechend unelegant, was die im Spalier angeordneten anderen Komparsen, die mit dem Rücken zum Publikum standen, in hysterische, mühsam unterdrückte Lachkrämpfe ausbrechen ließ. Es war ein einziges Gackern, Prusten und Luftholen, das auf mich extrem ansteckend wirkte – und ich musste meine gesamte Disziplin aufbringen, damit sich meine stolze Torero-Miene nicht in ein für das Publikum sichtbares höchst dämliches Grinsen verwandelte.

Bei manchen Opern stand ich auch zusammen mit meinem Vater auf der Bühne, der im Nebenchor des Theaters sang. Ob er damals stolz auf mich war, hat er mir leider nie verraten. Eine weitere vertane Chance ...

Die Theaterzeit war insgesamt ein Riesenspaß, und ich denke immer wieder mit viel Freude und auch ein bisschen Wehmut daran zurück. Aber natürlich haben wir nicht nur rumgealbert: Unser Statistenleiter beobachtete nämlich genau, wie gut wir unsere Auftritte absolvierten, und machte sich Notizen, wen von uns er besser rausschmeißen oder – was natürlich besser war – für eine größere Sache einsetzen sollte.

Irgendwann wurden dann Kinder aus dem Chor für Theaterstücke gesucht. Ich bekam erst kleinere und später immer größere Rollen in Stücken wie *Emil und die Detektive* oder *Karlsson vom Dach*. Auf der Bühne zu stehen, für Zuschauer zu spielen und Beifall zu bekommen, das alles bildete eine einschneidende Erfahrung für mich. Die Menschen schenkten mir ihre Aufmerksamkeit und klatschten am Ende sogar Beifall. Zum ersten Mal in meinem Leben fühlte ich mich wahrgenommen, ja sogar respektiert. Das wollte ich von nun an immer haben. Ich hatte Blut geleckt. Die Schauspielerei sollte mein Beruf werden! Der (Spiel-)Trieb, der sich da sehr früh in mir regte, war so stark, dass ich ihm unbedingt nachgehen musste.

🐂 KÖRPERSPIELE – NUDEL-CONTEST UND SCHLAFSACK-ÄNGSTE

In der Bäckerei gegenüber von unserem Haus roch es immer herrlich lecker nach frischen Brötchen, süßem Teig, Hefe und Schokolade. Matze, der Bäckerssohn, war mein Freund. Wenn ich ihn besuchte, drückten wir uns immer möglichst lange in der Backstube herum, um etwas vom Teig, Rosinen oder Süßigkeiten zu stibitzen und unsere Finger in die flüssige Schokolade zu stecken. Hinter der Backstube gab es einen Raum, in dem in großen Säcken Mehl gelagert wurde. In der Mitte hatte Matzes Vater eine riesige Märklin-Eisenbahn aufgebaut. Wir ließen die Rollläden herunter, bis alles ganz dunkel war, widmeten uns stundenlang den beleuchteten Zügen und aßen dazu all die Leckereien, die wir uns in der Backstube »besorgt« hatten.

Während die Eisenbahn in der wunderschönen Märklin-Landschaft aus Berg und Tal immer wieder im Kreis fuhr, unterhielten wir uns über die Themen, die Jungs in unserem Alter so interessierten: Mädchen und was man mit ihnen so alles anfangen konnte. Irgendwann fragten wir uns, wie ein Mann gebaut sein müsse, um Mädels glücklich zu machen. Des Rätsels Lösung schien in einem anatomischen Vergleich zu liegen ... Und so haben wir Jungs uns damals selbst aufgeklärt – von unseren Eltern oder der Schule war in dieser Richtung nichts Brauchbares zu erwarten.

Unsere Selbsterforschungen waren hochinteressant, aber wir wussten, dass man uns dabei besser nicht erwischte. Mit homosexuellem Knistern hatten unsere biologischen Exkurse nichts zu tun. Wir knutschten nicht und fanden die Dinger der anderen auch nicht erotisch. Was wir taten, war einfach nur, gemeinsam die Ausstattung zu checken und die Funktionen zu überprüfen. Wie lang, wie dick, wie gerade, wie krumm, schon mit Haaren oder noch ohne? Schamhaare waren superwichtig, denn mit ihnen war man erwachsen.

Oft kam die Bäckersfrau plötzlich rein, um zu fragen, wie es uns gehe, und dann mussten wir in Sekundenbruchteilen verbergen, dass unsere Hosenställe offen standen – das machte unsere Aktionen aber nur umso kribbelnder. Die Erforschung der Sexualität ist zwar ein ganz normaler Vorgang in dem Alter – aber in den prüden Sechzigerjahren, in denen wir aufwuchsen, schien es uns angebracht, dass unsere Eltern von unseren Studien nichts mitbekamen. Das Thema Sexualität war zwischen Eltern und Kindern damals noch absolut tabu. Die Haare sprießten, die Stimme brach – ich wurde allmählich erwachsen. Und natürlich gehörte es zum Erwachsensein dazu zu rauchen. Die ersten Lungenzüge waren eine Qual, aber ich war tapfer und lernte schnell, den Rauch lässig aus der Nase zu blasen und die Kippe wie Brando mit Daumen und Zeigefinger Richtung Handinnenfläche zu halten oder sie mir ganz unten zwischen Zeige- und Mittelfinger zu schieben. Die Zigarette möglichst cool zu halten, war wichtig. Genauso wichtig wie aufzupassen, dass ich nicht nach Rauch stank, um von meinem Vater keine verpasst zu bekommen. Gegen den Nikotingeruch aus dem Mund lutschte ich Pfefferminz.

Ich ging mittlerweile aufs Gymnasium und war in das schönste Mädchen der Schule verliebt: Sabine war drei Jahre älter als ich, ging in die zehnte Klasse und war die Bekannte eines Kumpels. Sie wusste, dass sie gut aussah, deshalb war sie ein wenig schnippisch und arrogant. »An die kommste eh nicht ran, die kann alle haben«, dachte ich und beschloss, sie dann eben nur heimlich anzuhimmeln. Wie eine leckere Torte hinter einer Glasvitrine, die man leider nicht essen kann. Oder doch? Zu meiner größten Überraschung sagte mein Buddy irgendwann zu mir: »Du, die steht auf dich!«

»Häh? Hast du sie noch alle?«

Das hielt ich für absolut ausgeschlossen. Mein Selbstbewusstsein hatte damals die Größe einer Heftzwecke, ich trug eine fiese Hornbrille mit brikettdicken Gläsern, hatte ständig fettige Haare und fand mich ziemlich unattraktiv. »Doch, die fragt nach dir und will, dass ich von dir erzähle«, beharrte er. Wollte er mich verarschen? Aber warum?

Aber er schien tatsächlich recht zu haben, denn zu meiner allergrößten Verblüffung schlenderte Sabine in einer Pause auf mich zu und lud mich am Wochenende zu einer Party ein, die bei ihr zu Hause stattfinden sollte. Sie hatte aus diesem Anlass auch bei einigen anderen Schulkameraden angefragt.

Ich konnte es nicht fassen – und mich den Rest der Woche nicht mehr konzentrieren. Warum lud sie mich ein? Was wollte sie von mir?

Endlich war dann der Samstag da, und wir rasten abends mit unseren Mofas zu Sabine. Yeah! Erstaunlicherweise wich sie ab dem Augenblick, in dem wir zur Tür reinkamen, tatsächlich nicht mehr von meiner Seite. Sie unterhielt sich mit mir, holte mir Getränke und bot mir Zigaretten an. Da schnallte dann auch ich, dass da was ging.

Ich verstehe bis heute nicht, was sie damals an mir fand. Es ist mir – echt und ehrlich – ein absolutes Rätsel. Vielleicht lag es daran, dass ich im Theater-Chor war oder schon einige kleine Rollen spielte. Vielleicht war es Welpenschutz? Eine Art Mutter-Instinkt? Möglicherweise hat sie auch das formbare Roh-Material in mir gesehen oder meine arglose Verzauberung Mädchen gegenüber gespürt. Ich war ein schüchterner Junge, und was auch immer der Grund ihrer Zuneigung war – das Woody-Allen-Phänomen (Frauen lieben hässliche, kleine, dürre Männer mit Brille) hatte zugeschlagen.

Sie fand mich also gut. Das Problem jedoch war: Ich hatte absolut keine Ahnung, was ich nun machen sollte. Wie musste ich mich verhalten? Was sagen, was tun? Bei so einer musst du was bringen, dachte ich. Nicht im Bett, darum ging es gar nicht, aber ich glaubte, sie irgendwie beeindrucken zu müssen, und hatte schreckliche Angst, etwas falsch zu machen und die Chance zu versauen.

Wir rockten zu *Whole lotta love* von Led Zeppelin und *Paranoid* von Black Sabbath, tranken, kifften, feierten, und irgendwann waren alle platt. Die meisten hatten Schlafsäcke dabei, um im riesengroßen Wohnzimmer zu übernachten. Es hatte einen Hauch von Woodstock.

»Wo schläfst denn du?«, fragte mich Sabine. Ich zuckte ratlos mit den Schultern.

»Komm, du kannst bei mir im Schlafsack schlafen!«, schlug sie fröhlich vor.

Was für ein Angebot! Ich schluckte und zwängte mich mit ihr in die Daunenhülle. Ab dem Moment liefen zum Glück die ruhigeren Songs. Die anderen waren beschäftigt oder schliefen, und wir fingen vorsichtig an, zu knutschen. *A whiter shade of pale* von Procol Harum säuselte aus den Boxen, und nicht nur im Schlafsack stieg die Aktivität, sondern auch bei mir in der Hose. Das war mir peinlich, und ich hatte furchtbare Angst, dass Sabine es merkte. Unsere Küsse wurden intensiver, und Sabines Hand streichelte sich meinen Oberschenkel hoch. Ach du Scheiße! Gleich würde sie es merken! Was sollte ich denn jetzt machen? Ich drohte zu kollabieren, bekam keine Luft mehr. Die Umklammerung war eine Sackgasse. Ich befreite mich dann, indem ich behauptete, kurz auf Toilette zu müssen. Als ich zurückkam, saß Sabine vor dem offenen Fenster, rauchte und starrte in die warme Nacht.

»Hast du Lust, spazieren zu gehen?«, fragte sie mich. Ich lächelte und nickte. Wir gingen unter dem funkelnden Sternenhimmel Hand in Hand einen kleinen Feldweg entlang, blieben ab und an stehen, um uns zu küssen, und ich entspannte mich langsam wieder. Irgendwann waren wir total müde und beschlossen, in unseren Schlafsack zurückzukriechen, wo wir dann sofort ohne weitere Aktionen einschliefen.

Ein paar Tage später besuchte Sabine mich, zum Entsetzen meiner Mutter, zu Hause. »Wie, da kommt ein Mädchen zu Besuch? Wie heißt die, wo wohnt die, und was machen die Eltern?« Aufgeregt rannte mir meine Mutter in der Wohnung hinterher, verfolgte argwöhnisch jeden meiner Schritte und gab sich mit keiner Erklärung zufrieden. Als Sabine klingelte und ich ihr die Wohnungstür aufmachte, stand meine Mutter neben mir und taxierte den Besuch mit äußerstem Misstrauen. Ich bugsierte Sabine in mein Zimmer, schloss die Tür – und natürlich platzte meine Mutter wie gewohnt alle fünf Minuten rein.

»Kannst du mal die Tür zulassen, Mama?«

»Warum? Was macht ihr denn da im Zimmer?«

»Nichts! Wir unterhalten uns.«

»Aber dann kann ich doch auch reinkommen.«

Sabines Besuch war nicht nur in dieser Hinsicht anstrengend für mich. Mich nervte auch ihre Art: Sie war ein bisschen zappelig, redete sehr viel und war sehr insistierend. Ich fühlte mich bedrängt. Obwohl ich immer noch stolz und verblüfft darüber war, dass sich das hübscheste Mädchen der Schule für mich interessierte, empfand ich die Situation in meinem Zimmer als total unangenehm. Ich zweifelte an mir selbst: Das tollste Mädchen, das ich bist jetzt kennengelernt hatte, wollte mit mir »gehen«, und ich war von ihr genervt? Was stimmte nicht mit mir?

Es war bescheuert, aber ich konnte meine Gefühle nicht ändern. Ich suchte von da an Abstand und erfand alle möglichen Ausreden, um unsere Verabredungen abzusagen. Irgendwann stand sie heulend vor meiner Tür: »Möchtest du nichts mehr von mir wissen, Uwe?« Ich räusperte mich verlegen, nahm meinen Mut zusammen und sagte: »Nee, ich glaube nicht.«

Sie starrte mich ungläubig an. Fassungslos. Abgewiesen zu werden war ihr bis dahin noch nie passiert. »Okay, das hättest du mir aber auch früher sagen können. Ich empfinde sehr viel für dich und habe ganz schön gelitten, weil ich merkte, dass da was ist.«

Zugegeben, mein Verhalten war nicht sehr feinfühlig. Ich schämte mich auch dafür, aber ich hatte ja keine Erfahrung auf dem Gebiet, ich wusste nicht, wie man korrekt mit solchen Situationen umging. Aber ich nahm mir fest vor, nie wieder ein Mädchen so zu verletzen.

Jahre später sah ich Sabine in Los Angeles wieder. Sie hatte geheiratet und arbeitete als Ärztin in einem kalifornischen Krankenhaus. Sie schien glücklich, hatte zwei Kinder und lebte ein typisch amerikanisches Leben mit Haus, Hund, Pool und SUV vor der Tür. Mein schlechtes Gewissen wurde nach all den Jahrzehnten endlich entlastet, als sie mir sagte, dass sie sich an die unangenehmen Momente mit mir damals nicht mehr erinnere. Nur an die schönen. Da fiel mir dann doch, obwohl es so lange her war, ein Stein vom Herzen.

Teil 2
Coming of Age

ROCKER & AN 1 – FERIEN VON DEN ELTERN

Der Stadtjugendring Mannheim bot für die Sommerferien verschiedene Urlaubsreisen an, bei denen Minderjährige mit Betreuern verreisen konnten. Das war super, denn ich war erst vierzehn und hätte sonst erst ab achtzehn alleine, ohne Erziehungsberechtigte, in die Ferien fahren dürfen. Die Chance, mich zwei Wochen lang von meinen Eltern zu befreien, ließ ich mir nicht entgehen und buchte mit drei Freunden vierzehn herrliche Tage und Nächte »Ferien- und Freizeitlager Schubystrand« an der Ostsee. Eine gute Entscheidung, denn schon die Anreise war ein Volltreffer: Der zwanzigköpfige Ferientrupp aus vergnügungshungrigen Jugendlichen enterte den Zug und besetzte mehrere nebeneinanderliegende Abteile. Kaum dass der Waggon sich in Bewegung gesetzt hatte, brüllte auch schon die Musik der Stones, der Beatles, von Marvin Gaye, Hendrix und immer wieder den Beach Boys aus den Kassettenrekordern durch den Zug.

Im »Schuby-Lager«, einer Art Schullandheim, bezogen wir zu sechst kleine Holzhäuschen, deren Dächer bis auf den Boden reichten. Von ferne sahen die Hütten aus wie große Dreiecke oder Zelte. Drinnen waren sie sehr gemütlich: Jede Hütte hatte Toilette und Waschbecken, Tisch und Stühle, Schränke und sechs Betten.

Wir stöpselten den Radiorekorder ein und veranstalteten zum Eingewöhnen erst mal einen ausgiebigen Kennenlern-Abend. Am nächsten Tag gingen wir schwimmen, spazieren, hingen am Strand ab, begutachteten die mitgefahrenen Mädchen und luden sie für den Abend auf unsere »Bude« ein. Jeder von uns hatte schon eine bestimmte Dame im Auge, der er später, wenn wir in die Dorfdisco weiterzögen, näherkommen wollte. Alkohol war natürlich nicht erlaubt, aber zwei von uns hatten AN 1 dabei, ein leichtes Aufputschmittel, das man rezeptfrei in der Apotheke bekam. Das Zeug war ziemlich harmlos. Wir warfen uns ein paar Pillen ein, und fanden es schick, so »high« zu sein. Dabei basierte die Wirkung im Wesentlichen auf Einbildung und war nicht viel stärker, als wenn man zwei Liter Cola getrunken hatte – aber das Wissen, etwas Verbotenes zu tun, hat sicher stark zum »berauschten Feeling« beigetragen.

Die »Disco« war eine etwas heruntergekommene Dorf-Gaststätte. Der DJ spielte alle unsere Hits, und wir waren high vom Verliebtsein, vom Sommer, vom Meer und von der ungeheuren Freiheit, mal ohne die Spaßbremsen namens Eltern unterwegs zu sein.

Um Mitternacht teilte unser Betreuer uns plötzlich mit sehr ernstem Gesichtsausdruck mit, dass wir sofort zurück ins Lager müssten: Es gebe »Ärger mit ein paar Rockern«. Aus irgendeinem Grund wollten sie uns »die Fresse polieren«. Wow – das klang nicht so witzig!

So viele Mädchen, wie in seinen VW-Bus reinpassten, fuhren mit dem Betreuer voraus. Die restlichen Mädchen sollten mit den Jungs schon mal zu Fuß losgehen und würden dann mit der zweiten Fuhre von ihm aufgesammelt werden. Charly, das Mädel, das ich im Auge hatte, bestand darauf, mit den Jungs zu laufen. Es war Sommer, eine laue Nacht, über uns der sternenklare Himmel und hinter uns die Gefahr: Wir mussten schließlich jeden Moment damit rechnen, dass uns die Rocker mit ihren brodelnden, blubbernden Motorrädern verfolgten und zusammenschlugen.

Wir hatten alle heimlich Alkohol getrunken, der – gepusht durch die Pillen – zuverlässig seine Wirkung entfaltete. Wir alberten herum, sangen laut und lachten uns über völlig blödsinnige Bemerkungen total schlapp. Die Gefahr geriet in Vergessenheit.

Aus dieser übermütigen Stimmung heraus sagte ich zu Charly, dass ich sie jetzt doch besser mal vor den bösen Rockern beschützen müsse, nahm ihre Hand und konnte kaum fassen, dass sie das zuließ. Wow! Der erste wichtige Schritt war getan. Bei Vollmond schlenderten wir Hand in Hand und später sogar Arm in Arm zurück zu unseren Hütten. Es war gefährlich und romantisch zugleich – und damit äußerst elektrisierend für mich.

Zurück im Lager marschierten meine Kumpel und ich zu unserem Betreuer und überzeugten ihn davon, dass es besser sei, wenn die Mädchen heute nicht alleine übernachteten, sondern weiterhin von uns vor den gefährlichen Rockern beschützt werden würden! Nachdem die Mädels bei uns eingetroffen waren, spielten wir unsere Musik, zündeten Kerzen an und verriegelten die Tür mit Stühlen und Schränken. Ein paar der Jungs hatten aus der Kneipe noch heimlich Bier und Schnaps mitgeschmuggelt, und so stieg nicht nur die Stimmung.

Charly lag neben mir, und nachdem mir nichts mehr einfiel, über das wir hätten reden können, begannen wir zu knutschen und zu fummeln. Leider schob sie meine Hand, die ich vorne in ihre engen Hotpants zu zwängen versuchte, immer wieder weg und sagte: »Die Hose bleibt zu!« Da ich nicht weiter kam und der Schritt meiner Jeans mittlerweile schon ziemlich viel mit dem Titel des erotischen Erfolgsromans von Charlotte Roche gemein hatte, ging ich zur Toilette und zog mir heimlich ein anderes Paar an. Als ich mich wieder zu ihr legte, war sie allerdings schon selig eingeschlummert. Ich hatte mir meine Sorgen also ganz umsonst gemacht. Viel hätte sie vermutlich sowieso nicht mehr mit mir anfangen können, denn ohne meine Erlaubnis, aber dafür mit Dauerkarte, fuhr mein Schädel Karussell, und auch ich fiel ins Koma.

Kein Geringerer als Marvin Gaye weckte uns am nächsten Morgen aus unserem Delirium: Um uns wach zu kriegen, ließ der Gruppenleiter morgens in voller Lautstärke *What's going on* aus dem von uns mitgebrachten tragbaren Tonbandgerät krachen. Er wollte uns damit aus den Betten jagen und erreichte das genaue Gegenteil: Wir blieben extra liegen, weil wir es total toll fanden, mit dem Saxophon-Intro dieses Hammer-Songs geweckt zu werden. Ohne große Mühe und ohne dass wir etwas davon mitbekamen, hatte der Betreuer die Tür, die wir in der Nacht mit Tischen und Stühlen verbarrikadiert hatten, um uns vor den bösen Eindringlingen zu schützen, wieder aufbekommen. Toll. Unsere Maßnahmen hatten ja extrem viel genutzt ...

Im Jahr darauf fuhr ich mit dem Stadtjugendring und fast derselben Truppe in die Schweiz, nach Gersau am Vierwaldstätter See. Der Urlaub war nicht mehr ganz so sensationell, weil wir ähnlich schöne Momente erwarteten wie an der Ostsee, die sich dann aber – wie es mit Erwartungen halt so ist – nicht einstellten. Charly war bei dieser Reise ebenfalls mit von der Partie, hatte aber mittlerweile einen festen Freund. Der war zwar nicht mit, aber wegen ihm konnte ich dann nicht mehr bei ihr landen.

Zum Glück waren die Stadtjugendring-Urlaube jedoch nicht mehr die einzige Möglichkeit, um sich zu vergnügen. Auch Vogelstang hatte neuerdings ein spannendes Event zu bieten: Weil es für die Jugendlichen der 10 000-Seelen-Gemeinde überhaupt nichts zum Ausgehen gab, hatte unser evangelischer Pfarrer, der Bruder des legendären Theaterregisseurs Peter Stein, dafür gesorgt, dass für uns eine Disco aufgemacht wurde. Sie hieß »Experiment« und wurde ihrem Namen in jeder Hinsicht gerecht. Einlass war erst ab sechzehn, deshalb mussten wir unsere Schülerausweise und Monatskarten fälschen, um uns den Zutritt zu erschummeln. Die Eröffnung des Ladens sprach sich wohl rum, denn aus den umliegenden amerikanischen Kasernen strömten bald viele Schwarze in den Club und beeinflussten maßgeblich den Sound, indem sie ihre LPs mitbrachten. Es wurde heißester Soul aufgelegt und getanzt, bis der Schweiß von den Wänden lief. Der Schuppen war durch sein im wahrsten Sinne des Wortes »buntes Publikum« so international, dass er auch zu New York gepasst hätte.

Ich liebte diese Musik und fand es supergeil, wie sich die Schwarzen in dem stets brechend vollen Laden zur Musik bewegten und mitsangen. Sie haben meinen Musikgeschmack und Tanzstil absolut geprägt.

Wenn er mal Pause machte, ließ mich der DJ kurz an die Plattenteller. Ich durfte wirklich auflegen! Mit vierzehn! Ein Traum ... Ich spielte Aretha Franklin, James Brown und Isaac Hayes und beschloss daraufhin, auch selbst Musik zu machen. Mit drei Kumpeln gründete ich eine Band, in der ich zunächst am Schlagzeug saß. Als unser Frontmann das Handtuch schmiss, sprang ich wegen meiner Chor-Erfahrung dann spontan als Sänger ein. Wir probten zwei- bis dreimal die Woche im evangelischen Gemeindezentrum von Pfarrer Stein und performten Songs von Led Zeppelin, Free oder Bad Company. Das war supergeil, und ich kam mir extrem lässig und erwachsen vor: Wir spielten nicht nur deren Songs, wir *waren* Led Zeppelin und all die anderen!

MUTTER MÜNCHEN UND DIE PENSION OLIVE – MEIN ERSTER FILM

Ein Anschlag am schwarzen Brett der Theater-Kantine wurde zur Initialzündung meines Lebens: Regisseur Diethard Klante, der mit dem Leiter der Statisten befreundet war, suchte Darsteller mit Mannheimer Dialekt für sein neues Fernsehspiel. Sein Filmprojekt *Freizeitraum, Bau 2* sollte die Problematik minderjähriger Straftäter in einer Jugendstrafanstalt zeigen und war um die Person eines progressiven Gefängnisdirektors herum geplottet, der wegen seiner modernen Resozialisierungspläne angefeindet wird. Rolf Zelter, der Autor des Stücks, war selbst Leiter der Jugendstrafanstalt Schwäbisch Hall, wo die Außenaufnahmen gedreht werden sollten.

In der Notiz wurde zum Vorsprechen in der kommenden Woche geladen. Es ging darum, einen minderjährigen Sträfling zu mimen. Aufs Leidenschaftlichste las und spielte ich Klante meine Texte in dem mir vertrauten Mannheimer Slang vor und schlug die fünf Mitbewerber aus dem Rennen. Mein erster Film! Ich würde ins Fernsehen kommen und das erste Mal von einem größeren Publikum gesehen werden. Fernsehen war damals noch ein echtes Ereignis. Es gab nur drei Programme und keine Quotenjagd.

Die Dreharbeiten zum Film starteten in München-Unterföhring, und da ich erst fünfzehn war, musste die Produktion mir eine Aufsichtsperson zur Seite stellen. Mein Vater nahm sich Urlaub, sein Verdienstausfall wurde von der Produktion erstattet.

Zum ersten Mal besuchte ich München und fühlte mich sofort wohl. Die Stadt nahm mich auf wie eine gemütliche bayerische Mutter. Überall lag Schnee, alles sah aus wie mit Tonnen von Puderzucker überschüttet, dicke Flocken fielen, und durch die riesigen Schneemauern, die überall an den Straßenrändern aufgetürmt waren, schienen alle Stadtgeräusche angenehm gedämpft, so als hätte man Watte in den Ohren.

Wir fuhren mit dem Taxi durch das zentimeterhohe Weiß, aus dem Radio klang Bayern 3, und der Taxifahrer unterhielt sich gut gelaunt und äußerst freundlich auf Bayrisch mit uns. An seinem Rückspiegel hing ein Duftbäumchen, an dessen Tannengeruch ich mich noch heute erinnern kann.

Der nette Münchner chauffierte uns nach Schwabing in die Pension Olive in der Giselastraße, in der uns die Produktion untergebracht hatte. Die Olive war eine größere Altbauwohnung mit mehreren Zimmern. Morgens gab's ein deftiges Frühstück, aber sonst war alles sehr einfach und spartanisch. Wir bekamen ein Zimmer mit zwei Betten und einer kleinen Minibar. Weil die Getränke daraus zu teuer waren (ein Orangensaft kostete glatte zehn Mark), kaufte mein Vater Brot, Wurst und Getränke im nahen Supermarkt und hängte unsere Vorräte in einer Plastiktüte aus dem Fenster in die trockene Winterluft.

Ich probte mit Papa meinen Text für den ersten Drehtag und schaffte es, obwohl ich wahnsinniges Lampenfieber hatte und mein Vater wie ein Sägewerk schnarchte, irgendwann einzuschlafen.

Nach dem Frühstück holte uns ein Fahrer ab und brachte uns nach Unterföhring. Auf dem Studiogelände lief mir Horst Tappert über den Weg, denn dort wurde neben dem Münchner *Tatort* und der Krimiserie *Der Alte* auch *Derrick* gedreht. Für mich, den Jungen aus Mannheim, war es extrem aufregend, mal hinter die Kulissen dieser bekannten Fernsehproduktionen zu gucken.

Handelte es sich eigentlich um Zufall, dass ich in meinem ersten Film einen Knacki mimte? Auf jeden Fall bot er mir einen kleinen Vorgeschmack auf ein Leben hinter Gittern, denn Jahre später musste ich tatsächlich die Erfahrung machen, wie es sich anfühlt, im Knast zu Gast zu sein. Aber dazu später mehr.

Zunächst allerdings machte ich erst mal Bekanntschaft mit der glamourösen Welt des Fernsehens: In den Drehpausen streifte ich durch die Studios und Kulissen, klapperte andere Sets ab und schaute unter anderem Hans Rosenthal bei der Produktion von *Dalli Dalli* zu.

Mein Vater begleitete mich nicht immer ins Studio, weil es für ihn ziemlich langweilig war, bei den Dreharbeiten zuzuschauen. Einmal kam ich abends vom Drehen zurück und fand ihn ganz schön angesäuselt im Zimmer vor. Ich empfand das als extrem unangenehm, denn ich hätte ihm gerne erzählt, was ich an diesem Tag alles Aufregendes erlebt hatte. Einmal mehr fühlte ich mich ganz mir selbst überlassen.

Am 21. Juni 1972 um 21 Uhr wurde der Film dann im ZDF ausgestrahlt. Mein Gesicht erst in den Programmzeitschriften und dann in unserem kleinen Wohnzimmer auf der Mattscheibe zu erblicken, war ein prägendes Ereignis für mich. Jetzt mussten nicht nur meine Eltern mich anschauen und mir zuhören – sondern Millionen anderer Zuschauer in ganz Deutschland auch. Ich wurde endlich »gesehen«, im wahrsten Sinne des Wortes.

TSCHÜSS SCHULE! – AUFBRUCH INS LEBEN

Meine erste Fernsehrolle betonierte meinen Entschluss: Ich wollte Schauspieler werden – da gab's nichts mehr dran zu rütteln. Mein Weg auf die Bühne verlief absolut geradlinig. Ich hatte mein eigenes inneres unerschütterliches und störungsfreies Navigationssystem, das mich lenkte und dem ich vollkommen vertraute. Ich zweifelte nie. Offenbar war ich mit dem klaren Auftrag »Werde Schauspieler!« auf die Welt gekommen.

Die Schule kam mir dagegen immer grauer und öder vor. Der Kontrast zwischen Schulalltag und Theaterwelt war so, als wenn ich aus einem Schwarz-Weiß-Foto der Zwanzigerjahre in einen Farbfilm gesprungen wäre.

Der große Haupteingang des Alptraumgebäudes »Gymnasium« kam mir vor wie ein Riesenschlund, der morgens Kinder verschluckte und sie mittags ausgelaugt wieder ausspuckte. Die Unterrichtsstunden und das Interieur waren der pure Horror: schreckliches Neonlicht, Jungs und Mädchen in getrennten Klassen, preußischstrenge Lehrer, ein Klassenbuch, in das andauernd Vergehen eingetragen wurden – und der fiese Geruch von Bohnerwachs. Die Fächer waren uninteressant, ja stinklangweilig. Ich verstand nie, warum ich zum Beispiel chemische Formeln lernen musste – ich wollte doch kein Chemiker werden! Geschichte war genauso schlimm: seitenweise Jahreszahlen auswendig lernen – warum bloß? Die standen doch schon alle in Büchern, man brauchte nur nachzuschlagen. Ich wollte Schauspieler werden, und dafür brauchte ich weder Mathe, noch Physik oder Latein.

Als ich nach meinem ersten Fernsehfilm von der ZBF Frankfurt (Zentrale Bühnen-, Fernseh- und Filmvermittlung) aufgenommen wurde, der staatlichen Schauspieler-Agentur, die Darsteller für Kino, TV und Theater vermittelte, verlor ich endgültig jedes Interesse am Unterricht. Ich machte keine Hausaufgaben mehr, meldete mich nie, hörte nicht mehr zu und vertrieb mir die Zeit mit dem Lesen von Comics und Albernheiten. Ich wurde zum Klassenclown und bei meinen Mitschülern dadurch immer beliebter. Bei den Lehrern war das umgekehrt: Als ich mal wieder mit meinem Tischnachbarn quatschte, herumalberte und Papiergeschosse Richtung Tafel schnipste, ermahnte mich der Lehrer mit den Worten: »Uwe, ich finde es sehr unfair von dir, deine Mitschüler vom Unterricht abzuhalten. Du weißt, was du werden willst – aber viele andere noch nicht!« Ich verbuchte seine Worte als Bestätigung, dass ich für das, was ich werden wollte, tatsächlich keine Schule brauchte.

Zweimal blieb ich sitzen, einmal in der Quinta und einmal in der Untertertia. Kurz vor der Mittleren Reife flog ich dann vom Gymnasium, weil ich nicht mehr wiederholen konnte. Ich war siebzehn und hatte zum dritten Mal die Versetzung verfehlt.

Selbstverständlich war ich heilfroh, dass ich aus dem Scheißladen endlich raus war – meine Eltern aber nicht. In den Augen meiner Mutter las ich jeden Tag die Angst vor sozialer Verelendung, und mein Vater bemühte sich panisch um eine Lehrstelle. Schließlich hatte er ein Angebot für mich bei Mercedes-Benz.

»Papa, das mach ich nicht«, enttäuschte ich ihn. »Ich will auf die Schauspielschule!«

»Aber du bist doch erst siebzehn! Mach doch erst mal was Richtiges!«

Meine Eltern kapierten nicht ansatzweise, wie ich funktionierte und was ich für einen Plan hatte. Ich war kein Loser und Rumhänger. Sie sahen nicht, dass ich brannte – aber nicht für eine Lehre bei Mercedes-Benz, sondern leidenschaftlich und aus tiefstem Herzen für das, was mich auch heute noch so begeistert wie damals: die Schauspielerei!

Die eine Schule hatte ich geschmissen. Nun wollte ich auf eine andere, nämlich auf die Westfälische Schauspielschule in Bochum. Leider war die Anmeldefrist schon verstrichen, und ich musste deshalb bis zum nächsten Frühjahr warten. Um die Stimmung zu Hause wieder ein bisschen zu heben, schlug ich meinen Eltern vor, in dem »Wartejahr« an der Abendschule den Hauptschulabschluss nachzuholen und nebenher zu jobben, um fürs Studium zu sparen.

Ich ging dann also jeden Abend zur Schule und jobbte tagsüber in der Güterzug-Abfertigung der Post am Hauptbahnhof Mannheim: Waggons mit Paketen be- und entladen für 6 Mark die Stunde. Zum Glück waren meine Kollegen keine Streber. Wir arbeiteten zwar täglich acht Stunden, aber mindestens drei davon lagen wir im Tiefschlaf: In jedem neu zu beladenden Waggon bauten wir erst einmal eine Mauer aus Paketen, die dem Gruppenleiter die Sicht auf unsere Arbeit nahm. Dahinter konnten wir in aller Ruhe pennen. Abwechselnd stand einer Schmiere, bis der Gruppenleiter wieder zur Kontrolle vorbeikam. Näherte er sich, nahmen wir blitzartig unsere Arbeit wieder auf, zog er ab, ließen wir sofort alles fallen – bis zur nächsten Runde. Wir schonten fleißig unsere Kraft und Energie und bekamen für die Hälfte der Arbeit die volle Kohle, genial. Ob sich der Gruppenleiter über die Zeitlupenabfertigung irgendwann wunderte, habe ich nie erfahren.

Im Frühling meldete ich mich an der Schauspielschule in Bochum an und wurde zur Aufnahmeprüfung geladen. Es sollten drei oder vier Monologe gespielt werden, möglichst aus verschiedenen Genres: Etwas Tragisches, etwas Lustiges, etwas Klassisches und etwas Modernes. Da ich ratlos war, welche Stücke ich am besten nehmen sollte, kam mir ein Regieassistent vom Theater in Mannheim zu Hilfe: Er schlug mir Passagen vor, bei denen er von Kollegen gehört hatte, dass sie aussagekräftig und für die Prüfung sinnvoll seien, und übte sie mit mir tagelang auf der Probebühne des Theaters ein.

Bei der Prüfung selbst musste ich mein Repertoire etwa eine Stunde lang vor einem Gremium zum Besten geben. Ich war schrecklich aufgeregt, aber ab dem Moment, in dem ich auf der Bühne stand, vergaß ich alles um mich herum und spielte einfach nur. Aus dem Gremium kamen ab und an ein paar Anweisungen, über die ich mich freute, weil ich vom Regieassistenten wusste, dass es ein gutes Zeichen war, wenn »sie mit dir arbeiten«.

Von über tausend Bewerbern wurden schließlich zwanzig aufgenommen – darunter ich! Es hatte vier quälende Wochen gedauert, bis der erlösende Brief kam: »Wir freuen uns, Ihnen mitteilen zu dürfen, dass Sie an der Westfälischen Schauspielschule aufgenommen sind.«

Da ich erst siebzehn war, musste mein Vater den Aufnahmeantrag unterschreiben. Zu meinem größten Erstaunen unterzeichnete er sofort, ohne eine Sekunde zu zögern, und sagte: »Ich wollte doch auch immer etwas Kreatives machen und konnte es nicht. Dir möchte ich deshalb keine Steine in den Weg legen.« Da war ich wirklich total platt. Ein lichter Moment, von denen ich mir mehr gewünscht hätte. Darüber hinaus sicherte er mir auch noch monatlich 500 Mark Unterstützung zu – ein Drittel seines Monatslohns. Dafür bin ich ihm noch heute überaus dankbar.

🐂 TSCHÜSS BRILLE! – SONYA, DIE ERSTE BEZIEHUNG

Das Nationaltheater Mannheim schien mein Schicksalsort zu sein. Es ebnete mir nicht nur meinen Berufsweg, sondern servierte mir auch noch die erste große Liebe meines Lebens auf dem Silbertablett: Sonya!

Sie war erwachsene fünfundzwanzig und ein Top-Geschoss. Sie hatte volle kastanienbraune Haare, ein Stupsnäschen und große Ähnlichkeit mit Brigitte Bardot, die damals mein absolutes Frauenideal war. Als ich sie mit lila Perücke und Korsage auf dem Faschingsfest des Theaters bemerkte, war es die sprichwörtliche Liebe auf den ersten Blick. Ich hätte sie allerdings niemals angesprochen, dafür war ich viel zu schüchtern. Ich war siebzehn und der festen Überzeugung, der hässlichste Mensch der Welt zu sein. Ich hatte immer noch fettiges, dünnes Haar, trug eine dicke Hornbrille und hatte eine mittlerweile recht schlaksige Figur. Um das Grauen zu toppen, waren meine Gesichtszüge, sofern man sie unter der Brille überhaupt erkannte, sehr feminin und weich. Ich fand mich jedenfalls vollkommen unmännlich und alles andere als toll.

Das Faschingsfest damals war eine Super-Party mit einem genialen DJ. Die Schauspieler, Opernsänger und Tänzer waren fantasievoll verkleidet und tanzten und feierten hemmungslos. Irgendwann stand Sonya neben mir und quatschte mich an. Wir unterhielten uns über Theater und lachten viel. Sie war auch noch intelligent und klug und faszinierte mich. Sonya konnte toll reden, studierte Kunstgeschichte in Frankfurt und hatte revolutionäre linkspolitische Ansichten, die vollkommen neu für mich waren. Ihr Vater war ein hohes Tier bei Siemens Mannheim und verkörperte genau den Typ Mann, gegen den sie politisch kämpfte. Zu Hause war er der Chef, die Mutti hatte nichts zu melden. Ihre Familie war extrem wohlhabend, und der Despot sah es nicht gerne, dass seine Tochter nach links abdriftete.

Gegen Ende der Party steckte sie mir ihre Telefonnummer zu. Ihr Freund sei Fotograf, erzählte sie, und ich solle sie doch mal besuchen. Euphorisiert und verwirrt taumelte ich gegen vier Uhr morgens nach Hause – in der Hand die Nummer, die ich schon längst auswendig kannte.

Es dauerte ein paar Tage, aber dann fand ich tatsächlich den Mut, sie anzurufen. Sonya freute sich total und lud mich für den nächsten Nachmittag ein. Ihre Wohnung war lässig-gemütlich und ihr Freund gerade nicht zu Hause. Sie zeigte mir seine Fotos, mit denen ich allerdings nicht besonders viel anfangen konnte. Viel zu verwirrt war ich vom Duft ihrer Haut, von ihren Bewegungen, ihrem Lachen. Sie streifte meinen nackten Unterarm, legte beim Reden sekundenlang ihre Hand auf meinen Oberschenkel, und irgendwann lagen wir knutschend auf dem Bett.

Auch bei ihr frage ich mich heute, was diese Traumfrau damals in mir sah und warum sie sich auf mich einließ: Ich war unscheinbar, schüchtern und sexuell vollkommen unerfahren, andererseits aber auch sanft, neugierig und offen; sie konnte mit mir lachen – und ich habe immer schon gerne geküsst. Vielleicht war es ja das ...

Als ich spürte, dass meine Gefühle von ihr erwidert wurden, konnte ich unsere Zweisamkeit mehr und mehr genießen und vergaß meine anfänglichen Bedenken. Sonya stylte mich und »pimpte« meinen Look. Die langen Haare kamen ab, die Hornbrille wurde durch Kontaktlinsen ersetzt, und meine schlanke Figur durch enge Jeans betont. Allmählich sah ich ganz passabel aus.

»ICH DACHTE, MIR PLATZT DAS HIRN« – DAS ERSTE MAL

Wir waren seit ein paar Wochen zusammen und knutschten und fummelten uns jede Nacht in Ekstase. Ich wollte schon lange mehr, wollte endlich wissen, wie es sich anfühlte, mit einer Frau zu schlafen. Ich war ja noch Jungfrau. Sonya hatte sexuell keine Eile, war als linke Studentin bereits mit allen erotischen Wassern gewaschen und genoss im Gegenteil meine sanfte Unerfahrenheit. »Weißt du was?«, sagte sie. »Das möchte ich mir aufheben für einen besonderen Abend in einer schönen Umgebung, wo wir viel Zeit haben.« Mir fiel es nicht leicht, geduldig zu bleiben, aber ich kapierte, was sie meinte, und vertraute ihr.

Ich musste nicht lange warten – ein paar Tage später war es dann so weit: Sonya verkündete, dass das Landhaus einer Freundin am Wochenende frei sei, wir packten unsere Siebensachen und fuhren in Sonyas klapprigem Renault 4 in die schöne Eifel. Ich war aufgeregt und ängstlich zugleich. Was würde mich erwarten? Würde ich Sonyas Ansprüchen genügen? Würde ich alles richtig machen?

Obwohl ich extrem prüde aufgewachsen war und meine Eltern niemals nackt gesehen, geschweige denn mit ihnen über Sex geredet hatte, wusste ich natürlich grundsätzlich, wie »es« ging. Wir Kumpel hatten uns ja schließlich selbst aufgeklärt, Pornos geguckt, Jane Birkins Gestöhne bei *Je t'aime* gelauscht und den Playboy studiert.

Das Landhaus war wunderschön und supergemütlich. Sonya konnte gut kochen und zauberte uns zum Sonnenuntergang ein Drei-Gänge-Menü. Bei Kerzenlicht stießen wir mit Rotwein an, und ich bemühte mich, etwas von den kulinarischen Highlights runterzubekommen. Das Dessert saß ja noch direkt vor mir, und ich konnte es kaum abwarten, es zu probieren.

Mit Sonya zu schlafen erwies sich als phänomenal. Ich war vollkommen weggeschossen, restlos begeistert. Näher als beim Sex kann man einem anderen Menschen nicht kommen. Und wenn man diesen Menschen auch noch tief und innig liebt, ist es wie ein Wunder, ein absolut irrer Vorgang. Mein erster Orgasmus, dem in dieser Nacht noch etliche folgen sollten, fühlte sich an, als ob mir das Hirn wegfliegen und ich ins All katapultiert werden würde. Und wenn wir beide gleichzeitig kamen und uns dabei auch noch in die Augen guckten, fühlte ich mich kurzzeitig wie in eine andere Umlaufbahn geschossen. Eine Naturdroge!

Nach diesem Wochenende ging ich Sonya nicht mehr von der Wäsche. Ich wollte rund um die Uhr mit ihr schlafen. Überall und immer wieder.

Sex ist ein Moment der Magie, wenn man ihn richtig erlebt. Mit einer Frau zu schlafen ist bis heute etwas ganz Besonderes für mich geblieben. Ein Riesenspaß, der mein Leben bereichert und den ich nicht missen möchte. Ich bin vollkommen fasziniert von diesem geheimnisvollen Vorgang, dessen ganzen Zauber ich aber nur mit jemandem erleben kann, den ich liebe und dem ich vollkommen vertraue. Alle anderen Formen von Sex sind mal ganz lustig, aber im Grunde nicht zu vergleichen. Wenn ich in eine Frau verliebt bin, ist sie für mich die absolute Nummer eins, und alle anderen weiblichen Wesen sind damit uninteressant – auch sexuell.

🐃 LIEBEN UND LERNEN – AUF DER SCHAUSPIELSCHULE

Die Liebe zu Sonya überschwemmte meine Leidenschaft für die Schauspielerei. Ich wollte nicht weg von ihr und in Bochum ganz einsam und alleine sein. So beschloss ich, die Schauspielschule zu schmeißen und bei ihr zu bleiben. Scheiß auf den Beruf, dachte ich, was kann es Wichtigeres geben als die Liebe? Meine Gefühle für sie waren einfach zu stark.

Aber ich fragte mich auch, ob ich wirklich glücklich sein könnte, wenn ich meinen großen Traum aufgäbe. Andererseits: Was, wenn Sonya jemand anderen kennenlernen würde, während ich in Bochum wäre? Die Vorstellung, sie könnte mich verlassen, war nicht auszuhalten.

Ich war hin- und hergerissen zwischen Beziehung und Berufung und wusste nicht, was ich tun sollte. Mein väterlicher Freund, der Schauspieler und Regisseur András Fricsay, kam mir in dieser Situation zu Hilfe. Ich war in der Zeit häufiger mit Männern befreundet, die sehr viel älter waren als ich. Vermutlich bildeten sie für mich eine Art Vaterersatz und sollten helfen, meine desaströse Beziehung zu meinem Dad zu kompensieren. Als ich András kennenlernte, war er dreißig und ich vierzehn. Er war der Sohn des berühmten ungarischen Dirigenten Ferenc Fricsay und seit ein paar Jahren Gast-Schauspieler am Nationaltheater Mannheim. András gab sich total lässig, fuhr Motorrad, hatte immer eine Kippe im Mund und einen Gürtel mit Patronentaschen, in denen er seine Zigaretten aufbewahrte. Auf der Bühne spielte er Brando-mäßig wild und wurde mein absolutes Idol. So cool wie er wollte ich auch werden.

András riet mir, auf jeden Fall auf die Schule zu gehen. »Diese Chance ist einmalig«, sagte er. »Du bist noch so jung, und deshalb überwältigt dich deine erste Liebe gerade total, aber ich schwöre dir, dass du dich später totärgerst, wenn es mit euch vielleicht mal auseinandergeht und du wegen Sonya die Schule geschmissen hast.« Schweren Herzens befolgte ich seinen Rat. Und er war richtig.

An einem sonnigen Spätsommertag Anfang September 1974 startete ich mein neues Leben in Bochum. Das Semester begann am Montagmorgen, und am Sonntagabend stand ich mit zwei Koffern in der Tür der möblierten Zweizimmerwohnung, die mir die Schauspielschule vermittelt hatte. Ich wohnte nicht alleine, sondern teilte die Behausung mit einem Kumpel, den ich aus dem Mannheimer Theater kannte und der auch bestanden hatte. Mein Bett war die kackbraune Couch im Wohnzimmer, das Klo befand sich auf dem Gang.

Am nächsten Morgen fuhren wir mit der Straßenbahn zum ersten Mal in die Schule, die mich die nächsten vier Jahre prägen sollte.

Das Gebäude war ein heruntergekommener, bungalowartiger Flachbau – klein und unscheinbar, weder attraktiv noch repräsentativ. Das Äußere stand in hartem Kontrast zu den »inneren Werten«, denn die Schule genoss einen sehr guten Ruf: Zwei Jahre vor mir hatte *Tatort*-Kommissarin Sabine Postel dort abgeschlossen, nach mir legten unter anderem Dietmar Bär, Henning Baum, Peter Lohmeyer, Nina Petri und mein guter Freund Gustav Peter Wöhler die Prüfung ab.

Zur Begrüßung der neuen Schüler gab es eine Versammlung, in der sich alle Dozenten vorstellten und uns das Ausbildungskonzept erläuterten. »Jetzt ist das hier euer Zuhause, eure Familie, euer Leben«, war ihre Ansage für die zwanzig Studenten aus Deutschland, Österreich und der Schweiz. »Privatleben gibt's die nächsten vier Jahre nur noch während ein paar Stunden für euch. Wenn ihr Probleme habt, sind wir rund um die Uhr für euch da! Denn um den Unterricht richtig aufnehmen zu können, dürft ihr keine privaten Sorgen haben. Ihr müsst in einer Verfassung sein, in der ihr euch einzig und allein auf den Unterricht konzentriert. Alles andere müsst ihr von euch fernhalten, Probleme bereinigen!«

Ich hatte eine neue Familie! Aber diesmal eine, die bereit war, mir zuzuhören und sich um meine Sorgen zu kümmern – ging es noch besser?

Der Unterricht war toll. Es gab fünf kleine Räume für Kampfsport, Fechten, Klavier, Stimmbildung, Schauspiel- und Gesangsunterricht. Ein großer Raum mit Spiegeln und Stange war der Ballettsaal, dort wurden auch die Aufführungen veranstaltet. Wir hatten acht bis zehn Stunden Unterricht am Tag und für jedes Fach einen speziellen Lehrer.

Im ersten Halbjahr stand dreimal die Woche das Fach »Selbstdarstellung« auf dem Programm: Ein Schüler wurde vor die Klasse gesetzt, um von sich zu erzählen. Kommilitonen und Dozenten durften ihm alle Fragen stellen, die ihnen einfielen – welche er davon beantwortete, war dem Schüler selbst überlassen. Alle Fragen waren erlaubt – und waren sie noch so intim oder indiskret. Meist begann es mit harmlosen Sachen wie »Wo bist du geboren?«, »Wie war dein Verhältnis zu den Eltern?« und gipfelte in »Findest du, dass du gut aussiehst?«. Antwortete der Schüler mit »Ja, ich glaub schon«, fragte der Lehrer die Klasse: »Und, was denkt ihr?« Die Antworten der Mitschüler gingen oft ans Eingemachte, das war nicht jedermanns Sache, und nicht selten rannte jemand heulend raus, wenn die Einschätzungen der anderen nicht so ausfielen wie erhofft. Aber es ging ja darum, sich ehrlich mit sich selbst auseinanderzusetzen und sich durch Kritik weiterzuentwickeln.

Als ich an der Reihe war, hatte ich erstaunlicherweise keine Angst. Im Gegenteil: Ich freute mich, als ich zum ersten Mal vor der großen Gruppe sitzen und von mir erzählen konnte. Die Kollegen kommentierten meine Storys, was ich alles andere als unangenehm fand, sondern superspannend. Durch dieses Feedback waren die Gespräche fast ein wenig heilsam für mich. Es tat gut, dass meine Mitschüler sich für mich und meine Vergangenheit interessierten, denn dadurch zeigten sie, dass sie mich mochten.

Auch beim Schauspielkurs herrschte schonungslose Ehrlichkeit und Offenheit. Die Wahrheit tat zwar manchmal weh, aber nur sie brachte einen weiter. Wenn der Lehrer »Nee, das war nichts« sagte und vorschlug, es »mal so« zu probieren, entwickelte ich plötzlich einen enormen Ehrgeiz, weil ich ihm zeigen wollte, dass ich konnte, was er verlangte. Ich wollte fleißig sein, das Handwerk erlernen, an mir arbeiten – und der Beste werden. Dass diese geschulten Profis mich beobachteten, sich mit mir beschäftigten, lobten, mich förderten und an mich glaubten, war Balsam für meine Seele.

Drei Stunden pro Tag stand ich an der Stange des Ballettsaals. Ballett hieß hier nicht, im rosa Tutu herumzuhüpfen, sondern war ein Hochleistungs-Ganzkörpertraining: Yoga, Bodengymnastik, Stretchen, Bein hoch, Schultern zurück, Muskeln angespannt. Dabei ging es nicht darum, Tänzer zu werden, sondern Körperbewusstsein zu entwickeln. Von der Körperspannung hängt die Bühnenpräsenz ab, deshalb ist es wichtig, jederzeit genau zu wissen, welche physische Ausstrahlung man haben möchte und wie man sie erzeugt. Man kann keinen toughen Typ mit hängenden Schultern und einer schlaffen Körperhaltung spielen.

Im Literaturkurs diskutierten und philosophierten wir stundenlang über Werke wie *Die Kunst des Liebens* von Erich Fromm oder *Das Ich und das Es* von Psycho-Papst Sigmund Freud. Literatur, die sich mit zwischenmenschlichen Bereichen befasste, der Psyche, der Seele und unseren Emotionen. »Was haltet ihr davon?«, fragte der Dozent. »Ist das Psychoscheiß für euch, oder findet ihr den Stoff interessant?« Endlich Futter für mein brachliegendes Hirn, endlich Gedanken, die so ungewöhnlich waren, dass sie mich nicht langweilten, sondern interessierten.

Auf allen Ebenen fühlte ich mich herausgefordert, denn die Ausbildung erschloss nicht nur meinem Kopf, sondern auch meinem Körper neue Welten: Im Fach »Stimmbildung« lernte ich, so zu atmen, dass ich meiner Stimme Kraft und Tiefe geben konnte. Bei vielen sitzt die Stimme zu hoch im Hals fest, sodass sie piepsig, gepresst oder gewürgt klingt. Die Stimme muss aber mit voller Kraft aus dem Resonanzkörper kommen, damit sie so laut und fest klingt, dass man im Theater auch noch in der letzten Reihe verstanden wird.

Manche Mitschüler kamen mit dem Stil der Schule nicht klar und hatten das Gefühl, sie sollten gebrochen werden. Je jünger jemand auf die Schauspielschule kam, desto besser, fanden die Lehrer. Denn dann war man noch keine, im negativen Sinne, »gefestigte Persönlichkeit«. Ich war der Jüngste und so formbar wie Knete. Ich setzte ihnen nicht den geringsten Widerstand entgegen, deshalb konnte man mich auch gar nicht brechen. Ich *wollte* ja modelliert werden. Unbedingt!

Die ersten sechs Monate waren Probezeit. Am Ende jedes Halbjahres gab es eine Lehrersitzung, in der jeder einzelne Schüler analysiert wurde. Sobald bei jemandem die Leistungen abfielen und die Dozenten das Gefühl hatten, ein Schüler sei faul und mache nicht mehr richtig mit, bekam er ein weiteres Probehalbjahr aufgedrückt. Auf mich traf das nie zu, denn hier auf der Schule stimmte einfach alles für mich: Ich wusste, ich war genau zur richtigen Zeit am richtigen Ort und tat das, was ich tun musste.

Nach einigen Monaten zog ich aus der möblierten Wohnung in eine kleine Dachwohnung, die etwas näher an der Schule lag, sodass ich morgens zu Fuß gehen konnte. Wieder war die Toilette auf dem Flur – ein Bad gab es nicht. Der Kohlenofen in der Küche reichte nicht, um den Wohnraum warm zu kriegen, deshalb musste ich für die Wintermonate einen Heizstrahler kaufen, der meine Stromrechnung in astronomische Höhen beamte und vor den ich mich abends kauerte, als wäre er ein Fernseher. Ich schlief voll angezogen unter drei Decken und duschte in der Schule. Möbel besaß ich kaum – Ikea gab's damals noch nicht, und meine Eltern hatten nichts übrig. Mein einziger Luxus bestand aus meinem Plattenspieler und einem Radio – ohne Musik ging es eben einfach nicht. Morgens schmierte ich mir ein Brot und freute mich schon auf den Unterricht. Die Mittagspause verbrachten wir beim Metzger nebenan, bei Frikadellen, Würstchen und Kartoffelsalat. Abends aß ich noch ein paar Pommes im Stehimbiss, und danach fiel ich erschöpft ins Bett.

So gut mir die Schule auch gefiel, sobald ich nach Hause kam und alleine in meinen ärmlich eingerichteten vier Wänden saß, hatte ich Sehnsucht nach Sonya. Jeden zweiten Tag rief ich sie aus der Telefonzelle an, um »Ich halt es nicht mehr aus« in den Hörer zu jammern.

Am Wochenende »raste« ich sofort nach dem Unterricht zu ihr. 320 endlose Kilometer mit dem alten, ausrangierten VW Käfer, den mir mein Vater geschenkt hatte. Die »Sauerlandstrecke« von Bochum nach Mannheim war berüchtigt. Im Winter war sie durchgehend vereist, spiegelglatt und meterhoch verschneit. Aber diese lächerlichen Umstände konnten mich nicht von meiner Fahrt zu Sonya abhalten. Weder die zugefrorene Frontscheibe, die ich während der Fahrt immer wieder freikratzen musste, weil die Heizung vereist war, noch die abgefahrenen Sommerreifen, wegen denen ich bei Glätte nicht schneller als 60 km/h fahren durfte, konnten mich stoppen. Ich wollte »hin, nichts wie hin zu meiner Liebe«, wie Udo Lindenberg einst in einem Brief an seine damalige Freundin Nena schrieb.

Nach diesen Eisfahrten fiel ich Sonya in der warmen, gemütlichen Wohnung in die Arme und kam mir vor wie im Himmel. Und so endlos lang mir die Fahrten zu ihr auch erschienen, kaum war ich bei ihr angekommen, switchte die Zeit auf Schnelldurchlauf. Die Stunden rasten wie Sekunden. Sonntagnacht wurde noch durchgeliebt, und Montag früh um vier kletterte ich schon wieder in die Schrottkiste, um pünktlich um acht im Unterricht zu sitzen, was mir nicht immer gelang. Aber die Lehrer wussten, dass mir diese Ausflüge guttaten, und hatten ein Nachsehen.

»ICH FREU MICH AUF MORGEN FRÜH!« – EIN GANZ NORMALES LEBEN

Das erste Jahr ohne meine geliebte Sonya war hart, aber dann bekam sie eine Stelle in einem Bochumer Museum, zog zu mir, und meine Welt war wieder rund. Ihr Support war von Anfang an ein Hauptgewinn: Wir mieteten eine wunderschöne Wohnung im ehemaligen Bochumer Rathaus, einem eindrucksvollen Backsteingebäude, das direkt um die Ecke der Schauspielschule lag. Unser neues Reich hatte eine kleine Küche, ein Bad mit Badewanne, Toilette, Gasheizung, einen großen Balkon und eine Terrasse zum Park – der pure Luxus! Ich kam mir vor wie im Business-Class-Upgrade, und das für 120 Mark im Monat! Das Haus stand unter Denkmalschutz, deshalb durfte die Stadt nicht mehr verlangen.

Wir holten dann mit den beiden Söhnen der Nachbarin, die selbst nichts hatten, aber gute Menschen waren, das Beste aus ein paar Eimern Farbe, ein paar Rollen Tapete und günstigen Teppichresten raus. Sie schenkten uns sogar eine Waschmaschine – diese Leute verkörperten das sprichwörtliche große Herz der Menschen »aus'm Pott«.

Es waren glückliche Jahre, die folgten, eine ganz tolle Zeit. Da ich im Vergleich zu meinen Mitschülern nun die größte Wohnung hatte, trafen wir uns fast jeden Abend nach dem Unterricht bei uns. Sonya kochte die herrlichsten Menüs, wir feierten Partys bis morgens um fünf und gingen dann direkt in die Schule. Mein Studium war körperlich anstrengend und anspruchsvoll, machte mir aber solchen Spaß, dass ich abends zwar todmüde ins Bett fiel, mich aber immer schon auf den nächsten Tag freute. So sehr, dass mich die Nacht dazwischen nervte. Ich konnte es kaum abwarten und wollte eigentlich rund um die Uhr dort sein.

In den Sommerferien fuhren wir mit Sonyas R4 nach Jugoslawien oder Griechenland. Vor vierzig Jahren gab es da noch menschenleere, unberührte Natur, sodass wir einfach am Strand zelteten und uns von Oliven, Retsina und Schafskäse ernährten.

UNTAUGLICH – DER ANTI-EINBERUFUNGS-EIWEISSTRICK

Ich sehe den grauen Brief sofort, als ich die Wohnungstür hinter mir zuziehe. Grau verheißt nichts Gutes. Nie. Entweder Finanzamt, Schulbehörde oder Polizei – grau ist die Farbe des Grauens.

Ich öffne den Umschlag. »Musterungsbescheid«: »... möchten Sie bitten, sich zur Tauglichkeitsprüfung am Montag, dem 5. Dezember 1977, um 9 Uhr im Kreiswehrersatzamt Grenadierstraße einzufinden.« Mir wird schlecht. Bundeswehr, Krieg üben mit dosenbiersaufenden Idioten.

Mit dem Gewehr durch Matsch und Scheißdreck robben, und

irgendein Arschloch schreit mich an. Alle Sachen millimetergenau falten – Hilfe! Das will ich nicht! Ich bin jetzt seit knapp vier Jahren an der Schauspielschule und möchte nach dem Abschluss sofort ans Theater. Während der Ausbildung können sie einen zwar nicht einziehen – aber direkt danach. Vier Jahre Schauspielschule und dann anderthalb Jahre zum Bund statt auf die Bühne? Das wäre eine Katastrophe! Ich werde auf jeden Fall verweigern. Den Antrag habe ich schon gestellt, als vor ein paar Wochen der Wehrpass kam. Wenn man in Berlin gemeldet ist, nehmen sie einen nicht. Oder wenn man schwul ist. Am besten beides auf einmal ...

»Sonya! Guck mal!«, sage ich. »Hmmm ...« Sie liest.
»Wie hmmm? Das ist eine Katastrophe! Ich will da nicht hin!«
Sie lächelt.
»Warum grinst du denn? Das ist doch nicht witzig!«
Sie lächelt weiter.
»Nee, nee, aber ich kann dir helfen!«
»Du?«
Sonya geht ins Wohnzimmer und kommt mit einem Zettel zurück. »Hier, das ist die Nummer von Stefan. Ein Freund von mir, der Arzt ist. Ruf den mal an!«

Zwei Tage später sitzen wir mit Stefan bei uns im Wohnzimmer. Ein netter, abgeklärter, entspannter Typ.

»Ja, da können wir was machen«, sagt er zu mir. »Komm mal morgen in meine Praxis!«

Am nächsten Morgen gehe ich gespannt zu ihm. Er zeigt mir ein kleines Fläschchen mit einer milchigen Flüssigkeit. Ich gucke ihn ratlos an. »Das ist menschliches Eiweiß. Da kommen nur Ärzte dran.«

Ich nicke. Kapiere nix. Ist ja toll – und?
»Davon gibst du bei der Musterung zehn Tropfen in deine Urinprobe!«

Ich kapiere immer noch nichts.
»Wenn Eiweiß hochkonzentriert im Urin vorkommt, spricht das für eine Nierenerkrankung, und damit nehmen die dich nicht!«

Er grinst, weil er weiß, dass die Bundeswehr Angst davor hat, dass man mit dieser Diagnose während der Ausbildung zusammenbricht und sie dann zahlen müssen. Das ist ihnen auch imagemäßig zu riskant.

Nun grinse ich auch. Das kleine Fläschchen ist meine Rettung! Mein Ticket in die Freiheit.

»Am besten, du stellst es gleich in den Kühlschrank – ist wärmeempfindlich.«

»Und wie soll ich das dann genau machen?«

»Du kaufst dir so eine kleine Einmal-Spritze und ziehst einen Milliliter hoch. Die Spritze versteckst du in der Socke. Oder in der Unterhose ...«

Aha!

Montag, 5. Dezember 1977, sieben Uhr. Mir ist mulmig. Da das Kreiswehrersatzamt in Mannheim ist, habe ich bei meinen Eltern übernachtet und das Fläschchen im Kühlschrank deponiert. An diesem Tag hat mein Vater aus irgendeinem Grund Urlaub, was für mich später noch sehr von Vorteil sein wird. Wir trinken zusammen einen Kaffee. In einem Gespräch am Vorabend habe ich meinem Vater gesagt, dass ich auf jeden Fall verweigern will und überzeugt bin, dass die mich nicht nehmen werden. Doch er ist skeptisch und glaubt nicht, dass ich es schaffen werde, dem Staat zu entkommen. »Wird Zeit, dass du mal zum Bund kommst, da lernst du Gehorsam und Disziplin«, hatte er in letzter Zeit sogar häufiger mal gesagt. Trotzdem fragt er nun neugierig, wie das Ganze heute denn ablaufen soll. Ich teile ihm keine Details mit, denn ich will das ganz alleine durchziehen – auf meine Weise.

Und wenn das auffliegt?, frage ich mich. Wenn sie die Spritze in meiner Socke finden? Komme ich dann gleich in den Knast? Oder muss ich zur Strafe drei Jahre länger »dienen«? Tasten die einen ab? Und schauen die tatsächlich in den Hintern, wie man immer hört? Meine Hände zittern etwas, als ich den Milliliter in der Toilette meiner Eltern in der Spritze hochziehe. Den Rest stelle ich zurück in den Kühlschrank.

8.55 Uhr, Kreiswehrersatzamt Grenadierstraße. Das Linoleum ist so spiegelblank gewienert, dass die Schuhsohlen bei jedem Schritt quietschen. Es riecht nach Bohnerwachs und Desinfektionsmittel. Ein Mann in weißem Kittel führt mich in ein Umkleidezimmer und fordert mich auf, mich auszuziehen: »Machen Sie sich bitte frei!«

Als er meinen fragenden Blick sieht, ergänzt er: »Ihre Unterhose dürfen Sie anbehalten!«

Er reicht mir einen Becher. »Hinter der Tür hinten links ist die Toilette, wenn Sie bitte eine Urinprobe abliefern würden und den Behälter dann dort in den Durchgang stellen.«

Ich nicke. Gehe aufs Klo. In Unterhose. Die Spritze senkrecht zwischen die Arschbacken geklemmt. Ich pinkle in den Becher und reichere den Urin anschließend mit dem Inhalt der Spritze an. Dann stelle ich den Becher in die Durchreiche und verstecke die Spritze unter meinen Klamotten im Spind. Der Mann im weißen Kittel holt mich ab und geleitet mich ins Untersuchungszimmer.

»Herr Dr. Bernhard, Herr Ochsenknecht!«

Weißkittel geht und zieht die Tür hinter sich zu. Der Arzt am Schreibtisch legt den Füller zur Seite und blickt hoch.

»Hallo, Uwe«, begrüßt er mich freundlichst.

»Was ist denn jetzt los?«, denke ich. Hat der mich im Fernsehen gesehen, oder was?

»Meine Frau ist die beste Freundin deiner Schwester«, lacht er.

Verena! Ach du Scheiße. *Die* Verena, der ich damals beim Umziehen im Bad zugeschaut habe. Wie peinlich. Weiß er was? Wird er sich jetzt grausam für meine Teenie-Spanner-Aktion rächen? Anscheinend nicht, denn jetzt steht er auf und reicht mir ganz normal die Hand. Rumms! Da fällt mir ein ganzer Felsbrocken vom Herzen.

»Und? Willst du zur Bundeswehr oder verweigern?«

»Ich hab keinen Bock auf diesen Scheißverein, ich will Schauspieler werden«, kläre ich ihn auf. »Ich will auf jeden Fall verweigern!«

»Alles klar«, sagt er geheimnisvoll und hört mein Herz ab. »Ich kann das nicht alleine entscheiden, aber schau'n wir mal ...«

…nf Jahre älter und 50 …entimeter größer: meine …chwester Beate und ich

Der »schöne« Werner in seinem »guten Anzug« und die starke Inge: Mama und Papa

Glücklich über die Aufmerksamkeit bei meinem ersten Fotoshooting, mit etwa einem Jahr

Musik und Kostümierungen fand ich schon immer toll

Steine in den Altrhein zu werfen war um einiges spannender, als zur Schule zu gehen

Mein Lieblingsplatz: am Küchentisch unserer Mannheimer Wohnung mit meinen Spielzeug-Schätzen

Lieber Dieter!
Ich möchte Dir einen Brief schreiben. Danach Du mir geschrieben hast, will ich ihn Dir jetzt be= antworten. Ich habe am 7.7.65. Geburtstag gehabt. Scha- de das Du nicht mehr bei uns wohnst sonst hätte ich dich eingeladen. Ich weiß garnicht mehr was ich schreiben soll. Immer wenn ich in den Zellstoff gehe denke ich an Dich aber jetzt muß ich Schluss machen
Viele Grüße an deine Eltern und an Dich
Dein Uwe

Frühe schriftstellerische Werke: Brief an meinen damals besten Freund Dieter

Erste Theaterstücke: mit 14 als König Edward II (links) im gleichnamigen Bühnenklassiker von Christopher Marlowe und als namenloser König, der zum Mond will (1970)

Voller Inbrunst: als Zehnjähriger in der Oper »Der junge Lord« (um 1966)

Fechten gehörte wie Kampfsport, Klavier, Stimmbildung, Ballett- und Gesangunterricht zum täglichen Ausbildungsprogramm an der Schauspielschule in Bochum

Meine erste große Rolle nach der Schauspielschule: Shakespeares Romeo am Wuppertaler Schauspielhaus (1979)

LUDWIG-FRANK-GYMNASIUM · MANNHEIM

Schuljahr 19 72 / 73   Klasse 9c

ABGANGS-ZEUGNIS
für

Uwe Ochsenknecht

geboren am 7. Januar 1956 in Biblis/Hessen
ev. Bekenntnisses, Sohn/Tochter des Werner Ochsenknecht hat das
L.-Frank-Gymnasium Mannheim
seit 1. 9. 1969 von Klasse 7c an besucht und war seit 1. 8. 1972
Schüler(in) der Klasse 9c.
Durch Beschluß der Lehrerkonferenz vom 13. Juli 1973 erhielt er/sie folgende Noten:

A. Betragen: —   B. Mitarbeit: —

C. Leistungen:

Religionslehre	gut	Geschichte	mangelhaft
Deutsch	ausreichend	Erdkunde	mangelhaft
Englisch (1. Fremdsprache)	mangelhaft	Musik	
Französisch (2. Fremdsprache)	mangelhaft	Bildende Kunst	sehr gut
Latein (Fremdsprache)		Leibesübungen	befriedigend
Mathematik	ungenügend	Wahlfächer:	
Physik	ausreichend		
Chemie	mangelhaft		
Biologie			

Handarbeit
Gesamtnote

Bemerkungen:

Dieses Zeugnis wird erteilt zum Übergang in einen Beruf

Mannheim, den 18. 7.

Die Direktion: Der Klassenlehrer:

(Stempel: Ludwig-Frank-Gymnasium Mannheim)

↑ Alles Mist — außer Kunst: das Zeugnis, wegen dem ich mit 17 endgültig von der Schule flog

Musik machen war eindeutig cooler, als Geschichte lernen →

Mein Percussion Lehrer Ax »Adidas« Adams

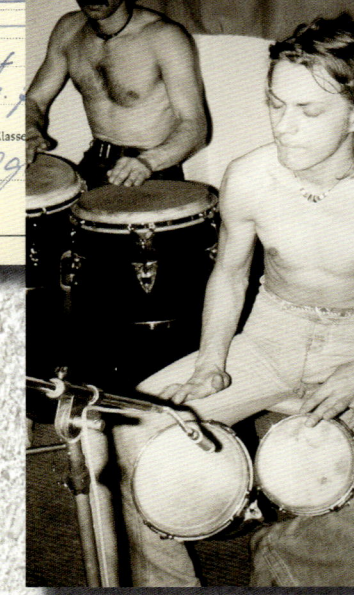

Musterungsausschuß I
beim
Kreiswehrersatzamt
Mannheim

68 Mannheim, den 27.01.1978
Nebeniusstraße 5 - 7

PK: 070156-0-5081 2
(PK bei Anfragen und Eingaben bitte angeben)

Bei Reisen in oder durch Gebiete außerhalb der Bundesrepublik Deutschland darf der Ausmusterungsbescheid nicht mitgenommen werden.

Ausmusterungsbescheid

Der Wehrpflichtige

Ochsenknecht   Uwe
(Name, Vornamen – Rufnamen unterstreichen)

07.01.1956   in   Biblis /Hessen
                          (Ort, Kreis)

wohnhaft in 68 Mannheim -31, Eberswalder Weg 32
           (Ort)   (Straße und Hausnummer)

ist nicht wehrdienstfähig und wird gemäß § 9 Nr. 1 des Wehrpflichtgesetzes (WPflG) zum Wehrdienst nicht herangezogen. Er wird daher ausgemustert und unterliegt gemäß § 24 Abs. 3 Nr. 1 WPflG nicht der Wehrüberwachung.

Eine Abschrift des ärztlichen Untersuchungsergebnisses ist beigefügt*).

Rechtsbehelfsbelehrung:

Gegen diesen Bescheid kann binnen zwei Wochen nach Zustellung schriftlich oder zur Niederschrift beim Kreiswehrersatzamt ___Mannheim___ Widerspruch erhoben werden. Die Frist wird auch gewahrt durch Einlegung bei der Musterungskammer WBV V –Außenstelle– Gartenstr. 25, 7500 Karlsruhe
(genaue Anschrift)

(Unterschrift)

Zugestellt am 27.01.1978

Vom Wehrdienst befreit und doch mit Knarre: Mein Ausmusterungsbescheid und meine erste große Filmrolle in »Das Ding« (1978)

Die Dreharbeiten zum »Boot« (1981) waren kein Zuckerschlecken: Auch der von mir verkörperte Bootsmann Lamprecht hatte auf dem U-Boot eine harte Zeit und veränderte sich sichtbar

Würde der vielleicht was für mich drehen? Hoffnung keimt in mir auf.

»Kannst dich wieder anziehen«, sagt er, als er mit dem Abhören, Betasten und Begutachten fertig ist. »Geh mal 'ne Stunde spazieren, dann teilen wir dir das Ergebnis mit.«

Ich schlendere über die Rasenflächen des Geländes. Schreckliche Bungalows. Alles hier schreit nach Depression und Unterwerfung. Gegenüber entdecke ich das Kinderkrankenhaus, in dem ich als Junge einige Wochen mit diversen Kinderkrankheiten zugebracht habe. Eine schreckliche Zeit. Hallende, hell beleuchtete Gänge, Schwesterntrachten, stickige Luft und dieser typische Krankenhausgeruch. Nachts war es am schlimmsten: Da kam die Sehnsucht mich besuchen, und ich lag in meinem Bett, starrte an die Decke und lauschte den Geräuschen auf dem Flur. Wir waren zu acht in einem Zimmer, mussten mehrmals am Tag unzählige Tabletten schlucken, und ich fragte täglich irgendeine Schwester, wann ich nach Hause dürfe. »Bald«, hieß es dann immer. »Bald« zog sich unendlich. Sechs Wochen sind für ein Kind eine Ewigkeit. Ich habe immer noch das Bild vor Augen, wie wir morgens nach dem Frühstück kollektiv auf die Plastiktöpfe gesetzt wurden. Die waren durchsichtig, damit die Schwestern gleich sehen konnten, wie die Ergebnisse ausfielen. Zurück blieb ein gehaltvolles Aroma, das sich bis zum Mittag hielt.

Und die Kaserne hier sieht genauso aus wie das Krankenhaus damals. Wenn die Schauspielschule Farbe ist, ist das hier Schwarzweiß. Mief, Frustration und gehirnamputierter Gehorsam – das genaue Gegenteil von Kreativität. Die Bundeswehrzeit würde mich killen, da bin ich mir sicher. Gehen, gehen, einatmen, ausatmen. Würde der Trick funktionieren? Würde Dr. Bernhard mir helfen? Ich beschließe, sicherheitshalber auffällig tuntig in den Raum zu tänzeln. Doppelt hält besser ...

Dann sitze ich im Flur, die Tür geht auf, man ruft mich ins Zimmer. Ich wackle hüftschwingend hinein und schlage beim Hinsetzen damenhaft die Beine übereinander. Der Chefarzt, ein Professor Schneider mit kahlrasiertem Schädel und eisblauen Augen, sitzt vor mir am Schreibtisch und blättert in den Unterlagen. »Ja, Herr Ochsenknecht ... eigentlich alles in Ordnung ...« Er guckt wieder auf die Untersuchungsergebnisse. Scheiße, denke ich, jetzt bin ich tatsächlich einmal in einer Situation, in der ich mir vom Arzt einen positiven Befund erhoffe.

»Mmmhmmm, mhmmm ...«, er blättert und räuspert sich. »Eine Sache gibt's da allerdings: Haben Sie irgendwelche Symptome, Beschwerden oder Schmerzen?«

»Nein, warum?«

»Wir haben hier Ergebnisse, die nicht so lustig sind. Alles deutet darauf hin, dass Sie Nierenprobleme haben ...«

Ich setze eine überraschte Unschuldsmiene auf. Wie sieht man aus, wenn man nierenkrank ist und es noch nicht weiß?

»Haben Sie manchmal Schmerzen?«

Mein »Verbündeter«, der Nierenspezialist, hatte mich instruiert, was ich auf diese Frage antworten sollte: »Manchmal habe ich dicke Füße, wenn ich morgens aufwache. Die sind dann irgendwie angeschwollen ... das geht dann aber auch wieder weg ...«

»Haben Sie sonst noch irgendwelche Symptome?«

Bewusst naiv zähle ich alle Symptome auf, die auf eine Nierenfunktionsstörung heftigster Art hindeuten. Die Runzeln auf der Professoren-Stirn werden immer tiefer.

»Aha ...! Dann müssen wir noch mal eine Urinprobe machen, um sicherzugehen!«

Auwei!

Ich fühle mich wie bei einem Luftloch im Flieger. Denn: Die Spritze ist leer! Ich habe kein Eiweiß mehr und damit ein Riesenproblem – ein richtig fettes Problem! In Überschallgeschwindigkeit rasen mögliche Rettungsszenarien durch meinen Kopf: Würde tierisches Eiweiß auch gehen? Aber wo käme ich jetzt an ein Ei?

Ich schinde zunächst mal Zeit raus. Zeit zum Überlegen.

»Was? Aber so schnell kann ich noch gar nicht wieder pinkeln!«

»Gut, gehen Sie ein Bierchen trinken, das treibt, und in einer Stunde machen wir noch mal eine Urinprobe!«

Und nun? Meine letzte Rettung ist der Mann, der sich am meisten wünscht, dass ich zur Bundeswehr gehe: mein Vater!
Vor dem Gelände habe ich eine Telefonzelle gesehen. Zu der rase ich jetzt hin. Mein Vater würde mir den Rest des Fläschchens, der noch im Kühlschrank ist, vorbeibringen müssen. Das scheint die einzige Möglichkeit. Hoffentlich ist er zu Hause, geht mir durch den Kopf. Und hoffentlich wird er mir helfen.
Das Telefon klingelt. Dreimal, viermal, fünfmal. »Ochsenknecht!« Er geht ran! Er ist da! Puh! Zum Glück.
»Papa, ich bin's. Hör zu!« In knappen Worten erkläre ich ihm, was ich hier tue und wie das Weitere ablaufen soll.
»Kannst du ganz schnell vorbeikommen und mir das Zeug bringen?«, frage ich ihn abschließend. Er brummelt, hustet, dann sagt er ja. Ich bin verwundert. Und erleichtert. Warum macht er das? Wahrscheinlich will er nur vermeiden, dass ich im Knast lande. Ich gehe die Straße auf und ab, um ihn abzufangen.
Da schleicht mein Vater auch schon in seinem Auto heran. Stoppt, steigt aus, schaut sich immer wieder hektisch um und überreicht mir dann das in die Bildzeitung (wie passend!) eingewickelte Fläschchen. Die ganze Szene hat etwas von einem Drogendeal. Und das am helllichten Tag, mitten auf der Straße vor dem Kreiswehrersatzamt der Bundeswehr!
»Hier!«
»Danke, Papa!«
»Und, wie läuft's?«
»Ganz gut.«
»Ich drück dir die Daumen!«, sagt er. Und fährt wieder ab.
Ich bleibe zurück mit dem seltsamen Verdacht, dass er an der ganzen Sache Gefallen gefunden hat.
Gleiche Performance, gleicher Trick: Toilette, Becher, Spritze, im Flur warten. Zur Verkündung des Endergebnisses werde ich in ein Zimmer geführt, in dem ein Musterungsausschuss auf mich wartet. Ein Panoptikum ehemaliger Kriegsveteranen, die wie im Gerichtssaal nebeneinandersitzen, ins Groteske überzeichnet wie in

einem Polanski-Film. Einer mit Augenklappe, ein anderer mit zerschossenem Kehlkopf und schlimmen Narben. Alles in allem sehe ich mich fünf strengen, verbissenen Gesichtern gegenüber. Es würde mich nicht wundern, wenn einem der Figuren gleich noch scheppernd die Armprothese abfällt.

Der Mann, der in der Mitte sitzt und vor seinem beschädigten Kehlkopf ein Mikrophon trägt, sagt mit Roboterstimme: »Setzen Sie sich!« Ich setze mich. Er räuspert sich und schaut mich streng an. »Ja, Herr Ochsenknecht, Sie wollen also verweigern, falls Sie tauglich sind?«

Auweia, denke ich, das findet der sicher nicht schick.

»Ja«, sage ich, »ich würde dann gerne Ersatzdienst machen.« Ich denke, es ist klug, zumindest meinen guten Willen zu zeigen.

»Das ist sehr löblich, aber wir mussten leider feststellen, dass Sie untauglich sind.«

Eine wilde Freude schießt in mir hoch. Ich habe Mühe, sie zu verbergen. Eine schauspielerische Glanzleistung, stattdessen eine traurige Miene aufzusetzen.

»Oh, warum das denn?«

»Ihre Nierenwerte sind nicht in Ordnung. Wir raten Ihnen dringend, sich untersuchen zu lassen. Das kann lebensgefährlich sein!«

»Oh. Ja, das mache ich. Mache ich!«

»Okay, dann ist alles geklärt. Haben Sie noch Fragen?«

Alles andere als das.

»Nein«, erwidere ich.

»Dann geben Sie draußen Ihren Wehrpass ab.«

Das tue ich in Lichtgeschwindigkeit. Untauglich. Fall erledigt. Cut.

Als kurze Zeit später die schriftliche Bestätigung kommt, reiche ich sie meinem Vater. Ein kleines bisschen Stolz glimmt in seinen strengen Augen auf: »Also eins muss ich sagen: Das hätte ich nie gedacht, dass du das hinkriegst. Das war 'ne tolle Aktion!«

»Aber ohne dich hätte ich es nicht geschafft. Danke, dass du mir geholfen hast, Papa!«

Er guckt betreten auf die Tischplatte.

»Na ja ...« Er klopft mir auf die Schulter. Kumpelhaft, aber auch mit einem Anflug von Respekt.

Es kam mir später vor, als hätte er in diesem Moment geschnallt, dass ich einen Plan habe. Und dass dieser Plan ganz anders war als der seiner Generation, die ja bloß funktionieren musste. Was mochte ihm da durch den Kopf gegangen sein: Wie macht Uwe das? Das haut ja alles hin? Der wird ausgemustert, wie er gesagt hat. Und er geht auf die Schauspielschule ... Wie schafft er das? Wie kann es sein, dass einer das tut, was ihm Spaß macht, und es klappt, und er hat damit Erfolg? Und ich muss an einer Scheiß-Maschine stehen und verdiene im Monat das Gleiche, das er an einem Tag verdient?

Mit anzusehen, wie ich meine Ziele verfolgte und meine Träume verwirklichte, war in gewisser Weise hart für meinen Vater, weil er seinen Traum nie leben konnte und zeitlebens unglücklich darüber war. Und ich fand es sehr schade, erst durch so eine Aktion ein bisschen Respekt von meinem Vater zu bekommen.

KRISENFEST – SONYAS AFFÄRE

Die Party, zu der Sonya und ich eingeladen waren, fand in einer kleinen Scheune in einem Dorf an der holländischen Grenze statt. Wir tanzten, machten Musik, tranken und hatten eine gute Zeit. Irgendwann fühlte ich mich platt, die meisten Leute waren schon weg, und so fragte ich Sonya, ob wir nicht langsam schlafen gehen wollten. Sie sagte, ich solle schon mal vorgehen, sie komme gleich nach. Ich ging ins benachbarte Wohnhaus und stieg hoch zum Dachboden, wo das Schlafsacklager für all diejenigen vorbereitet war, die hier übernachten wollten. Schnell war ich eingeschlafen.

Gegen vier Uhr morgens wachte ich wieder auf und stellte fest, dass Sonya noch nicht neben mir lag. Im Haus war es totenstill. Mit unguten Vorahnungen stieg ich leise die Holztreppe hinunter Richtung Küche. Als eine Stufe knackte, hörte ich Geschepper aus der Küche. Sonya und ein Typ saßen am mit Flaschen und Gläsern übersäten Küchentisch und fühlten sich anscheinend ertappt. Ich stand aufgeregt im Türrahmen und fragte Sonya, wann sie endlich schlafen komme. Dabei hörte ich mich an wie ein Kleinkind, dem nachts die Mama fehlte – eine oberpeinliche, äußerst demütigende Situation für mich. Ich wäre angesichts der Blöße, die ich mir in diesem Moment gab, am liebsten im Erdboden versunken.

Sonya war meine erste große Liebe, meine absolute Traumfrau. Ich glorifizierte sie über alle Maßen und war bislang davon ausgegangen, dass wir für immer zusammenbleiben würden. Geradezu sklavisch treu war ich ihr ergeben, andere Frauen existierten gar nicht für mich. In diesen entwürdigenden Minuten in der Küche stürzte meine romantische Verklärung in sich zusammen wie ein Kartenhaus.

Von Anfang an ging Sonya aber ehrlich mit der Situation um. »Du hast ja gemerkt, was da auf der Party passiert ist«, sagte sie, als wir am nächsten Morgen nach Hause fuhren. »Ich sitze zwischen zwei Stühlen und weiß gerade nicht, wie ich damit umgehen soll.«

»Lass ihn doch einfach«, flehte ich.

»Das kann ich nicht«, sagte sie. »Ich muss diesem Gefühl nachgehen.«

»Okay, wenn du meinst, dann mach's halt«, meinte ich darauf ganz cool. Ich fühlte mich schon erbärmlich genug und wollte mich nicht noch weiter blamieren.

Mir waren die Situation und die möglichen Konsequenzen meiner Aufforderung damals noch nicht wirklich bewusst. Aber das sollte sich schnell ändern, denn leider setzte Sonya meine Absolution sofort in die Tat um: Schon am nächsten Wochenende packte sie ein paar Sachen in ihre Tasche und fuhr zu ihrem Flirt nach Bonn. Ich blieb in der leeren Wohnung zurück, im Schockzustand, und konnte nicht fassen, was da mit mir passierte. Mein Bild von ihr, von uns, von unserer Beziehung brach komplett zusammen, und mir ging es so beschissen wie noch nie in meinem Leben. Ich konnte nicht essen, nicht schlafen, nicht denken.

Meine Schauspiellehrerin merkte, dass etwas nicht stimmte, sprach mich an und fragte, was denn los sei. Ich erzählte es ihr. Sie sagte, sie könne mir zuhören, mit mir reden und auch mal was mit mir trinken gehen, aber emotional müsse ich da alleine durch, das würde zum Leben nun mal dazugehören. Ich solle irgendwie versuchen, den Schmerz zu akzeptieren, denn meine Arbeit dürfe darunter nicht leiden. »Du musst deine Probleme lösen«, mahnte sie. »Wenn du auf der Bühne stehst, musst du fähig sein, dich selber zu vergessen und persönliche Sorgen oder negative Gedanken zu neutralisieren. Du musst dich total leer machen, damit du die Figur, die Rolle, erarbeiten und aufsaugen kannst. Das wird dir aber nicht gelingen, wenn du mit Dingen beschäftigt bist, die dich selbst betreffen. Wenn du Probleme hast, musst du sie zu Hause lassen.«

Sonya war weg, und ich saß wie auf Kohlen. Immer wieder überkamen mich Heulattacken. Ich quälte mich mit der Vorstellung, was die beiden wohl gerade machten. Der Schmerz brannte wie Feuer in meinem Magen. War er besser im Bett? Hatte er mehr Geld und konnte sie mit teuren Geschenken beeindrucken? Vermisste sie mich? Würde sie zu mir zurückkommen? Waren meine Gefühle für sie nichts mehr wert? Ich lief in der Wohnung auf und ab, wie ein Tiger im Käfig, unfähig, einen klaren Gedanken zu fassen ...

Irgendwann ließ ich mich erschöpft auf einen Stuhl fallen und griff mir ein paar Bögen Papier. Meine Gefühle und Gedanken niederzuschreiben, half mir sehr.

Am Sonntagabend hörte ich das erlösende Drehen des Schlüssels in der Tür. Sie war wieder da.

»Wie war es?«, empfing ich sie und konnte meine Neugier nur mühsam verbergen.

»Ganz okay, aber mir geht's auch nicht gut.«

Wir nahmen uns in die Arme, und der Schmerz in mir ließ augenblicklich nach.

Doch die Katastrophe war nur aufgeschoben: Am nächsten Wochenende fuhr Sonya schon wieder zu ihm. Erstaunlicherweise tat es da schon nicht mehr ganz so weh. Ich war etwas gefestigter und entschlossen, mich aus meiner Duldungsstarre zu befreien. »So, Schluss mit dem Leiden! Ich muss damit rechnen, dass sie nicht mehr wiederkommt, dass wir nicht zusammenbleiben, also fange ich jetzt an, diese Bude als meinen Bereich zu erobern.«

Ich saugte, wischte Staub, kaufte Blumen, wusch die Wäsche, kochte und kaufte ein – erledigte also all die Dinge, die sonst Sonya übernahm. So gut ich konnte, bereitete ich mich darauf vor, alleine klarzukommen. Die Arbeit tat gut und lenkte mich ab. Und als ich am Sonntag in der frisch geputzten, aufgeräumten Wohnung saß, die ich nach und nach zu meiner gemacht hatte, fühlte ich mich schon wieder ganz okay.

Am Sonntagabend kam Sonya heulend zurück und meinte, dass sie emotional total zerrissen sei. Ich fragte sie, ob sie etwas trinken wolle. Sie nahm ein paar Schlucke Rotwein und guckte sich erstaunt im Zimmer um: »Was hast du denn hier gemacht?« Sie checkte, dass ich mich auf die Trennung vorbereitete.

»Pass mal auf«, sagte ich. »Das ist für mich kein Zustand, dass du jetzt jedes Wochenende zu dem Typen fährst. Du musst dich entscheiden: er oder ich! Und wenn du dich nicht entscheiden kannst oder willst, musst du ausziehen. Ich halte es jedenfalls nicht aus, weiter so mit dir unter einem Dach zu leben!«

So!

Das war eine Ansage!

Ich konnte gar nicht glauben, dass ich tatsächlich so etwas Kerniges gesagt hatte, und nahm erst mal einen großen Schluck Rotwein.

Sonya nickte. Natürlich sah sie das ein, wollte aber, um sich zu entscheiden, noch ein letztes Mal zu ihm hinfahren. Ich gab ihr zähneknirschend mein Okay.

An diesem Wochenende machte sie mit ihm Schluss …

Krisen sind die besten Lehrmeister, heißt es doch. Nach diesem Desaster konnte ich diese Weisheit unterschreiben. Ich hatte gelernt, dass ich emotional ziemlich belastbar war, besaß ab da viel mehr Selbstvertrauen. Ich wusste nun, was ich aushalten konnte und dass man sich Problemen stellen muss. Allein die Zeit und Selbstdisziplin können Wunden heilen, ahnte ich.

Psychologen wären vermutlich begeistert, weil ich offenbar einen mich selbst liebenden Ich-Kern habe. Ich hatte mich geschützt, mich nicht aufgegeben. Anscheinend war ich mir wertvoll und verfügte vorteilhafterweise über ein Ego, das in Krisensituationen eher Hammer als Amboss war.

🐂 DIE HOHE KUNST DES SCHAUSPIELS – WAS EINEN GUTEN DARSTELLER AUSMACHT

Von der vierjährigen Ausbildung an der Schauspielschule profitiere ich noch heute, denn wir wurden, wie beschrieben, in vielerlei Richtungen geformt, geschliffen und geschult. Das war akribisch genau gelerntes Handwerk, mit dessen Hilfe ich mir meine Rollen in der Zukunft immer wieder erarbeiten konnte. Die an der Schule vermittelte Schauspielkunst steht im Kontrast zu dem unprofessionellen Müll, den so manches Soap-Sternchen oder in die Tage gekommenes »Topmodel« heute im TV abliefert. Aber auch sie dürfen sich leider Schauspieler nennen, denn die Berufsbezeichnung ist nicht geschützt. Im Grunde müsste es staatlich geprüfte Diplom-Schauspieler geben ...

An der Schauspielschule Bochum wurde nach den Methoden von Konstantin S. Stanislawski gelehrt. Die Stanislawski-Methode dreht sich im Grunde um naturalistisches Schauspiel, das nicht affektiert oder gekünstelt wirken soll, sondern so authentisch wie möglich rüberkommen muss. Die Zuschauer sollen die Figur und ihre Charakterzüge in jeder Sekunde glauben können. Stanislawski entwarf verschiedene Techniken, um ein möglichst authentisches Spiel herzustellen: Die Schauspieler sollten sich zum Beispiel vorstellen, es gäbe keinen Zuschauerraum, sondern stattdessen eine vierte Wand. Die Bühne wäre also nicht offen, sondern ein geschlossener Raum. Sinn und Effekt der Übung: Auf diese Weise spielten wir automatisch nicht fürs Publikum, sondern ausschließlich in Interaktion mit den anderen Schauspielern. Es ging auf diese Weise nur um die Szene und die Figuren – Ziel jeder guten Inszenierung.

Um Gefühle glaubhaft darzustellen, empfahl Stanislawski, sich an eine Situation in seinem Leben zu erinnern, in der man ähnlich empfunden habe. Angst, Wut, Glück, Verzweiflung – jeder von uns habe diese Emotionen schon mehrfach erlebt. »Nur was Schauspieler erleben, können sie verkörpern«, sagte Stanislawski. Wir sollten also die Erinnerung intensivieren und dadurch das Gefühl wieder hochholen. Das funktionierte übrigens auch umgekehrt: Wir probten, etwa Verzweiflung zuerst nur mimisch darzustellen und dadurch dann auch tatsächlich zu fühlen.

Ein anderer Ansatz Stanislawskis ist es, dass er voraussetzt, dass kein Mensch etwas ohne Grund sagt, sich nie ohne Motivation von A nach B bewegt. Wir sollten uns also beim Sprechen der Texte immer nach dem »Warum?« fragen und uns bei unseren »Bühnengängen« überlegen, woher wir kommen und wohin wir gehen. Wir hatten jeden Tag drei Stunden Schauspielunterricht, und ich habe erst Jahre später begriffen, dass an der Schule das beschriebene Method Acting gelehrt wurde, die Methode übrigens, mit der auch der berühmte Lee Strasberg in New York Stars wie Marlon Brando, James Dean, Dustin Hoffman und Jack Nicholson geschliffen hat.

Dank der gründlichen Ausbildung an der Schauspielschule hatte ich nun – außer wahrscheinlich auch etwas Talent – verschiedene »Werkzeuge« zur Hand, die ich einsetzen konnte. Method Acting war die Basis, auf der ich in den nächsten Jahren meinen eigenen Stil entwickelte. Und nach vier Jahren intensiven täglichen Ballett-, Judo- und Fecht-Trainings war ich auch körperlich topfit. Meine

Karriere konnte beginnen. Aber ich wollte nicht in der zweiten Reihe vor mich hin dümpeln, sondern ganz oben mitspielen. Ich wollte nicht in die Kreisklasse, ich wollte in die erste Liga!

Teil 3
Wild Times

NACH DER SCHAUSPIELSCHULE – ERSTE FILM- UND THEATERROLLEN

Bei der Aufführung unseres Abschlussstücks saßen die Intendanten etlicher großer deutscher Theater im Zuschauerraum, um die neuen Talente zu sichten und unter Vertrag zu nehmen. Auch der berühmte Regisseur Jürgen Flimm sah sich die Vorstellung an. Er plante damals, Heinrich Manns *Untertan* am Schauspielhaus Bochum zu inszenieren, und wollte einige Rollen mit Schauspielschülern besetzen. Wir müssen ihn überzeugt haben, denn nach dem letzten Vorhang engagierte er fast die gesamte Klasse.

Flimm war kein Unbekannter für mich: 1972 hatte er als Spielleiter am Mannheimer Nationaltheater Georg Büchners *Leonce und Lena* auf die Bühne gebracht, und ich war als sechzehnjähriger Statist dabei gewesen. Das Stück war ein Riesenhit. Auch seine beiden Töchter machten Komparserie, wir freundeten uns an, und ich war ab und zu bei seiner Familie zu Besuch. »Sag mal, Jürgen, kennst du mich eigentlich noch?«, fragte ich ihn, als wir uns nun, fünf Jahre später, wiedersahen. Er guckte über den Rand seiner Brille. Ich hatte inzwischen sowohl die Horngestell-Sehhilfe als auch die lange Matte abgelegt und sah sicherlich anders aus als der schüchterne Teenie von einst, den er in Erinnerung hatte. »Uwe, du bist das?«, staunte er nicht schlecht und nahm mich in den Arm.

Auch Flimms Inszenierung des *Untertan* (unter anderem mit Lindenstraßen-Mutti Marie-Luise Marjan, die übrigens eine großartige Musical-Performerin und Sängerin ist) wurde ein großer Erfolg, und am Ende der Spielzeit bot mir das Theater einen festen Vertrag an. Gehalt: 600 D-Mark im Monat. Für einen Anfänger wie mich war das eine große Ehre. Trotzdem zögerte ich, das Angebot anzunehmen, und bat um ein Gespräch mit der Spielleitung.

»Ich möchte genau wissen, in welchen Stücken ich welche Rolle spiele«, legte ich los.

»So genau können wir uns im Voraus nicht festlegen. Das ist nicht zu machen, Herr Ochsenknecht!«

»Dann unterschreibe ich nicht! Ich möchte nicht als Statist für wenig Geld in der letzten Reihe stehen – ich möchte spielen!« Das »Rumstehen im Hintergrund« hatte ich nämlich schon am Theater in Mannheim bei den neu unter Vertrag genommenen Schauspielern beobachten können.

»Tut uns leid, aber eine verbindliche Rollen- und Stückzusage können wir Ihnen nicht geben.«

Und so lehnte ich das Angebot ab – genau wie das nächste: Jürgen wollte mich nach Hamburg mitnehmen, wo er eine dreijährige Intendanz angenommen hatte. Aber ich mochte mich nicht so lange binden, mich nicht jahrelang auf ein Haus festlegen. »Ich will Filme drehen«, sagte ich zu ihm.

Wieder einmal hörte ich auf mein Bauchgefühl und sagte zwei Top-Angebote ab, ohne ein neues auf dem Tisch zu haben. Keine besonders perspektivreiche Situation, aber ich hatte dennoch ein sicheres Urvertrauen. »Ich bin jung, die Welt steht mir offen, irgendwas wird schon kommen.« Und es kam auch was – ein Angebot für eine Fernsehserie namens *Die Straße*! Sieben Folgen über Jugendliche und ihre Probleme in einem Jugendtreffpunkt, mit »Matula« Claus-Theo Gärtner in der Rolle des engagierten Sozialarbeiters Hanno. Gedreht werden sollte sechs Monate lang in München – bei hervorragender Bezahlung. München kannte ich ja schon von meinem ersten Filmdreh vor sieben Jahren. Ich fand die Stadt super und sagte zu.

Sonya und ich kündigten unsere Bochumer Wohnung, packten einen Schwung Umzugskartons in einen Lieferwagen und zogen nach Bayern. Unsere erste Bleibe war ein WG-Zimmer bei einem Freund, in dem wir die Kartons stapelten und lediglich das Bett aufstellten, bis wir eine eigene Wohnung gefunden hätten.

Sonya, die noch auf der Suche nach einer neuen Stelle war,

jobbte vorübergehend in einer Buchhandlung, ich ging jeden Morgen zum Dreh. Dank der verschiedenen Sets und der für die Dreharbeiten vorgesehenen Locations innerhalb Münchens lernte ich die Stadt schnell kennen – und fand sie noch genauso herrlich wie mit fünfzehn. Die Biergärten, die bayerische Gemütlichkeit, die störrische Freundlichkeit, der weiß-blaue Himmel, die Isar. Vier Wochen nach unserem Umzug fanden wir dann eine 70-Quadratmeter-Erdgeschoss-Wohnung im Großmarktviertel für 400 Mark im Monat, die ich lange behielt und die auch noch meine Zukünftigen kennenlernen sollten ...

Mein Leben nahm Fahrt auf – die Beziehung mit Sonya nicht. Ich war zweiundzwanzig, sie dreißig, und irgendwie merkte ich immer deutlicher, dass es angesichts des großen Altersunterschieds mit uns nicht mehr funktionierte. Grund war nicht Sonyas biologisches Alter, sondern ihre fehlenden Lebensträume und Visionen. Ich wollte voran, sie wollte ihre Ruhe haben. Mein Leben startete gerade durch, und ihres stagnierte. Fünf Jahre waren wir nun zusammen, und unsere für mich anfangs so einzigartige Liebe begann schaler zu werden. Unspektakulärer, grauer, alltäglicher. Wir liefen nicht synchron und stritten uns viel. Meine Gefühle für sie begannen sich mehr und mehr abzukühlen und aufzulösen. Mir wurde auch immer klarer, dass Sonya nicht die letzte Frau war, mit der ich eine Beziehung haben würde.

Der erste Teil der *Straße* wurde am 21. Januar 1978 im ZDF ausgestrahlt und wurde ein großer Erfolg. Ich bekam die ersten Fanbriefe meines Lebens und kistenweise Autogrammwünsche. Manchmal wurde ich sogar auf der Straße erkannt, und die *Bravo* berichtete auch über mich. Ein absolut geiles Gefühl und eine Riesen-Bestätigung für mich. Es ging los.

Über meinen Erfolg freute ich mich wahnsinnig – gleichzeitig fing meine schwierige Beziehung jedoch an, mich mehr und mehr zu belasten. Das schleichende »Entlieben« hatte eingesetzt. Und irgendwann war das Ding durch – und ein anderes »Ding« fing an.

▼ *DAS DING* – LONDON, VILMA UND EINE ABENTEUERLICHE FAHRT

Uli Edel, der frisch von der Filmhochschule München kam, plante einen Zweiteiler fürs ZDF, der von Peter Zenk produziert werden sollte: *Das Ding,* nach dem gleichnamigen Roman des Bild-Kolumnisten Franz Josef Wagner. Der Plot handelte von vier Freunden, die einen Überfall auf einen 240-Millionen-Mark-Geldtransport mit frisch geprägten 5-Mark-Münzen planen. Sie fingieren auf der Autobahn eine Baustelle und schaffen es tatsächlich, drei der vier LKWs zu entführen. Da die Bundesregierung den Überfall aber überraschend als terroristischen Akt einstuft und deshalb beschließt, neu und anders geprägte 5-Mark-Stücke in Umlauf zu bringen, ist die Beute plötzlich wertlos. Die Clique zerfällt, und Anführer Rocky bringt am Ende alle um. Ich spielte einen der Jungs mit dauerwellengelocktem Haar namens Engelchen.

Der Dreh fand im Harz, in München und Hamburg statt. Die Besetzung war für einen deutschen Film erstaunlich international – und auch zwei Engländer waren mit von der Partie: Steve Connolly, ehemaliger Roadie der Sex Pistols, von The Clash, Bob Marley und Ian Dury, spielte Joker und erzählte, wenn wir drehfrei hatten, oft atemberaubende Storys über das wilde Tour-Leben der Musiker. Connolly, der den Spitznamen Roadent trug, war ein spindeldürrer, pickeliger, kettenrauchender, glühbirnenblasser, liebenswerter Kerl mit einem staubtrockenen englischen Humor. Ein Punk der ersten Stunde mit dauerglasigen Augen, der ab einem gewissen Alkohol-Pegel seine Kippen auf seinem mit Brandnarben übersäten Unterarm ausdrückte. Yeah, ihr Pseudos da draußen: Das war noch echter, knallharter Punk! Stundenlang diskutierten wir über Musik, und ich war durch ihn immer auf dem neuesten Stand, was die englische Musikszene betraf.

Wayne Laryea wiederum, ein vierundzwanzigjähriger Halbafrikaner, spielte den Rocky. Nach dem Dreh gingen wir oft in der Hotelbar oder einer Kneipe was trinken, und ein paar Mal holte ich Wayne davor in seinem Zimmer ab. Auf seinem Nachttisch stand das Foto einer bildhübschen dunkelhäutigen Frau: Donna Summer. Mit Föhnwelle und schillerndem Disco-Kleid. Das Foto faszinierte mich – jedes Mal, wenn ich ihn abholte, blieb mein Blick daran hängen. »Warum hast du ein Bild von Donna Summer auf deinem Nachttisch, Wayne?«, fragte ich ihn irgendwann. »Stehst du auf sie?«

»Nee«, lachte er, »das ist meine Schwester Vilma!«

Wow, was für eine Verwandtschaft!

Wayne wohnte in London und lud mich eines Abends auf eine Party ein. »Einer meiner besten Freunde feiert Geburtstag. Meine Schwester wird auch da sein, komm doch mit!« Sein Freund war Tänzer in der Gruppe von Sheila & B. Devotion, die gerade mit dem Superhit *Spacer* die Charts stürmte. Auf der Party würde mit Sicherheit die Post abgehen, mit jeder Menge schwarzen Tänzern, die ich ja schon immer bewunderte. Es gab nur ein Problem, sie stieg in London. Ich zögerte. Freitagabend nach dem Dreh hin und Sonntagfrüh schon wieder zurück, das war mir zu hektisch. Ich wäre das erste Mal in London und wollte mir für die Stadt Zeit nehmen. Außerdem erlaubte die Produktion den Ausflug nur zähneknirschend und auf eigene Verantwortung.

»Nee, ich weiß nicht«, sagte ich deshalb zu Wayne. »Das kostet doch auch Geld und alles ...«

»Ja gut, war nur ein Vorschlag. Aber ich glaube, meine Schwester hätte sich gefreut.«

Kurzzeitig kam ich ins Grübeln ...

Am Freitag nach Drehschluss brachte ich Wayne dann mit ein paar Freunden aus dem Team zum Flughafen nach Hannover. Handys gab's noch nicht, deshalb rief er von einer Telefonzelle aus seine Schwester an, um ihr zu sagen, wann er lande. Ich hörte ihn am Telefon lachen.

»Ich geb dir mal Uwe«, sagte er plötzlich, winkte mich zu sich und hielt mir grinsend den Hörer hin.

Vilma begrüßte mich herzlich. Ich hatte ihr Foto vor Augen, als ich ihre Stimme an meinem Ohr hörte. »Hallo, Uwe! Wayne hat mir schon so viel von dir erzählt! Kommst du mit heute?«

Sie sprach englisch, was ich zum Glück schon damals ganz gut beherrschte.

»Nee, ich kann nicht«, sagte ich.

»Ach schade, ich hab mich schon so auf dich gefreut!«

Ich schluckte. Das Neonlicht über mir flackerte, auf dem Linoleumboden quietschten die Schuhe der Passagiere bei jedem Schritt. Wieder sinnierte ich: Wäre das Wochenende im Harzer Hotelzimmer wirklich die bessere Alternative?

»Na ja, dann vielleicht ein andermal«, sagte sie, und ihre Stimme klang enttäuscht.

Wir legten auf.

»Und?«, fragte Wayne, »was hat sie gesagt?«

»Sie hätte sich gefreut, wenn ich mitgekommen wäre«, sagte ich.

»Ich hab ihr von dir erzählt«, gab er zu. »Die findet dich total interessant als Typen. Komm doch mit! Das ist doch kein Ding!«

»Ich hab aber gar kein Geld dabei!«

»Ich kann dir was auslegen«, rief ein Kumpel aus dem Team. »Ich hab genug mitgenommen!«

Da gab ich mich endlich geschlagen. »Gucken wir mal, ob's überhaupt noch 'n Platz in dem Flieger gibt.«

Es gab einen.

»Okay, dann komm ich mit!«

Ich stieg ein. Ohne Zahnbürste, ohne Gepäck, ohne Geld, ohne frisches Hemd. Ich würde zwei Tage in denselben Klamotten verbringen müssen.

Die Party war der Hammer. Sie fand bei seinem Freund zu Hause statt, die Musik war super, in der Wohnung dampfte und brodelte es, und auf der Tanzfläche übertrafen sich die Tänzer gegenseitig mit ihren abgefahrenen Moves. Aber das Beste war Vilma. Sie war in Natura noch viel hübscher als auf dem Foto, duftete betörend nach dem blauen Parfum von Yves Saint Laurent und war sehr offen.

Ich auch, deshalb landeten wir irgendwann wild knutschend im Nebenzimmer. Sie hatte eine samtweiche Haut und konnte sich fantastisch bewegen. Ich war hin und weg, und meine Gewissensbisse Sonya gegenüber lösten sich angesichts der zunehmenden Ekstase in nichts auf.

Am nächsten Tag mussten wir wieder zurück nach Hannover, aber vorher wollte Wayne mir noch London zeigen. Er chauffierte mich in seinem Auto herum und führte mir die Highlights der Stadt vor: die Portobello Road, Trafalgar Square, Piccadilly Circus, die Tower Bridge, Westminster Abbey und den Buckingham Palace. Ich war fasziniert, was für tolle Bauwerke! Meine Fantasie sprudelte über. Wie immer, wenn ich mich an solchen Orten befand, sprang mich die Geschichte regelrecht an, und ich sah vor meinem geistigen Auge Ritter und Könige, Tafelrunden und Krönungen. Irgendwann schaute ich auf die Uhr: »Sag mal Wayne, der Flieger geht doch um fünfzehn Uhr, oder?«

»Ja, warum?«

»Es ist vierzehn Uhr!«

»Was? Echt? Das wird ein Problem!«

Wir waren mitten in der Stadt und mussten nach Heathrow, um den einzigen Flieger zu erwischen, der an diesem Tag zurück nach Hannover ging. Aussichtslos. »Ich wollte eh meine Karre mitnehmen«, sagte Wayne. »Weißt du, was wir machen? Wir fahren mit dem Auto!«

In strömendem Regen rasten wir nach Dover, um die Fähre nach Frankreich zu erwischen, und kamen auch pünktlich an. Nur: Es fuhr gar keine Fähre! In Calais streikten die Fährarbeiter und blockierten den Betrieb. »Die Franzosen streiken, aber die Belgier fahren«, gab uns ein Hafenarbeiter einen Tipp. Wir checkten also auf der Fähre nach Belgien ein und landeten vier Stunden später in Ostende. Auch hier regnete es ohne Pause, und die Fahrt durch Belgien und anschließend Frankreich war anstrengend und nervig. Wir fuhren und fuhren, der Regen prasselte auf die Frontscheibe, die immer wieder blickdicht beschlug. An meiner Hand gab es eine Stelle, die noch nach Vilmas Parfüm roch. Ich nahm davon ab und zu ein paar Nasen, sah sie dadurch direkt vor mir und vergaß einen kurzen Moment lang unsere stressige Situation – bis ich zu Wayne rüberschaute und bemerkte, dass er damit kämpfte, seine Augen offen zu halten. Ich musste ihn immer wieder anstupsen, damit er uns nicht in Richtung Leitplanke steuerte.

Mitten in der Nacht kamen wir endlich an der deutschen Grenze an und standen in einem riesigen Stau. Nach ewiger Wartezeit kamen wir an die Reihe und wurden vom Grenzbeamten angewiesen, rechts ranzufahren. Was wollte der denn jetzt? Einer unserer Scheinwerfer war kaputt, und der Beamte wollte uns so nicht über die Grenze lassen. Wir müssen ihn bemitleidenswert entsetzt angeguckt haben, denn er sagte: »Fahrt zurück zur Tankstelle da hinten, kauft euch 'ne neue Glühbirne, schraubt die rein, und dann lass ich euch rüber.« Wir machten, was er uns geraten hatte, durften passieren und konnten dann endlich weiter.

Es wurde langsam hell. Der Regen hatte aufgehört, ich fuhr, alles lief gut. Als mir die Augen zufielen, übernahm Wayne wieder. Ich war gerade dabei, auf dem Beifahrersitz einzunicken, als mir ein rotes Lämpchen auffiel.

»Was brennt denn da für eine rote Lampe?«, fragte ich Wayne.

»Die brennt immer, das bedeutet nichts«, sagte er.

Plötzlich bemerkte ich einen dunkelbraunen Fleck an meinen hellbeigen Stiefeletten. Ich versuchte, ihn mit dem Finger wegzuwischen und roch daran: Öl! Es tropfte Öl in den Beifahrer-Fußraum! »Wayne, wir verlieren Öl«, rief ich entsetzt.

»Echt? Das ist nicht gut!«

»Nee, das ist gar nicht gut.«

Wayne hielt an der nächsten Tankstelle, und wir schütteten zwei Liter Öl nach. Das mussten wir nun alle achtzig Kilometer wiederholen. Völlig übermüdet kamen wir eine Stunde nach Drehbeginn am Set an. Normalerweise kein Problem, trank man eben literweise Kaffee und Cola und biss die Zähne zusammen – aber genau zum Wochenstart hatten wir einen der härtesten Tage des gesamten Drehs: Fünfzehnmal mussten wir mit schweren Rucksäcken im Gebirge rauf- und runterklettern. Wir waren so groggy, dass uns jemand aus dem Team schließlich Captagon verabreichte, das Speed der Achtziger. Zu seinen Wirkungen auf das zentrale Nervensystem gehörte eine Veränderung des Gehirnstoffwechsels, was zu erhöhter Aufmerksamkeit und Leistungsbereitschaft führte. Mit anderen Worten: Der Stoff pushte, machte wach und hielt fit.

Das Zeug ging dann auch tatsächlich ab, und wir schafften den Tag. Bei mir lag das aber zum großen Teil an meinem zweiten Adrenalin-Pusher: Vilma! Ich hatte mich schwer in sie verknallt und dachte den ganzen Tag an sie. Ihre Haut, ihr Lachen, ihre Lippen, ihr einnehmendes Wesen und ihr Parfum, das ich immer noch in der Nase hatte.

Wir telefonierten und schrieben uns, so oft es ging, und sie besuchte mich dann eine Woche später beim Dreh. Höchste Zeit also, Sonya von ihr zu erzählen. Ein Geständnis, das mir alles andere als leichtfiel.

Als die Dreharbeiten uns zurück nach München führten, bat ich Sonya um ein Gespräch. Es war nicht einfach, ihr zu sagen, was los ist. Aber weil Sonya mir damals, als ich noch auf der Schauspielschule war, meinen ersten großen Liebesschmerz zugefügt hatte, gelang es mir dann doch. »Du, ich hab da jemanden kennengelernt, und ich bin total in die verknallt«, sagte ich ihr ohne Umschweife. Leider nahm Sonya das nicht so gut auf wie ich damals. Sie brach komplett zusammen, heulte und flehte mich an, es noch einmal zu versuchen. Es war schrecklich. Sie tat mir leid, aber ich konnte es ja nicht ändern. Für mich war unsere Beziehung einfach zu Ende.

Am nächsten Tag flog ich dann nach Hamburg, um die Dreharbeiten abzuschließen. Ich war erleichtert, der emotionalen Hölle entkommen zu sein. Sonya zog aus der Wohnung aus und ging zurück nach Mannheim.

Am Freitag, dem 31. August 1979, um 20 Uhr wurde der erste Teil von *Das Ding* im ZDF ausgestrahlt, der zweite Teil folgte am Samstag um 20.15 Uhr. Der Film kam gut an, wurde sogar vom *Spie-*

gel ganzseitig rezensiert und bescherte mir einige weitere Rollenangebote.

Ich flog in der Folge zwar noch ein paarmal nach London, stellte aber bald fest, dass meine Gefühle für Vilma doch nicht so intensiv waren, wie anfangs gedacht. Ihre wohl auch nicht, denn unsere Affäre lief friedlich und unspektakulär aus.

🐃 IBIZA 79 – SONNE, STRAND UND PARTYS MIT RICHY MÜLLER

Sonya zog aus, Richy Müller zog ein. Ich hatte ihn während meines Abschlussjahres an der Schauspielschule kennengelernt und mochte ihn sofort. Er hatte eine coole Art, war echt, ehrlich – und wie ich aus Mannheim! Es tat gut, mit ihm im derbsten »Monnämmerisch« zu quatschen. Richy war gelernter Werkzeugmacher und hatte es dank seines Talentes tatsächlich durch die Aufnahmeprüfungen geschafft.

Leider machte er keinen Abschluss an der Schule in Bochum und ging vorzeitig ab. Anschließend wusste er nicht, wohin, und rief mich an.

»Was willst'n jetzt machen?«, fragte ich ihn.

»Keine Ahnung«, meinte er.

»Dann zieh doch erst mal zu mir! Meine Bude ist jetzt frei.«

Gesagt, getan. Zwei Tage später stand er mit seiner Reisetasche und seiner langen Nase vor meiner Tür und füllte die Lücke, die Sonya hinterlassen hatte. Wir erlebten extrem lustige Abende zusammen, zogen um die Häuser, hörten Musik und genossen den Southern Comfort in rauen Mengen. Ich kann diesen Whiskey-Likör bis heute nicht mehr riechen.

Wegen des Erfolgs von *Das Ding* hatte ich Geld für diesen Spaß und außerdem etliche Angebote, die ich gar nicht alle annehmen konnte, weil ich für *Romeo und Julia* am Wuppertaler Schauspielhaus zugesagt hatte. Für die TV-Rollen, die ich ablehnen musste, schlug ich immer Richy vor – und einmal nahmen sie ihn. So begann seine Fernsehkarriere, die dann vorläufig in der *Großen Flatter*, einem sehr erfolgreichen WDR-Dreiteiler, gipfeln sollte.

Wenige Tage vor Drehbeginn verlor Richy beim Duschen die Krone eines seiner Schneidezähne und musste hilflos mit ansehen, wie sie im Abfluss-Strudel verschwand. Er fluchte vor sich hin und schraubte die Abflussrohre auseinander, um die Krone wiederzufinden. Seine Wut und seine Verzweiflung waren verständlich, so kurz vorm Drehen. Die Krone fand er nicht wieder, aber dafür hatte er eine Idee, die im wahrsten Sinne des Wortes einschneidend für seine Rolle werden sollte: Er spielte die Figur des Richy (!) im Film eben mit echter Zahnlücke. Ich gab ihm den Tipp, in Interviews zu erzählen, dass er sich extra für die Rolle einen Zahn habe ziehen lassen, Method Acting in Reinform quasi. Abgesehen von seiner tollen schauspielerischen Leistung, hat auch diese Medien-Strategie sehr gut funktioniert und zum Erfolg beigetragen ...

Im Anschluss an die ersten Proben zu *Romeo und Julia* hatte ich sechs Wochen Zeit, bis die heiße Phase beginnen würde, und ich wollte vorher noch mal kurz entspannen und mich von der anstrengenden Trennung erholen. Ich schlug Richy deshalb vor, uns Richtung Sonne aufzumachen. Er war sofort dabei. Diesmal wollte ich aber keine 40-Stunden-Fahrt in irgendeinem klapprigen Auto auf mich nehmen, es sollte schnell und stressfrei gehen, deshalb lief ich ins nächste Reisebüro und fragte: »Wo können wir so schnell und billig wie möglich hin, wo es heiß und schön ist?« »Ibiza!«, lautete wie aus der Pistole geschossen die Antwort der hübschen Dame hinter dem großen Schreibtisch. Sie hielt mir ein paar Prospekte hin, aber ich hatte auch so schon von der Insel gehört. Die sollte richtig cool sein: lockere Mädels, Partys bis zum Abwinken, Sonne, türkisfarbenes Mittelmeer und weißer Strand – alles wunderbar. Ich buchte nur den Flug. Um ein Hotel für die geplanten vier Wochen wollte ich mich vor Ort kümmern: Eine Kollegin aus dem *Straße*-Team war schon öfter da gewesen, kannte sich gut aus und hatte einen Hotel-

Tipp für uns. »Wenn ihr da hingeht und meinen Namen nennt, bekommt ihr sicher ein Zimmer.« Sie sollte recht behalten.

Als wir in Ibiza aus dem Flieger stiegen, schlug uns die Hitze entgegen, obwohl es erst neun Uhr morgens war. Wir liehen uns in der Stadt zwei Motocross-Maschinen und knatterten erst mal ein bisschen über die Insel. Der heiße Fahrtwind auf der nackten Haut, der Geruch des Südens, das helle Licht – supergeil! Wir parkten vor dem berühmten Café Montesol, Teil des ältesten Hotels der Insel, genehmigten uns ein Frühstück, bestehend aus einem Cortado, Bocadillos (leckeren Brötchen), mit Serrano-Schinken und Ziegenkäse belegt, und checkten die Szene.

1979 war auf der Insel noch so richtig der Hippie-Spirit zu spüren. Alle waren total entspannt und gingen extrem freundlich miteinander um. Man fand sofort Anschluss – genau das, was ich brauchte. Es wurde gefeiert, gekifft und gesoffen, und alle sahen super aus: braungebrannt, super-relaxt von Sonne, Meer und Gras. Jede Menge tolle Frauen, die kaum was anhatten, stolzierten durch die Gegend. Die Partys am Strand oder in den Open-Air-Clubs dauerten so lange, bis die Sonne wieder aufging – und meistens noch länger, wie wir schon bald erfahren sollten.

Wir saßen also unter Bast-Schirmen auf der Terrasse der Strandbar, blickten aufs glitzernde Meer, tranken eisgekühlte Cervezas und hatten das sichere Gefühl, am idealen Ort zu sein.

Irgendwann fuhren wir dann zum Hotel, das man mir empfohlen hatte, und fragten nach dem Besitzer. Ein braungebrannter, lässiger Spanier mit Pferdeschwanz kam aus der Küche, wischte sich die Hände an seiner Schürze ab und fragte uns, wie lange wir denn bleiben wollten.

»Vier Wochen!«, rief ich.

»Vier Wochen?«, murmelte er und blätterte in seinem Reservierungs-Buch. »Ich hätte erst mal was für zwei Wochen, ist aber nur ein kleines Zimmer. Danach müsstet ihr umziehen, dann gibt's was Größeres.«

Kein Problem für uns. Dass das »kleine« Zimmer allerdings riesengroß sein würde, hatten wir nicht erwartet. Zudem war es hell, freundlich und bot einen sensationellen Blick aufs Meer. Besser ging's nun wirklich nicht.

Wir ließen es uns richtig gutgehen und übernahmen sofort den Ibiza-Lifestyle: Party bis in die Puppen, lange ausschlafen und dann gegen Mittag zum Kater-Frühstück in dieselben Lokale wie alle. Man erahnte die blutunterlaufenen Augen hinter den großen Sonnenbrillen um einen herum und nahm selbst viel Aspirin, um den Kopf freizubekommen. Später ging es an den Strand zum Chillen und Schwimmen, danach ein bisschen Motorrad fahren und abends wieder Party. Wir sind jeden Abend losgezogen.

Eines Mittags, als Richy und ich uns wieder mal schwer verkatert in das Café schleppten, in dem sich alle zum Frühstück trafen, sah ich die schönste Frau, die ich bis dahin gesehen hatte: eine unglaublich hübsche Thailänderin, die mit zwei nicht weniger hübschen Teenies (einem Jungen und einem Mädchen) an einem Tisch in der Ecke saß. Ich schnappte ein paar Wortfetzen ihrer Unterhaltung auf und fragte mich, was das wohl für eine Sprache sei, in der sie sich da unterhielten. Mein Blick klebte minutenlang wie hypnotisiert an den dreien, bis der Junge plötzlich aufsprang, auf meine Mütze zeigte und auf Englisch rief: »Das ist ja cool, woher kennst du denn Steel Pulse?«

Auf meiner Wollmütze war vorne ein Sticker der Reggae-Band Steel Pulse angebracht, den mir Roadent beim Dreh von *Das Ding* geschenkt hatte. Der Junge, ein großer Fan dieser in Deutschland damals noch unbekannten englischen Band, war total überrascht, dass ich die Gruppe kannte. Wir unterhielten uns ein bisschen, und irgendwann zeigte er auf den Tisch, an dem meine Traumfrau saß, und sagte: »Das sind übrigens meine Mutter und meine Schwester. Wollt ihr euch nicht zu uns setzen?« Machten wir natürlich sofort, und so kam ich mit Taya, der hübschen Thailänderin, ins Gespräch. Sie und ihre Kinder lebten in Amsterdam. Aha, sie sprachen also holländisch. Taya war dreiunddreißig und damit zehn Jahre älter als ich, was man ihr aber überhaupt nicht ansah. Sie hatte ein absolut bezaubernd-mädchenhaftes Wesen, und ich war hin und weg, fand sie mit jeder Sekunde toller.

Mit Vilma, der dunklen Schönheit aus London, hatte ich ja nun schon afrikanische Erfahrungen gesammelt – böte sich mir nun die Gelegenheit, den Zauber des Fernen Ostens zu erleben? Das Exotische an Taya wirkte auf mich jedenfalls äußerst anziehend. Sie lächelte mich an, flirtete mit mir und erzählte, dass sie ein paar Wochen auf der Insel bleibe und im Landesinneren auf einer Finca bei Freunden wohne. Trotzdem traute ich mich nicht, sie zu fragen, ob wir uns noch mal treffen könnten. Ich war viel zu schüchtern.

Wir verabschiedeten uns schließlich, und ich ärgerte mich hinterher sehr über mich selbst, weil ich nicht die Eier gehabt hatte, sie um ein neues Date zu bitten. Vollkommen geflasht fuhr ich mit Richy an den Strand und laberte den armen Kerl dort in einer Tour voll, wie toll ich Taya fände. Zwischen meinen schwärmerischen Anfällen wollte ich von ihm wissen, was er von ihr halte und ob ich seiner Meinung nach Chancen bei ihr habe. Tagelang ging das so, und ich überlegte immer verzweifelter, was ich tun könnte, um sie wieder zu treffen. Ich war froh, dass Richy mir zuhörte – nur wirklich gute Freunde lassen so ein verblendetes Dauer-Gelaber geduldig über sich ergehen.

Endlich kam mir die rettende Idee: Ich setzte mich jeden Tag zu genau der gleichen Zeit, zu der ich sie damals getroffen hatte, ins Café und betete darum, sie auf diese Weise wiederzusehen. Nach vier endlosen Tagen war es so weit: Als ich ins Café kam, saß sie bereits an einem der Tische!

Mein Herz klopfte vor Freude lauter als ein Schlagzeug-Solo von John Bonham von Led Zeppelin, und ich ging sofort auf sie zu. Sie freute sich offensichtlich auch, denn sie begrüßte mich mit Küsschen (dreimal links und dreimal rechts auf die Wangen – ein holländischer Brauch) und bot mir einen Platz an ihrem Tisch an. Wir redeten ewig lange über alles Mögliche, bis sie irgendwann los musste. Aber diesmal nicht ohne festes Date für ein Wiedersehen: Sie lud uns für den nächsten Abend auf ihre Finca zum Essen ein. Yes!

Taya ging zu ihrem Auto, ich sah ihr nach und genoss den Anblick ihres sexy Hüftschwungs, zu dem sich ihre hüftlangen schwarzblauen Haare synchron im Takt mit ihrem kleinen, knackigen Hintern wiegten ... Schon morgen würde ich sie wiedersehen – wow!

Der nächste Tag startete wie immer mit knallblauem Himmel und strahlender Sonne, und ich war die ganze Zeit wegen des abendlichen Dates mit Taya aufgewühlt wie ein Teenager. Die Stunden schlichen endlos dahin, aber irgendwann war es endlich so weit, und Richy und ich stiegen frisch geduscht auf unsere Bikes.

Die schrottigen Motocross-Räder waren alles andere als zuverlässige und sichere Fortbewegungsmittel: Nach Pinkelpausen sprangen die Biester oft nicht wieder an – vorzugsweise nachts, mitten in der Pampa. Auch auf der Fahrt zur Finca bockten und stotterten sie, aber wir regten uns schon längst nicht mehr darüber auf, sondern hatten gelernt, mit mediterraner Gelassenheit auf die Probleme zu reagieren.

Nach einer Stunde Fahrt bogen wir – wie auf Tayas »Schatzkarte« beschrieben, die sie auf eine Serviette des Café Montesol gezeichnet hatte – in ein Gewirr von kleinen, staubigen Schotterstraßen ab. Wir versuchten nebeneinanderzufahren, da der Hintermann wegen der aufgewirbelten Staubwolke des Vordermanns nichts mehr sah. Nach endlosen asthmafördernden Kilometern fanden wir den roten Sandweg, den wir nehmen sollten, und sahen nach zwei Kurven – TATA! – die enorm große, wunderschön beleuchtete alte Finca vor uns aus dem Staub auftauchen.

Nachdem wir die anderen Leute begrüßt hatten, nahmen wir an einer imposanten Tafel auf der Terrasse am blauen Pool Platz – ein Traum! Und auch das Essen war der Kracher. Es gab alles, was das Herz bzw. der Magen begehrte: Fisch, Fleisch, Salate, Rotwein, dazu zirpende Grillen, ein laues Lüftchen und zum Nachtisch einen leckeren Joint. Und natürlich: Taya! Ich konnte sie immer nur anstarren, so fasziniert war ich von ihr. Wie sie lachte, ihre positive Ausstrahlung, die blendend weißen Zähne, die langen schwarzen Haare und ihre lustige Sprache ...

Nach diesem Abend waren wir fast jeden Tag draußen bei ihr auf der Finca, die einem reichen holländischen Drogendealer gehörte, der richtig große Deals mit Schiffen nach Amerika abwickelte. Es gab immer was zu kiffen, und die Abende waren dementsprechend ausgelassen und lustig. Zum Glück fanden ihre Kids mich toll, aber die Holländer sind ja sowieso etwas offener und unkomplizierter als wir Deutsche.

Meine Flirts mit Taya wurden intensiver, deutlicher, sie fand mich offenbar auch gut, streifte immer mal wieder meine Hand, legte mir den Arm um die Schulter. Irgendwann landeten wir in der Kiste – und ich war restlos verknallt. Sie besaß so ein unbeschwertes Wesen, war witzig und charmant, sie wusste viel über Musik, war sogar mit einem Mitglied der Beach Boys zusammen gewesen, als die Band das Album *Holland* in Amsterdam aufgenommen hatte, und dazu auch noch sehr emotional und mitfühlend.

Wir hatten eine wunderschöne Zeit zusammen und waren beide schwer ineinander verliebt. Manchmal übernachteten wir oben auf dem Dach der Finca. Während über uns die Sterne des atemberaubenden Mittelmeer-Himmels funkelten, hörten wir Musik, rauchten, tranken und liebten uns. »Das ist mal ein geiles Leben«, fand ich und wollte nie wieder weg. Aber ich hatte ja nun mal auch noch einen Job. *Romeo und Julia* war meine erste große Rolle, und die war mir sehr wichtig.

Am Tag meiner Abreise fragte ich Taya: »Was machen wir denn jetzt? Wie geht es mit uns weiter?«

»Wir lassen es erst mal so laufen und gucken«, sagte sie. »Es ist schön so, wie es ist. Ich möchte dir aber noch sagen, dass ich verheiratet bin!«

Uh! Das war schlimmer als ein Schlag in die Magengrube!

Taya lächelte: »Aber unsere Ehe funktioniert schon lange nicht mehr!«

Ich atmete auf.

»Am besten geb ich dir mal meine Nummer, dann kannst du mich in Amsterdam jederzeit anrufen.«

»Und dein Mann?«, fragte ich.

»Kein Problem«, sagte sie. »Dem erzähle ich, dass wir uns im Urlaub kennengelernt haben und du ein Freund bist.«

Na ja, schau'n mer mal, dachte ich ...

Mit dieser etwas nebulösen und unbefriedigenden Aussage im Gepäck flog ich zurück nach Deutschland, um in Wuppertal die Theaterproben fortzusetzen.

An dem Tag, an dem Taya wieder in Amsterdam eintreffen wollte, nahm ich meinen ganzen Mut zusammen und rief sie an. Eine Männerstimme meldete sich: »Maarten hier, hallo?«

Ich sagte den Text auf, den Taya mir vorgeschlagen hatte. Freund der Familie, im Urlaub kennengelernt. Maarten reagierte ziemlich gelassen und teilte mir mit, dass Taya ihren Ibiza-Trip verlängert habe und erst in ein paar Tagen wieder zurück sei. Ich könne mich dann ja noch mal melden.

Wow, wie cool!

Die Szene wiederholte sich noch peinliche drei Mal. Immer wieder verschob Taya ihre Rückkehr, und ich befürchtete schon, Maarten könnte nun doch allmählich Verdacht schöpfen, wenn ich dauernd so penetrant anrief. Nach dem vierten Mal hinterließ ich ihm meine Nummer und bat ihn, dass Taya mich doch einfach zurückrufen solle, wenn sie wieder zu Hause sei.

Ein paar Tage später kam endlich der ersehnte Anruf, und ab da telefonierten wir jeden Tag. Keine Ahnung, ob Maarten das merkwürdig fand. Vielleicht kriegte er es auch gar nicht mit, weil Taya meistens sofort dran war. Außerdem war er tagsüber wohl auch selten da.

Taya fehlte mir schneller, als ich dachte. Ich wollte, ja musste sie unbedingt wiedersehen. Wir verabredeten uns in Amsterdam, denn Wuppertal war nicht besonders weit entfernt. Also setzte ich mich an einem Wochenende ins Auto und fuhr zu ihr. Ich nahm mir ein Hotel um die Ecke und rief sie vom Zimmer aus an: »Taya, ich bin hier! Können wir uns sehen?«

»Oh, wie schön! Ja, klar! Komm doch rüber!«

»Aber dein Mann ist doch da! Und die Kinder?«

»Das macht nichts, hier sind immer Leute!«

»Okay ...«

Etwas verunsichert klingelte ich ein paar Minuten später an der Tür eines wunderschönen alten Wohnhauses, direkt an einem der vielen Kanäle im Herzen Amsterdams gelegen. Sie machte mir auf, strahlte mich an, umarmte mich betont freundschaftlich – und stellte mich ihrem Mann vor: »Maarten, das ist Uwe – Uwe, das ist Maarten!« Wir gaben uns die Hand, und Taya erzählte einmal mehr, dass wir uns im Urlaub kennengelernt hätten. Alles easy, alles ganz unverbindlich. Maarten war Musikproduzent, sehr nett zu mir und bat mich rein.

An diesem Wochenende war ich jeden Abend bei Maarten und Taya zu Gast, ohne dass er wusste, dass zwischen uns etwas lief. Am darauffolgenden Wochenende besuchte sie mich in Wuppertal, und ich konnte sie endlich wieder küssen und mit ihr schlafen.

Irgendwann telefonierten wir, und ich fragte sie, wie es ihr gehe.

»Ziemlich beschissen«, sagte sie.

»Warum?«

»Ich hab's ihm heute gesagt.«

Ich erstarrte. »Und? Wie hat er reagiert?«

»Er ist ohnmächtig vom Stuhl gefallen!«

Pause. Das fand ich schrecklich. Maarten war ein cooler Typ, und ihm einen solchen Tiefschlag zu versetzen, tat mir sehr leid. Aber das, was ich für Taya empfand, war nun mal stärker als mein Mitgefühl für Maarten.

»Soll ich mal mit ihm sprechen?«

»Wenn du meinst.«

Sie rief ihn, und ich hörte ihn ans Telefon kommen.

»Ja?«

»Du, Maarten, ich will dir nur sagen – es tut mir leid.«

Ich wollte ihm zeigen, dass ich kein Arschloch war, nicht über Leichen ging.

»Ja, du, so isses nun mal. Was will man machen?«

Er war und blieb tapfer und fair.

🐃 KIFFEN, KOKS, KONVERSATION – IN AMSTERDAM

Taya blieb, Maarten und der Kinder zuliebe, vorerst in Amsterdam, und ich fuhr sie, wenn ich ein paar Tage frei hatte, besuchen. Ich übernachtete dann mit ihr im Kinderzimmer der Tochter, und Maarten blieb im noch ehelichen Schlafzimmer ein Stock unter uns. Es war eine abgefahrene Situation für uns alle, aber was sollten wir machen? »Wenn du Uwe nicht akzeptierst, ziehe ich sofort aus«, hatte Taya Maarten gesagt. Das wollte er auf keinen Fall, weil er sehr an ihr und den Kindern hing.

Abends war bei den beiden regelmäßig Full House: Ein Dutzend Leute aus den verschiedensten Bereichen kam zusammen, um zu rauchen, zu trinken, zu reden und Spaß zu haben. Alles Freaks im positiven Sinne. Ein illustrer Kreis: Einer trug stets eine indische Weste mit kleinen Spiegelchen drin. Die zog er nie aus, weil er sie vor Jahren von Keith Richards als Dank für die privaten Partys, die er für ihn in Amsterdam organisierte, geschenkt bekommen hatte. Amy, die Exfrau eines bekannten Arztes, hatte keine Zähne mehr, weil sie voll auf Heroin war. Leider tat sie auch zahnlos dauernd extrem laut und temperamentvoll ihre Meinungen kund. Ein Bürschchen aus gutem Hause erzählte, wie er nach Rom in den Vatikan gefahren sei, um mit Kreide »The pope smokes dope« auf die Stufen des Peterdoms zu kritzeln. Ich lernte dort auch Wally Tax kennen, einen Musikproduzenten, der viele Hits für holländische Bands wie Champagne geschrieben hatte.

Und wir zogen mit dem holländischen Kult-Rocker Herman Brood um die Häuser, mit dem Taya seit Kindheitstagen befreundet war. Ein hochintelligenter, charismatischer Musiker und Poet, der wahnsinnig gut zeichnen konnte. 1976 hatte er seine Band Herman Brood & His Wild Romance gegründet und auch einige Hits in Deutschland landen können. Zusammen mit Nina Hagen, die er bei einem Filmdreh kennenlernte, bildete er das Punk-Kultpaar der Achtziger. Brood war allerdings schwer alkohol- und drogenabhängig, was er sich unter anderem in seinen Songs von der Seele schrieb und in seinen grellen Bildern ausdrückte. Ich vermute, seine Sucht war nicht unschuldig daran, dass sich dieser hochsensible Mensch zu meinem Bedauern das Leben nahm, als er 2001 vom Dach des Amsterdamer Hilton Hotels sprang.

Schließlich lernte ich in unseren Abendrunden auch Xaviera Hollander kennen, die damals eine kultige Sexkolumne für *Penthouse* schrieb. Das Markenzeichen von »Xaviera Hollander rät« war ein Lippenstift in Penisform. Xaviera hatte zunächst als Sekretärin für den niederländischen Konsul und den belgischen Botschafter in Amerika gearbeitet, bevor sie beschloss, ihr mickriges Gehalt mit einer Nebentätigkeit als Prostituierte aufzubessern. Sie war offenbar sehr begabt, denn sie wurde schnell »das bekannteste Callgirl von New York«. Geschäftstüchtig eröffnete sie einen Edelpuff in der Eastside, in dem sie Politiker und andere Hochkaräter empfing. 1972 veröffentlichte sie ihre Autobiografie mit dem Titel *Die fröhliche Nutte*. Das Buch wurde ein weltweiter Bestseller. Weil sie darin allerdings Namen nannte, wurde sie ausgewiesen und bekam ein lebenslanges Einreiseverbot in die USA verpasst.

Für mich, den Jungen aus Mannheim-Waldhof, waren das alles äußerst faszinierende Menschen mit schillernden Lebensläufen, die sich da jeden Abend trafen – und ich saß mittendrin. Ab und zu klingelte auch ein Penner namens Herr Schryfer an der Tür: ein gebrechlicher, alter, kranker Mann mit einem langen Weihnachtsmann-Bart. Taya war mal unten an der Treppe des Hauses über ihn gestolpert, und er hatte sie prompt um ein paar Gulden angebettelt. Sie sagte ihm, dass sie ihm kein Geld fürs Saufen geben werde, er aber gerne eine Suppe bei ihr essen könne, wenn er Hunger habe. Von da an tauchte er fast jeden Abend auf, klingelte, sobald ihm der Magen knurrte, an der Haustür und aß dann, zwischen uns sitzend, seine Suppe. Die Hälfte blieb dabei stets in seinem Bart hängen, aber er hatte ein warmes Essen, Zuwendung und Gespräche.

Ich fand es sensationell, wie dieser Mensch von der Amsterdamer Clique akzeptiert und integriert wurde. Überhaupt lernte ich in meiner Amsterdamer Zeit viel Positives über den richtigen Umgang mit anderen Menschen, wovon nicht zuletzt auch ich selbst profitierte: Da ich zunächst noch kein Holländisch sprach, verstand ich an unseren Abenden anfangs leider nur ziemlich wenig. Netterweise hat die Gruppe dann öfter mal ein bisschen Englisch und auch mal gebrochen Deutsch geredet – extra für mich, damit ich auch was mitbekam. So diskutierten wir über aktuelle politische Ereignisse, sprachen über Amsterdam, über die Hippies, über Musik, und ich durfte mir jede Menge skurrile Geschichten anhören. Nach und nach lernte ich auf diese Weise Holländisch, das ich immer noch ziemlich perfekt beherrsche.

Eines Abends platzte jedoch ausgerechnet der zahnlosen Amy, die wohl an diesem Abend kein Dope bekommen hatte, der Kragen: »Ich finde es unmöglich, dass der Uwe hier sitzt und eure Ehe zerstört«, schimpfte sie plötzlich los. Die Runde schwieg. »Ist doch eine totale Sauerei, dass er so tut, als wär das alles ganz normal und gut.« Sie starrte mich hasserfüllt an.

Ich war vollkommen perplex und wollte gerade etwas sagen, als mir jemand zuvorkam: »Jetzt mal ganz ruhig, Amy! Das ist absolut nur die Sache von Taya und Maarten. Das ist ihr Haus, und die haben das zu klären. Nicht wir. Wir sind hier Gäste, also halt die Fresse!«

Die anderen fielen ein: »Genau! Das ist doch in Ordnung! Taya und Uwe lieben sich und sind ein tolles Paar. Und wenn der Maarten damit klarkommt, wo liegt das Problem? Versau uns hier nicht den Abend!«

Fand ich super, dass die mich verteidigten. Aber auch, dass einfach alles auf den Tisch gepackt wurde.

»Maarten, was meinst denn du?«, fragte jemand. »Findste den Uwe auch Scheiße?«

»Nee«, sagte Maarten. »Meine Frau liebt ihn. Was soll ich da tun?« Ich sagte nichts, wollte mich weder verteidigen noch mit Maarten diskutieren. Ich hielt einfach meine Klappe ...

Amsterdam war damals die absolute Drogenhochburg Europas. Es gingen immer ein paar Joints rum, aber eines Abends holte einer der Gäste ein Tütchen mit weißem Pulver raus. Er schüttete das Zeug auf ein Marmorbrettchen und zog daraus mit einer Rasierklinge Linien. Ich fragte mich, was der da bloß machte, und muss dabei so ratlos ausgesehen haben, dass mir links jemand »Das ist ein biss'l Koks« ins Ohr raunte.

Kokain war damals für mich gleichbedeutend mit Heroin. Ich hatte großen Respekt davor.

»Macht das nicht gleich süchtig?«, fragte ich entsetzt.

»Nee, Junge, und dich schon mal gar nicht! Du bist nicht der Typ, der von irgendwas abhängig wird.«

Das hatten die schon gecheckt und waren sich diesbezüglich sehr sicher. Das waren keine Loser, sondern hochsensible Menschen. Genau deswegen fuhren sie sich ja alle was ein.

Wenn die sich also alle so sicher waren, dass mir das Zeug nicht schadete – na gut: Ich nahm jedenfalls eine Nase und merkte die Wirkung nach fünf Minuten. »Boah, das ist aber geil!« Damals war der Stoff ja noch total rein, nicht verschnitten mit Speed und anderem. Man legte sich danach einfach ins Bett und schlief ganz wunderbar. Alles kein Problem.

Es blieb bei mir dann tatsächlich bei ein paarmal schnupfen. Ich habe nie irgendwelche harten Sachen probiert, weder Heroin noch LSD. Das lag mit Sicherheit auch daran, dass wir in Amsterdam genau in der Straße wohnten, in der das Zeug verkloppt wurde. Ich habe dort fünfzehnjährige Junkies gesehen, die keine Zähne mehr hatten. Das hat mich sehr erschreckt. Da hörte für mich der Spaß auf.

Ich habe auch nie Drogen genommen, um mich zu benebeln oder etwas zu verdrängen, sondern einzig und allein aus Neugier oder wegen des sinnlichen Genusses. Diese Zeiten sind nun aber auch schon lange vorbei, und ich hatte Glück, dass kein Suchtpotential in mir steckte. Das weiß man aber vorher nie, deswegen ist es immer ein unkalkulierbares und höllisch gefährliches Risiko, Drogen zu probieren.

DAS BOOT – EIN WELTERFOLG

Taya trennte sich nach ein paar Wochen auch räumlich von Maarten und zog, nachdem die Theateraufführungen in Wuppertal beendet waren, zu mir nach München. Die Kinder fanden den Weggang ihrer Mutter natürlich gar nicht toll. Sie blieben bei ihrem Vater in Holland, wollten uns aber oft besuchen kommen.

Nachdem ich in *Romeo und Julia* als jugendlicher Liebhaber meine erste große Rolle auf der Theaterbühne gespielt hatte, bekam ich ein Angebot vom Schauspielhaus Hamburg. Peter Palitzsch, einer der großen linken Regisseure, inszenierte *Gertrud*, ein skandinavisches Stück in der Tradition Ibsens, in dem sich eine Ehefrau in einen Studenten verliebt – und der Student war ich.

Der hohe Norden machte es mir zunächst leicht: Marie-Louise Marjan, die ich in Bochum bei Flimms *Untertan*-Inszenierung kennengelernt hatte, bot mir großzügig ihre Wohnung an: »Ich hab ein Apartment, da bin ich selten, das kannst du haben!« Dankbar zog ich mit Taya in Maries kleine Ein-Zimmer-Wohnung, und wir sahen uns die Stadt an, die ich bis dahin noch nicht kannte. Hafen, Reeperbahn, Alster, Elbufer, das bunte »Karoviertel« und das niemals schlafende St. Pauli – Hamburg hatte viele tolle Seiten!

Nicht so toll war meine Situation am Schauspielhaus. Meine Kollegen waren eine eingeschworene intellektuelle Clique, arbeiteten schon lange miteinander und kannten sich seit Ewigkeiten. Ich kam als Neuling dazu und war rund zwanzig Jahre jünger als sie. Sie nahmen mich nicht wirklich ernst, vielleicht weil ich in ihren Augen zu unpolitisch war. Ich dagegen fand sie und ihre ewigen linkspolitischen Diskussionen dröge und ätzend. Das Theater war ihnen heilig: die Bühne, die Bühne, die Bühne! Das war mir zu steif, zu verkrampft, zu kopflastig. Mit solchen Leuten zusammenzuarbeiten, dazu hatte ich keinen Bock. Mein Beruf sollte mir Spaß machen, und das tat er gerade nicht. Ich beschloss, wieder Filme zu drehen.

In Schauspielerkreisen ging damals schon seit einiger Zeit das Gerücht um, dass in Deutschland demnächst ein Riesenprojekt starten würde, dessen finanzielle Ausmaße alle bisherigen Produktionen weit übertrafen. Über den Anruf meiner Agentin Frau Busse war ich deshalb nicht besonders überrascht: »Bei der Bavaria besetzen sie einen Film namens *Das Boot* und casten dafür gerade junge Schauspieler in deinem Alter. Sie würden auch dich gerne mal sehen.« Den Gefallen tat ich ihnen gerne, ließ mich zum Casting anmelden und besorgte mir den gleichnamigen Roman von Lothar-Günther Buchheim.

Buchheim beschreibt in dem Werk seine persönlichen Erfahrungen als Kriegsberichterstatter der U 96, einem U-Boot der deutschen Wehrmacht. Der Stoff war wirklich heftig, und nachdem ich den Roman gelesen hatte, konnte ich verstehen, warum er über fünfundzwanzig Jahre gebraucht hatte, bis er psychisch genug gefestigt war, um sich sein Tagebuch von 1941 wieder anzuschauen und das Erlebte in neuer Form niederzuschreiben.

In seinem Roman geht es um die Besatzung eines deutschen U-Boots, das 1941 aus der von den Deutschen besetzten französischen Hafenstadt La Rochelle ausläuft, um im Atlantik feindliche Schiffe aufzuspüren. Die Mannschaft ist frisch rekrutiert, die meisten sind nicht älter als zwanzig und ohne Erfahrung auf See. Sie haben keine Ahnung, welches Grauen sie erwartet, und begeben sich arglos auf Feindfahrt. Drei Wochen lang taucht das Boot friedlich durch den Ozean, bis es zur ersten Kampfszene kommt und die Männer von einem feindlichen Zerstörer beschossen werden. Das Boot taucht ab und entkommt so dem Bombenhagel. Die Mannschaft wird nun erstmals mit der Tatsache konfrontiert, dass sie sich in ständiger Lebensgefahr befindet. Die Stimmung an Bord ist von da an deutlich gedrückt.

Beim nächsten Angriff ein paar Tage später wird das U-Boot von einem Flugzeuggeschwader beschossen und getroffen. Durch ein Leck strömt Wasser ins Boot, es ist nicht mehr zu halten und sinkt tiefer ab als jemals zuvor – und vor allem tiefer, als es die Konstruktion erlaubt. Der immer stärker werdende Wasserdruck lässt die Nieten aus den Stahlwänden platzen und treibt den Männern den Angstschweiß auf die Stirn, als der Tiefenmesser das Ende der Skala erreicht hat – eine der stärksten Szenen im späteren Film. Bevor es auseinanderbricht, setzt das Boot zu ihrem großen Glück jedoch auf dem Meeresboden auf, und den Männern gelingt es gerade noch, das eingedrungene Wasser abzupumpen, bevor ihnen der Sauerstoff ausgeht. Das Boot schafft es zurück an die Meeresoberfläche und dann nach La Rochelle. Als die Männer dort von Bord gehen, wird der Hafen von einer feindlichen Flugstaffel beschossen. Die meisten sterben, und das U-Boot, das so viele Angriffe tapfer überstanden hat, versinkt, tragische Ironie der Geschichte, im Hafenbecken.

Die Rolle des Bootsmannes Lamprecht, um die es beim Vorsprechen ging, war zwar klein, aber auf jeden Fall groß genug, um etwas von mir zu zeigen. Locker und ohne verbissene Erwartungen fuhr ich nach München. Wenn es sein sollte, würde es klappen, wenn nicht, wär's schade, aber auch kein Weltuntergang.

Das Vorsprechen selbst fand auf dem Bavaria-Gelände statt und war ein Riesending: Regisseur Wolfgang Petersen und Bavaria-Produzent Günter Rohrbach wollten die dreiundvierzigköpfige U-Boot-Crew mit unbekannten Schauspielern im Alter von sechzehn bis zweiundzwanzig Jahren besetzen und schauten sich dafür alle in Frage kommenden deutschen, österreichischen und schweizerischen Kandidaten an. Sie wollten unverbrauchte Gesichter mit starker Ausstrahlung, unschuldige Milchbubis sowie raue Kerle, und casteten dafür sogar in Bäckereien, Sportclubs und Uni-Mensen. Ich kannte Petersen nicht persönlich, hatte aber schon viel von ihm gehört, vor allem sein *Tatort* mit der blutjungen Nastassja Kinski und später sein Schwulenfilm *Die Konsequenz* mit Jürgen Prochnow und Ernst Hannawald hatten für Furore gesorgt. *Das Boot* würde nun sein erster großer Kinofilm werden.

Mit mehreren Bewerbern zusammen wartete ich in einem Raum, bis ich reingerufen wurde. Petersen saß mit zwei Assistenten an einem Tisch und schaute mich aufmerksam an. Einer der Assistenten las meinen Gegenpart, und ich sprach und spielte, so gut ich konnte. Als ich fertig war, bedankte sich Petersen und ließ den nächsten Kandidaten rufen. Ich hatte keine Ahnung, wie ich abgeschnitten hatte, und flog mit gemischten Gefühlen nach Hause. Die Größe der Produktion und alles, was ich auf dem Studio-Gelände dazu gesehen und gespürt hatte, entfachte meine Neugier. Jetzt wollte ich die Rolle haben. Ich war mir sicher, dass es super wäre, bei diesem Film dabei zu sein.

Der erlösende Anruf kam drei Wochen später: Ich hatte die Rolle bekommen! Bei Vertragsunterzeichnung musste ich zusichern, mich ab nun nicht mehr zu verändern. Ich durfte die Haare nicht mehr schneiden, mir keinen Bart wachsen lassen, nicht zu- oder abnehmen. Im Sommer hatte ich die Sonne zu meiden, um eine Bräunung der Haut zu verhindern. Zehn Tage vor Drehbeginn der späten Szenen durfte ich mich dann nicht mehr rasieren: Bei den U-Boot-Fahrern war es üblich, sich während einer Feindfahrt nicht zu rasieren, um Trinkwasser zu sparen.

Bis zum Drehstart in sechs Monaten gab es noch jede Menge zu tun: Ich wurde vermessen, musste mehrfach zu Kostüm- und Maskenproben. Die Riege der Hauptdarsteller hatte bis zu acht verschiedene Kostüme, von der Ledermontur bis zum Ölzeug, Uniformen, und das Ganze in verschiedenen Abnutzungsgraden. Eine gigantische Leistung der Kostüm-Leute.

Ich, der ich selbst ja nicht »gedient« hatte, wie es bei meinem Vater so schön hieß, bereitete mich auf die Figur des Bootsmannes vor, indem ich etliche Bildbände über den U-Boot-Typ 96 durcharbeitete und mir Filme zum Thema anschaute. Ja, ich kaufte mir sogar ein Modell von dem Boot, das ich akribisch zusammenbaute und in den Originalfarben bemalte.

Zudem sprach ich viel mit den von der Produktion aufgespürten U-Boot-Veteranen, die sich als Berater für das Projekt zur Verfügung gestellt hatten. Wie fühlten sie sich damals angesichts dieser lebensgefährlichen Feindfahrten? Wovor hatten sie am meisten Angst? Was hat sie zwischendurch wieder aufgebaut? Ich arbeitete mich mehr und mehr in die Materie ein und musste dabei oft an meinen Vater denken. Der kämpfte im Krieg zwar nicht im U-Boot mit Millionen Kubikmetern Wasser über sich, aber er saß immerhin in gleicher Mission in einer fliegenden Kiste und hatte den Feind unter sich. Leider konnte er mich am Set nicht mehr besuchen. Bei Drehbeginn lag er schon im Krankenhaus.

Vier Wochen vor Drehstart fand sich die gesamte Darstellerriege in München ein, um mit den Veteranen die Bewegungsabläufe in den Innenräumen zu trainieren. Wie lief man? Wo hielt man sich fest? Wie sprang man durch die Luke, wie stand man?

Das Boot sollte besser und erfolgreicher werden als jeder U-Boot-Film zuvor, dafür griffen die Produzenten tief in die Tasche: Mit 32 Millionen Mark war das Projekt die größte und aufwendigste deutsche Produktion aller Zeiten. 32 Millionen waren damals eine gigantische Summe – heute entspräche das umgerechnet knapp 30 Millionen Euro.

Für den Film wurde der gesamte Innenraum eines deutschen U-Boots der Klasse VII C im Maßstab 1:1 detailgetreu nachgebaut, und das war 55 Meter lang! Als Vorbild diente das einzige noch existierende Original dieses U-Boot-Typs (mit der Bezeichnung VII C U 995), das im Ostseebad Laboe bei Kiel lag. Der Oscar-dekorierte Filmarchitekt Rolf Zehetbauer und der ebenso geniale Produktdesigner Götz Weidner verbrachten Wochen und Monate damit, das Laboe-Original genauestens zu vermessen, zu fotografieren und jedes kleinste Detail nachzubauen. Sie erschufen mit beeindruckendem Detailfetischismus, mit viel Akribie und Perfektionswillen, unglaublicher Fantasie und technischem Know-how eine absolut originalgetreue Kulisse, zusammengebastelt aus alten Kraftwerksteilen und Fundstücken vom Schrott. Selbst die Anzeige-Instrumente, welche die Flüssigkeitsstände oder die Tauchtiefe anzeigten, funktionierten wie im richtigen Boot. Und sogar der Proviant war echt: Riesige Schinkenflanken und Bananen hingen von der Decke, und bei heftigem Seegang schossen Kohlköpfe und Mohrrüben durch die Kulisse.

Um die zum Teil 40-prozentige Steigung bzw. Neigung des U-Bootes sowie plötzliche, ruckartige Bewegungen und Erschütterungen zu simulieren, wurde der etwa 30 Meter lange Mittelteil des Modells auf eine gigantische Kippe montiert, mit der die Techniker uns, die wir uns in den Innenräumen aufhielten, wirklichkeitsgetreu durch die Gegend schleudern konnten. Zehetbauers Ziel war es, die Innenräume so schmierig und stickig aussehen zu lassen, als befände man sich in einem höhlenartigen schwarzen Sarg. Der Zuschauer sollte schon beim Anblick Platzangst und Atemnot bekommen, das klaustrophobische Gefühl mit der Besatzung teilen. Um die Detonation der Wasserbomben möglichst realistisch wirken zu lassen, schlugen Mitarbeiter von außen unangekündigt mit riesigen Vorschlaghämmern auf die Stahlwand des Bootes ein. Uns fiel es nicht schwer, da zu Tode erschrocken zu wirken.

Der Bau des Innen- und Außenbootes kostete jeweils über eine Million Mark. Es würde außerdem extrem teure Special Effects bei den Bombenangriffen geben – und teure Drehs mit einem nachgebauten U-Boot auf hoher See.

Die Studios waren voll mit Produktionsbüros und Garderoben, wir hatten Hunderte von Kostümen und Masken – auch das für deutsche Verhältnisse eine neue Dimension. Es wurde gemunkelt, dass die Produzenten einen Oscar für den Film haben wollten – und er wurde am Ende ja auch zumindest für sechs Oscars nominiert.

Die Dreharbeiten begannen in der gigantisch großen Halle 4/5 des Bavaria-Geländes, folgten der Chronologie der damaligen Ereignisse und zogen einen so geregelten Zeitrhythmus nach sich, als ob ich einen normalen Job im Büro oder in einer Werkstatt angenommen hätte: Um acht ging ich aus dem Haus, schuftete den ganzen Tag und kam abends wie jeder andere »von der Arbeit« heim. Das morgendliche Duschen hätte ich mir allerdings sparen können: In der Maske wurde ich als Erstes wieder künstlich »verdreckt«: schwarze Fingernägel, ölverschmiertes Gesicht, verfilzte Haare, Augenringe, teigige, bleiche Haut, Runzeln, Pickel, Furunkel und Schweiß. Herpes-Stellen am Mund wurden aus Haferflocken und Kaffeesatz kreiert, Pusteln aus Senfkörnern. Die fiktive U-Boot-Besatzung sah so fertig aus, dass die Zuschauer unseren ranzigen Schweiß förmlich von der Leinwand herunter würden riechen können.

Die Dreharbeiten waren hart, nicht nur wegen der beklemmenden Story über den brutalen U-Boot-Krieg im Atlantik: Durch die Wassereinbrüche waren wir von morgens bis abends nass und stiegen bei Drehschluss triefend aus der Kulisse. Die Kostüm-Abteilung leistete Schwerstarbeit, um unsere Klamotten über Nacht wieder trocken zu kriegen. Weil wir froren, mussten wir zum Teil Neoprenanzüge unter unseren Kostümen tragen, um die Körperwärme zu halten. Mit den schweren Klamotten mussten wir durchs Boot rennen, um uns herum offenes Feuer, Ruß, Rauch, Qualm, Nebel und Lärm. An manchen Drehtagen sprangen ein paar der Jungs bis zu fünfundzwanzigmal durch die Luke, während tausend Liter Wasser über ihnen ausgeschüttet wurde, und knallten am Ende auf dem harten Stahlboden auf.

Entweder war uns zu kalt – oder viel zu heiß: In den Sommermonaten herrschten in der Halle wegen der Sonne und den Scheinwerfern bis zu 40 Grad Hitze, und bei den Szenen mit Wassereinbruch im Dezember standen wir bis zu vierzehn Stunden in eiskalter Drecksbrühe, in der faule Karotten, Kohlköpfe, verschimmelte Kartoffeln und aufgedunsene Auberginen schwammen, und schöpften mit Eimern wie die Berserker. Es stank so unerträglich, dass einmal irgendjemand aus Verzweiflung Kölnisch Wasser in die Kloake kippte.

Das alles war letztlich aber kein Problem für uns, weil die Crew wie eine Family war. Wir saßen ja »alle im selben Boot«. Oft ging die ganze Clique (Heinz Hoenig, Jan Fedder, Martin Semmelrogge, Claude-Oliver Rudolph, Ralf Richter, Oliver Stritzel, Klaus Wennemann, Herbert Grönemeyer, der im Film Buchheims Alter Ego Leutnant Werner verkörperte, Otto Sander, Jürgen Prochnow, der den Kommandanten, »den Alten«, spielte, sowie Hubertus Bengsch) nach Drehschluss noch in den Biergarten, um sich die fiktiven

Kriegserlebnisse bei Weißbier und Brotzeit von der Seele zu trinken. Wir waren eine coole Gang, und ich mochte jeden.

Ein Freund fürs Leben wurde Klaus Doldinger, der die Filmmusik für *Das Boot* komponierte. Als Teenie hatte ich das Album *Doldinger Jubilee '75* seiner Band Passport, in der Udo Lindenberg Schlagzeug spielte, rauf und runter gehört. Er ist ein begnadeter Jazz-Saxofonist und fantastischer Musiker. Dementsprechend ehrfürchtig war ich, als er mir am Set über den Weg rannte. Er hebelte meine Schüchternheit sofort mit seiner Freundlichkeit aus. Ich erzählte ihm von meiner Leidenschaft für die Musik, und wir kamen ins Plaudern. Heute bin ich stolz, dass er mich ab und zu einlädt, um bei seinen Gigs ein paar Songs zu singen.

Nach den Drehmonaten in München ging's weiter nach La Rochelle an der französischen Atlantikküste. Wie eine zweite deutsche Invasion fielen wir in das kleine Hafenörtchen ein und besetzten die drei kleinen Hotels, die es dort gab. Taya war mit dabei, und im Hotel standen immer alle Türen offen, es war *unser* Laden. Freitags und samstag wurde in einem der Zimmer mit der gesamten Mannschaft *Rockpalast* geguckt, geraucht, getrunken und auch mal ein kleiner Joint rumgereicht. Oft pokerten wir bis morgens um fünf und wurden eine Stunde später schon wieder zum Drehen abgeholt. Aber wir sollten ja fertig aussehen, war also kein Problem, abgesehen von der Müdigkeit, die sich irgendwann im Laufe des Tages in die Knochen schlich.

Für die Büros, Garderobe und Maske hatte die Produktion eine wunderschöne alte weiße Villa am Strand angemietet, in der wir um sieben Uhr zum Schminken und Ankleiden antreten mussten. Danach wurden wir mit einem kleinen Boot zu einem großen Versorgungsschiff auf dem offenen Meer gefahren, auf dem noch mal Büros, Maske und Garderobe untergebracht waren – und das Catering. Von dort aus ging es mit einem kleinen Schlepper zum U-Boot, das wir »Spiel-Boot« nannten. Bis die Dreharbeiten anfingen, die erste Klappe fiel, verging in der Regel sehr viel Zeit, oft über vier Stunden, in denen man noch mal pennen konnte. Dieser Ablauf wiederholte sich tagtäglich.

Eines Nachts um vier, als wir mal wieder tief in Full Houses und Royal Flashs versunken waren, stolperte plötzlich Martin Semmelrogge zur Tür herein. Ziemlich blau, mit eingerissener Hose und blutendem Bein. Er war schon damals chaotisch, hatte gerade mal wieder keinen Führerschein, sich aber trotzdem irgendwie eine Motocross-Maschine organisiert. Nur: Motorradfahren war vertraglich verboten. Semmelrogge knatterte dennoch heimlich auf dem Ding durch die Gegend, vor allem nachts nach Drehschluss. Wir sagten ihm immer: »Wenn dir was passiert, bekommst du Riesenprobleme!« Und die schien er jetzt zu haben, so sah es zumindest, der tiefen Schürfwunde an seinem Bein nach zu urteilen, aus. Er hatte den Tag frei gehabt und mit einem Kumpel, der aus München zu Besuch war, einen Ausflug auf die Insel Île de Ré unternommen, die vor La Rochelle liegt. Abends wollten sie mit der letzten Fähre zurück – und verpassten diese glatt. Sie übernachteten also im Fährhäuschen und nahmen im Morgengrauen die nächste. Auf dem Rückweg schlug es sie dann wohl, gehetzt und übermüdet, wie sie waren, gehörig auf die Fresse. Daher die dramatische Verletzung.

Semmelrogge war immer wieder für chaotische Überraschungen gut. Anderes Beispiel: In der Villa am Hafen, in der die Büros untergebracht waren, gab es unten eine Disco. Die haben wir am Wochenende geentert, wie Matrosen auf Landurlaub. Eines Abends entstand ein ungewöhnlicher Tumult, Leute schrien und schimpften, Gläser klirrten, französische Stimmen wurden laut und aggressiv. Grund war Martin Semmelrogge, der mit ein paar Kumpeln den Nachtwächter bestochen und sich oben in der Garderobe in Nazi-Klamotten geschmissen hatte. In diesem Aufzug kam er dann nach unten zu uns in die Disco, was die Franzosen verständlicherweise nicht besonders lustig fanden ...

Taya war die ganze Zeit in La Rochelle mit dabei, und wir gingen abends nach dem Dreh oft mit den anderen essen. Die Jungs himmelten sie an, und ich war sehr stolz auf sie und fand es toll, dass die anderen sie auch mochten. An freien Tagen machten wir Ausflüge in die Umgebung, legten uns mittags zum Schlafen in Kornfelder und aßen in kleinen Dorf-Bistros. Es war eine schöne Zeit, die ich sehr genoss.

Der Dreh auf See stand in hartem Kontrast zu den fast romantischen Stunden an Land: Das Modell des U-Boots, das in München im Maßstab 1:1 nachgebaut worden war, hatte man in drei Einzelteile zerlegt und diese aufwendig nach La Rochelle transportiert, wo man es wieder zusammenfügte. Dieses Kulissen-Boot verfügte über einen eigenen Antrieb, konnte von einer Person gesteuert werden, besaß aber ansonsten keine Inneneinrichtung. Es war eigentlich nur fürs Studio und für die Hafenaufnahmen gebaut worden, aber die Produktion fuhr dann trotzdem damit aufs Meer. Und zwar so weit raus, dass man die Küste nicht mehr sah. Ganz hinten am Heck, wo das Boot abflachte, war ein kleiner Dieselmotor angebracht, von der Größe, die man in Volvos einbaut. Das im Verhältnis winzige Teil war mit dem großen Boot vollkommen überfordert: Ein normales U-Boot fährt 21 Knoten – unser Modell schaffte gerade mal 2. Mit diesen paar PS ließ sich absolut gar nichts ausrichten, schon gar nicht bei stürmischer See.

An einem sehr rauen Tag fuhren wir zu diesem Boot raus. Es sollte angeblich bis Windstärke 7 halten, und wir hatten bereits Stärke 5 – Tendenz stark zunehmend. Wir mussten auf dem Turm stehen, aber das Meer war so rau und aufgepeitscht, dass es da richtig zur Sache ging und wir uns kaum halten konnten. Auf dem Versorgungsschiff hingen alle kotzend über der Reling, sogar die gestandenen bayrischen Beleuchter waren grün und grau im Gesicht und wollten nach Hause. Zum Glück hatte ich mit der Seekrankheit nie ein Problem. Ich verspürte keine Angst und empfand die Situation eher als aufregendes weiteres Abenteuer.

Wir versuchten dann zu drehen, die Küste war schon lange nicht mehr zu sehen. Die Wellen wurden immer höher, und unser Boot sank hinten immer tiefer. Als auch noch der Motor ausfiel, kam plötzlich der Regieassistent und teilte uns angesichts der brisanten Situation ungewöhnlich gelassen mit, dass es wohl besser sei, das Boot zu verlassen. »Wieso, saufen wir ab?«, fragten wir ihn im Spaß, den Ernst der Lage nicht ganz kapierend. »Ja, so ungefähr!«, war seine humorvolle Antwort.

Der Sturm wurde immer schlimmer, und wir mussten nun schnellstens mit einem Schlepper zum Versorgungsschiff gebracht werden. Es gab mittlerweile ordentlichen Seegang, das Stoffdach riss weg, und es dauerte eine kleine Ewigkeit, bis wir das große Schiff erreicht hatten. Meine Kollegen und ich waren in voller Montur, trugen Lederjacken, Ölzeug, Seestiefel und Wollpullis. Wären wir über Bord gegangen, hätten uns die Klamotten innerhalb von Sekunden gnadenlos in die Tiefe gezogen. Wir wären jämmerlich ersoffen.

Das demolierte Boot-Modell wurde anschließend in den Hafen geschleppt. Es war durch den Sturm in zwei Teile zerbrochen – eine Katastrophe! Die Dreharbeiten wurden daraufhin gestoppt, und erst vier Monate später, im Februar, wieder aufgenommen. In diesen vier Monaten fanden diverse Krisensitzungen statt, und die Produktion überlegte kurzzeitig, den gesamten Film zu canceln. Aber letztlich hatten sie schon so viel Geld investiert, dass diese Möglichkeit nicht wirklich in Betracht gezogen wurde. Die restlichen Szenen wurden dann im Studio mit Rückprojektion vorm tosenden Meer komplettiert.

Die Dreharbeiten auf See steckte ich gut weg, Beklemmungen bekam ich einzig beim Showdown am Ende des Films: Die Special Effects waren so echt, dass ich zweifelte, ob die Techniker wirklich noch genau wussten, was sie taten. Wir rannten die Gänge auf und ab, und dauernd ging links und rechts etwas hoch, manches auch zu früh. Heinz Hoenig war zu nah an einer Detonation, bekam etwas ins Auge und sah tagelang nichts mehr. Kampfflugzeuge mit aufblitzenden Mündungsfeuern flogen tief über den Hafen hinweg, und die originalen, eigentlich unzerstörbaren, mit drei Meter dicken Mauern gesicherten U-Boot-Bunker wackelten während der Detonationen so heftig, dass es uns nicht mehr schwerfiel, uns vorzustellen, wie es damals wirklich gewesen war. Dazu rieselte noch tonnenweise weißer Staub von der Decke, über den wir beim Briefing nicht unterrichtet worden waren.

Es ballerte und knallte an allen Ecken und Enden – und hörte gar nicht mehr auf.

In dieser (zwar nur fiktiven, aber realistisch dargestellten) Kriegssituation konnte ich sehr viel besser verstehen, was mein Vater damals durchgemacht haben musste. Die Flieger, die uns beim Showdown angegriffen haben, waren nämlich genau die Stukas, in denen mein Vater geflogen war. Er muss wahnsinnig gewesen sein.

Das alles hätte er sich sicherlich gerne noch mal angeschaut, da er ja sogar in La Rochelle stationiert war – aber es sollte nicht sein: Er verstarb während der Dreharbeiten, die insgesamt über ein Jahr dauerten.

Bei der Münchner Premiere am 17. September 1981 sollten die Darsteller mit den kleineren Rollen eigentlich nicht mit ins Kino kommen, da die Plätze für die VIPs aus Politik, Wirtschaft und Kultur reserviert waren. Wir sollten draußen warten und erst nach der Vorstellung dazustoßen – und empörten uns kollektiv darüber. Wir hatten uns für diesen Film den Arsch aufgerissen, und nun sollten wir nicht mal unsere eigene Premiere anschauen dürfen? Wir weigerten uns, dieses demütigende Zwei-Klassen-Prozedere mitzumachen, und drohten, dann eben gar nicht zu kommen. Am Ende setzten sie uns zähneknirschend in die ersten beiden Reihen direkt vor die monumentale Cinemascope-Leinwand. Wir bekamen Nackenstarre und sahen alles unscharf – aber wir waren dabei.

Das Boot wurde schnell Kult und zählt mit 5,8 Millionen Zuschauern zu den zehn erfolgreichsten deutschen Filmen aller Zeiten. In den USA liegt der Film mit Blick auf sein Einspielergebnis hinter *Die unendliche Geschichte* an zweiter Stelle in der ewigen Hitparade deutscher Filme. Er wurde für sechs Oscars nominiert und erhielt den Golden Globe, den BAFTA-Award, den Bayerischen Filmpreis 1981 (Regiepreis für Wolfgang Petersen; Kamerapreis für Jost Vacano), die Goldene Leinwand 1982 und den Deutschen Filmpreis 1982 (Filmband in Silber). Mehr ging nicht.

Jürgen Prochnow und Herbert Grönemeyer waren zwar die Stars des Films, die in die Talkshows und zu den großen Interviews der Printmedien geladen wurden, aber letztlich bildete der Film für fast alle von uns ein Karriere-Sprungbrett. Aus den damals noch größtenteils blutjungen und recht unbekannten Schauspielern, die wir waren, machte *Das Boot* quasi über Nacht Namen, die man sich merken musste. Für mich folgten diverse Rollenangebote im Fernsehen – bis *Männer* kam. Erst stand mein Name auf der VHS-Kassette und später auf der DVD vom *Boot* ziemlich weit unten. Nach *Männer* wurde er dann plötzlich neben den von Prochnow gesetzt.

Zum fünfundzwanzigjährigen Jubiläum wurde *Das Boot* übrigens 2007 mit der Goldenen Kamera ausgezeichnet. Damals, bei der Ehrung, kam nach langer Zeit zum ersten Mal die gesamte Filmcrew wieder zusammen.

GESIEBTE LUFT – WEGEN KOKS IM KNAST

1982 versank München nicht nur im Schnee, der vom Himmel fiel. Man kokste, was die Nase hielt – und wenn sie nicht mehr hielt, war das auch egal. Taya fuhr regelmäßig zu ihren Kindern nach Amsterdam und brachte irgendwann ein paar Gramm Stoff mit. Ich flippte deswegen total aus und versuchte, ihr klarzumachen, dass München nicht Amsterdam sei – und ich noch dazu zur Filmbranche gehöre, die ja unter besonderer Beobachtung stehe. Zwar kannte ich die Pulverszene nicht persönlich, aber jeder in der Branche wusste, was da abging. Ich war beruflich viel zu ehrgeizig und wollte auf keinen Fall ein Koksnasen-Image haben. Zumal das auf mich auch gar nicht zutraf!

Sparsam wie ich nun mal war, fand ich es allerdings auch schade, das Zeug einfach wegzuwerfen. Also beeilten wir uns, den Stoff so schnell wie möglich und mit selbstloser Unterstützung unserer Freunde »wegzugenießen«. Ich war froh und erleichtert, als wir das

Pulver konsumiert hatten und Taya mir versicherte, dass es bei diesem einmaligen Import bleibe.

Bei ihrem nächsten Besuch hatte sie indes stattliche zehn Gramm dabei, was ich dann wirklich nicht mehr witzig fand. Das Ganze war mir zu heikel, weil sich die Polizei in München sowieso gerade in Habacht-Stellung befand. Als ich sie aufgebracht fragte, was sie sich dabei gedacht habe, gab es schließlich den ersten Streit unserer Beziehung.

»Ich hab das nur mitgebracht, weil ein paar Freunde von uns auch wieder was haben wollten«, erklärte sie mir beschwichtigend.

»Ja, aber dir muss doch klar sein, dass gerade Schauspieler in diesen wilden Zeiten im Verdacht stehen, sich was durch die Nase zu ziehen«, regte ich mich weiter auf. »Vielleicht werden wir ja schon längst observiert, und die Schlagzeilen, die es gibt, wenn das rauskommt, kann ich echt nicht brauchen, gerade jetzt, am Anfang meiner Karriere!«

»Ist gut«, sagte sie und versprach abermals, so etwas in Zukunft nicht mehr zu machen. Darauf vertraute ich.

Doch unser Telefon klingelte immer öfter. Dauernd riefen Leute an, die ich nicht kannte und die nach Taya fragten. Mir war vollkommen klar, was die Anrufer wollten. »Vertickst du das Zeug etwa?«, fragte ich sie genervt.

»Nein, so ein Quatsch!«, empörte sie sich. »Ich hab dem nur ein bisschen was versprochen.«

»Das möchte ich nicht, Taya«, sagte ich noch mal mit Nachdruck. »Da hab ich keinen Bock drauf!«

Wieder gelobte sie feierlich Besserung.

Das dicke Ende ließ dann nicht lange auf sich warten: Ich war gerade in Heilbronn im Musikstudio, um an einem Album zu arbeiten, als auf einmal ein Freund anrief. Die Uhr zeigte halb elf, und er klang ziemlich aufgeregt. »Uwe, du musst sofort zurück nach München kommen!«

»Wieso, was ist denn los?«

»Ich wollte dich heute Nachmittag besuchen, und da hat mir die Polizei die Tür aufgemacht!«

»Was?« Ich war vollkommen perplex.

»Zivile Zollfahndung. Die haben gefragt, wo du bist und wann du wiederkommst! Taya haben sie gleich mitgenommen, und ihre Tochter auch.« (Taya war diesmal mit Verstärkung angereist.)

»Wie?«

»Ihre Tochter haben sie wieder freigelassen, aber Taya sitzt in U-Haft und wird vernommen.«

Ich bedankte mich für den Tipp und donnerte sofort zurück nach München. Nachts um drei kam ich an und wurde zum Glück nicht von der Polizei empfangen, sondern von Tayas Tochter. Sie erzählte mir den ganzen Ablauf. Morgens um neun wollten die Bullen sie wieder abholen, um auch sie zu vernehmen. Ich versprach ihr, sie zu begleiten.

Am nächsten Morgen klingelte es pünktlich um neun an der Wohnungstür. Ich öffnete und erblickte drei Kriminalbeamte. »Ah, der Herr Ochsenknecht! Wie schön! Sie sind vorläufig festgenommen. Würden Sie bitte mitkommen?«

»Um was geht es denn?«, fragte ich so naiv wie möglich.

»Ihnen wird vorgeworfen, die Münchner Filmszene mit Heroin, Koks, Opium und LSD versorgt zu haben!« Sie hielten mir einen Hausdurchsuchungsbefehl vor die Nase und fingen an, die Wohnung auf den Kopf zu stellen, rissen alle Schubladen raus, guckten unter die Matratzen, durchsuchten die Kleiderschränke und filzten die Küche. Die Wohnung sah aus, als wäre eine Bombe explodiert – aber zum Glück fanden sie nichts.

Zwei Beamte flankierten mich anschließend zum Polizeiauto. Auf dem Weg dahin zeigte mir einer der beiden Handschellen, die wohl für mich bestimmt waren, und fragte vielsagend: »Die brauchen wir doch nicht, oder?«

»Ich denke nicht«, erwiderte ich kleinlaut.

Ich setzte mich auf die Rückbank, Tayas Tochter nahm neben mir Platz, und ich schärfte ihr auf Holländisch ein, dass sie ohne

Anwalt nichts sagen dürfe. Ich kam mir vor wie ein Schwerverbrecher, versuchte aber, ruhig zu bleiben und nicht panisch zu werden. Es würde sich sicherlich alles schnell aufklären. Die ganze Situation erinnerte mich an einen schlechten Krimi.

Auf dem Revier wurde ich in einem karg möblierten Raum sofort vernommen. »Herr Ochsenknecht, Ihnen werden gravierende Vergehen gegen das Betäubungsmittelgesetz vorgeworfen, möchten Sie sich dazu äußern?«

Das wollte ich auf keinen Fall, denn aus Filmen wusste ich, dass man in so einer Situation das Recht auf einen Anwalt hat und ohne diesen besser den Mund hält. »Das ist alles Quatsch, ich möchte bitte meinen Anwalt kontaktieren«, verlangte ich.

»Sie haben das Recht, einen Anruf zu tätigen«, bestätigte mir der Beamte.

Umgehend rief ich also meinen Rechtsvertreter Steffen Ufer von der renommierten Kanzlei Bossi an. Auch er riet mir, nichts zu sagen, bis er eintreffe.

In einem *Zeit*-Artikel wurde Steffen mal zu Recht als »der Fuchs« bezeichnet, weil er sich auf allen rechtlichen Schleichwegen auskannte. In seiner mittlerweile über vierzigjährigen Karriere hat er etliche Prominente wie Rainer Werner Fassbinder, Konstantin Wecker, Ottfried Fischer oder Prof. Werner Mang erfolgreich verteidigt. Auf ihn setzte auch ich nun meine ganze Hoffnung, zumal ich vollkommen unschuldig ins Visier der Strafverfolgungsbehörden geraten war.

»Was ist denn genau abgelaufen?«, fragte er mich, als er aufs Revier kam. »Ich muss die Wahrheit wissen, sonst kann ich dir nicht helfen!« Ich erzählte ihm von den Anrufern, von Tayas Amsterdam-Trips und versicherte ihm, dass ich nicht glaube, dass Taya tatsächlich im größeren Stil gedealt habe. Er schien mir zu glauben.

Daraufhin wurde ich in seiner Begleitung dem Untersuchungsrichter vorgeführt. »Was haben Sie angesichts der Vorwürfe zu Ihrer Verteidigung vorzubringen?«, wurde ich gefragt. Steffen führte meine Ahnungslosigkeit an und stritt jede Beteiligung an möglichen

Deals strikt ab. Ich war damals schon ein bisschen bekannt, deshalb sagte der Richter zu mir: »Ich würde Sie ja gerne gehen lassen, Herr Ochsenknecht, aber der Straftatbestand, den man Ihnen vorwirft, ist zu heftig. Da kann ich nichts machen. Sie müssen leider in U-Haft bleiben.« Er war erstaunlich nett – genau wie die Beamten, die mich dann abführten und in einen Transportwagen brachten.

Tür zu und ab in die U-Haft nach Stadelheim, in eines der berüchtigtsten und größten Gefängnisse Deutschlands. Das konnte doch alles nicht wahr sein! Ich hatte Angst, fühlte mich erbärmlich hilflos in den Fängen der Staatsgewalt. Dann passierte der Polizeitransporter das gut gesicherte Eingangstor zum Gelände, und ich war an dem Ort angekommen, an dem ich auf gar keinen Fall sein wollte. Das Gebäude war riesig, ganze 1400 Gefangene fasste der Bau.

Im Innenhof wurden ich und fünf Mitgefangene ausgespuckt, ein Wärter nahm uns in Empfang, führte uns in einen Raum und wies uns an, Klamotten, Schmuck und alles, was wir sonst noch bei uns hätten, abzulegen. Uhren, Ringe, Portemonnaies usw. wurden von seinem Kollegen gewissenhaft in Kartons gepackt. Wir zogen schweigend unsere Sachen aus, gaben damit auch unsere Individualität, unsere Persönlichkeit ab und schlüpften in blaue Einheits-Kutten. Jeder von uns war ab diesem Moment nur noch einer von vielen – vielen Verbrechern. Teil einer kriminellen Masse.

Wir mussten uns aufstellen, der alte Wärter guckte auf sein Klemmbrett und fragte: »Wer will in eine Einzelzelle und wer mit mehreren zusammen?« Erstaunlich, dass man hier die Wahl hatte. »Ich will in eine Einzelzelle!«, rief ich sofort. Ich wollte erst mal zu mir kommen.

Whoommm! Die Stahltür schloss sich mit einem lauten Hall hinter mir. Eine Pritsche, ein Waschbecken, Toilette, ein kleines Regal, nackte Wände – fertig. Ich war allein. Ganz allein. Ich setzte mich auf die Pritsche, Panik kroch in mir hoch. Ich starrte auf das vergitterte Fenster. Ab jetzt atmete ich gesiebte Luft. Mein Magen krampfte, mein Puls raste. Ich war in höchster Aufregung. Was, wenn die

Zollfahndung glaubte, dass Taya in meinem Auftrag gedealt und das Zeug gezielt aus Holland beschafft hatte? Scheiße wäre auch, wenn irgendeiner, dem Taya was verkauft hatte, etwas mich Belastendes erfinden würde, um seinen eigenen Arsch zu retten.

Meine Karriere nahm gerade Fahrt auf, und ich hatte nicht die geringste Lust, jetzt für länger im Knast zu hocken. Die Sache würde in jedem Fall Schlagzeilen machen – wie sehr könnten sie mir schaden? Würde ich noch Jobs kriegen? Würde man mich noch für vertrauenswürdig halten? Das wäre vermutlich nicht so dramatisch, beruhigte ich mich. Damals wurden etliche Schauspieler mal mit Koks erwischt. Das war fast ein Kavaliersdelikt in der Branche und stellte für Regisseure und Produzenten kein Problem dar, solange man seinen Job gut machte.

Natürlich hätte ich in dieser Situation auch vollkommen durchdrehen, psychisch komplett zusammenbrechen können. Ich hatte schließlich nicht die geringste Ahnung, wie lange ich hier sitzen und wann ich wieder rauskommen würde. Aber Durchdrehen war keine Option für mich. Damit würde ich mir nur selber schaden, und nichts würde sich dadurch ändern. Ich versuchte, das Beste draus zu machen: Jetzt sitzt du hier halt fest, es ist nun mal so, und du bist selbst schuld daran. Nun überleg mal, wie du die Situation für dich nutzen kannst, sagte ich mir. Ich fing mit Übungen zur Körperertüchtigung und Gymnastik an. Wer in meiner Zelle wohl schon alles einsaß?

Einmal die Woche kam mein Anwalt, um mich auf dem Laufenden zu halten. Anderer Besuch war in U-Haft nicht erlaubt. Die ersten zwei Wochen verbrachte ich daher allein und zurückgezogen und fand das eigentlich auch ganz gut so. Niemand klingelte an der Tür, es gab kein Telefon, keiner wollte etwas von mir. Ich kam tatsächlich zur Ruhe.

Morgens früh um sechs wurde man geweckt, es folgte das Frühstück mit schlechtem Kaffee und pappigem Brot – und danach lagen endlose Zeitwüsten vor einem. Ich schlief auf der Pritsche, guckte aus dem Fenster und sah durch die Gitterstäbe Flugzeuge vorbeifliegen – Symbole der Freiheit und der großen, weiten Welt, die mir in dem Moment sehr fern schien. Mittags war eine Stunde Hofgang. Da ging man im Kreis und unterhielt sich mit den anderen.

Einmal die Woche kam ein Bücherwagen vorbei, und ich deckte mich jedes Mal mit Unmengen Lesestoff ein. Wer hat die Bücher wohl vor mir in der Hand gehabt, dachte ich manchmal, während ich mich durch die Seiten blätterte. Mörder? Terroristen? Kleinganoven?

Das Wichtigste im Bau war, genügend Kohle zu haben. Jeder Häftling besaß ein Konto, auf das er sich Geld schicken lassen konnte. Damit war man in der Lage, einmal wöchentlich diverse Lebensmittel einzukaufen. Ich kaufte Tabak, Milch für den Kaffee und ein bisschen Wurst und Käse, um die pappigen Frühstücksbrote aufzupimpen.

Duschen durfte man alle zwei Tage unter Aufsicht der Wärter, gemeinsam mit den anderen Häftlingen. Samstags war »Umschluss«, da wurden die Zellen aufgeschlossen, und man konnte sich gegenseitig besuchen, quatschen und rauchen. Und einmal die Woche gab es einen Fernsehabend, an dem alle zusammen einen für uns ausgewählten Film anschauen durften.

In meiner Nachbarzelle waren sie zu viert. Durch die Wand hörte ich sie immer lachen, sie hatten offenbar viel Spaß. Beim Hofgang lernte ich die Männer kennen, sie waren aber keine Heavies. Einem von ihnen hatte man nachgewiesen, bei Rockkonzerten von bekannten Bands Drogen vertickt zu haben, ein anderer, mit dem ich heute noch Kontakt habe, saß ein halbes Jahr unschuldig ein, weil der Chef seiner Firma irgendwas Illegales bei der Steuer gedreht hatte, ohne dass er davon wusste. Ein Ire hatte keine Aufenthaltserlaubnis – und noch einer, ein afrikanischer Heiratsschwindler, der hartnäckig behauptete, ein Prinz zu sein, wartete auf seine Abschiebung. Sie alle waren keine Schwerverbrecher, sondern harmlose Leute, deshalb sagte ich zum Wärter: »Wenn da drüben was frei wird, möchte ich da rüber.«

Schon ein paar Tage später zog ich dann tatsächlich von meiner Einzelzelle in ein Etagenbett des Vier-Mann-Zimmers um. Eine gute Entscheidung, denn ab da hatte ich richtig Unterhaltung: Der Engländer, der das Dope auf den Konzerten verkauft hatte – er war am längsten drin und schon seit einiger Zeit verurteilt –, erzählte ständig wilde Storys in tiefstem Slang. Er kannte sich mit den Knastabläufen bestens aus, meinte, er sei hier der »Captain of the Ship«.

Wir hörten zusammen Musik, erzählten uns Witze, erfanden Ratespiele, starteten Pokerrunden und funktionierten unseren Tisch zur Tischtennisplatte um. Tischtennisbälle konnte man kaufen, aber leider keine Schläger und auch kein Netz. Deshalb bauten wir ein Netz aus Büchern und benutzten unsere Pantoffeln als Schläger. Wir trugen wilde Turniere aus. Diese Jungs halfen mir durch ihre coole Art, meine unangenehme Lage einigermaßen zu ertragen – ein großes Glück für mich! Überhaupt hatte ich Glück im Unglück: Ich wurde weder vergewaltigt noch verprügelt und auch nicht in irgendwelche Gang-Fehden verwickelt, die es auch hier durchaus gab.

Meine Stimmung blieb stabil, weil ich fest überzeugt war, dass die Wahrheit ans Licht käme. Ich hatte nicht gedealt, nur selbst konsumiert, und das auf Anraten meines Anwalts auch zugegeben. Deshalb rechnete ich mit einer Geldstrafe, mehr nicht.

Bei einem der nächsten Besuche meines Anwalts erfuhr ich dann, warum es überhaupt zur Verhaftung gekommen war: Ein zweiundzwanzigjähriger GI hatte in seiner Münchner Kaserne billig Zigaretten gekauft, draußen wesentlich teurer wieder verscherbelt und war deswegen von der Zollfahndung geschnappt worden. Die Beamten, die in der Münchner Drogenszene endlich mal zuschlagen wollten, machten ihm die Hölle heiß: »Ihr GIs nehmt doch alle was, und wenn du uns nicht hilfst und sagst, was in der Drogenszene gerade los ist, lochen wir dich für längere Zeit ein.« Schließlich verriet er, dass er ab und zu Taya in meiner Wohnung besucht und etwas von ihr gekauft habe, woraufhin die Fahnder anfingen, uns zu beschatten, heimlich zu fotografieren und das Telefon abzuhören. Letztendlich war das mein Glück, denn durch die aufgezeichneten Gespräche wurde deutlich, dass ich nie gedealt oder dazu animiert hatte. Meine Befürchtungen, dass man uns vielleicht schon beobachtete, waren also keine Hysterie gewesen, sondern entsprachen der Wahrheit.

Nach vier Wochen wurde ich endlich auf Kaution freigelassen – gegen 20 000 Mark. Für die Hälfte der Kaution kam mein Freund András Fricsay auf, mit dem ich auch nach meiner Mannheimer Zeit noch lange in Kontakt stand. Die andere Hälfte bezahlte meine Mutter von ihrem Ersparten.

»Was ist denn das überhaupt für Zeug?«, fragte sie rührend naiv, als ich sie nach der Entlassung zu Hause besuchte.

»Das ist ein Rauschmittel, Mama«, flüsterte ich ihr zu.

»Und das ist so schlimm?«, fragte sie. »Im Krieg haben die Ärzte doch auch Morphium genommen, um die ganzen Verletzten zu ertragen ...«

In diesem Moment liebte ich sie inniglich. Sie war immer so herrlich pragmatisch. Zum Glück lebte mein Vater zu diesem Zeitpunkt schon nicht mehr – spätestens nach meiner Verhaftung hätte sein kaputtes Herz den Geist aufgegeben.

Draußen musste ich mich erst mal wieder an die Geräusche gewöhnen, an die Leute, die Hektik. Alles war laut und schnell. Im Knast war es so schön ruhig gewesen ...

Taya blieb fast ein halbes Jahr im Frauengefängnis. Ich besuchte sie jeden Tag, um ihr durch ein Fenster im Hinterhof zuzuwinken. Silvester ging ich mit ein paar Freunden und einem Radio zu ihr und schoss für sie ein paar Raketen ab.

Im Prozess wurde Taya schuldig gesprochen und daraufhin des Landes verwiesen. Ich wurde zu einer Geldstrafe von 10 000 D-Mark verurteilt, bekam zwei Jahre auf Bewährung und konnte mich damit der höchst zweifelhaften Auszeichnung rühmen, einer der wenigen vorbestraften Schauspieler Deutschlands zu sein.

DIE VERHASSTE LEO-UNTERHOSE – *MÄNNER*

Ich stürzte mich wieder voll in die Arbeit und versuchte aufzuholen, was ich vermeintlich verpasst hatte. Zum Glück wollte man mich noch! Ich nahm alle Filmangebote an, die mir reizvoll erschienen. Dazu gehörte zum Beispiel meine erste Kino-Hauptrolle in *Der Rekord*, dem Abschlussfilm des Schweizers Daniel Helfer an der Filmhochschule München. Die Story dreht sich um zwei Jungs, die permanent pleite sind und deshalb beschließen, eine Videothek zu eröffnen. Um Kunden zu gewinnen, Werbung für ihren Laden zu machen und das Geschäft anzukurbeln, planen sie, einen Weltrekord im Dauerfernsehen aufzustellen: Zehn Tage und Nächte nonstop auf die Mattscheibe glotzen – ohne Pause. Damit wären sie reif fürs *Guinness-Buch der Rekorde* und würden abkassieren. Rico, der Typ, den ich spielte, fällt dann ins Koma und landet im Krankenhaus.

Der Film wurde zwar kein großer kommerzieller Erfolg, war aber dennoch sehr wichtig für meine Karriere, denn er wurde auf verschiedenen Festivals gezeigt und auf einem davon von einer gewissen Doris Dörrie gesehen. Dörrie, die ebenfalls von der Münchner Hochschule für Fernsehen und Film kam, wurde durch die Rolle auf mich aufmerksam und merkte mich für ihr nächstes Projekt vor.

Zwischenzeitlich war Taya entlassen worden und kehrte notgedrungen nach Amsterdam zurück – wegen der Ausweisung durfte sie ja nicht in Deutschland bleiben. Unsere Beziehung, die schon durch das halbe Jahr Knast-Trennung gelitten hatte, wurde kontinuierlich schlechter. Ich konzentrierte mich voll auf meine Karriere und war viel unterwegs, Taya ging ebenfalls ihrer Wege. So trennten wir uns im Guten. Mittlerweile lebt sie in Frankreich, managt einen thailändischen »Take away«, und wir hören ab und an noch voneinander. Selbst mit ihren Kindern telefoniere ich noch manchmal. Dass wir nach so langer Zeit noch Kontakt zueinander haben, finde ich toll. Aber schließlich sind wir alle ja auch für eine gewisse Zeit eine turbulente Wegstrecke unseres Lebens gemeinsam gegangen.

Nach *Der Rekord* übernahm ich die Rolle des Theaterdirektors Emanuel Schikaneder in der großen deutsch-tschechischen Co-Produktion *Vergesst Mozart* mit Max Tidof, Armin Mueller-Stahl, Katja Flint und Katharina Raacke, der Schwester von *Tatort*-Kommissar Dominic Raacke. Gedreht werden sollte in Prag. Ich fand Drehs im Ausland immer schon toll, würde zum ersten Mal in der wunderschönen Stadt an der Moldau sein, die vor der Wende noch ganz anders aussah als heute, und sagte schnell zu.

Der Film analysiert die Umstände des durch Quecksilber hervorgerufenen Vergiftungstodes Mozarts, die Handlung spielt 1791 in Wien. Graf Pergen, der Chef der Geheimpolizei (verkörpert von Armin Mueller-Stahl), verhört den Hofkomponisten Salieri (Winfried Glatzeder), Mozarts betrogene Gattin (Katharina Raacke) und den Theatermann Schikaneder (meine Rolle), um zu klären, ob Mozart ermordet wurde – und, wenn ja, warum. Gedreht wurde teilweise in den Kulissen von Milos Formans Welterfolg *Amadeus*.

Nach Ende der Dreharbeiten kündigte die Olga Film an, dass sie demnächst einen Fernsehfilm fürs ZDF produzieren wolle, und schickte mir das Drehbuch. Das Skript trug den Titel *Männer* und stammte von Doris Dörrie. Ich kannte Doris nicht persönlich, hatte aber durch ihre Filmkritiken in der *Süddeutschen Zeitung* und ihren Film *Im Innern des Wals* schon von ihr gehört.

Das Drehbuch war jetzt nicht so der Kracher, fand ich. Ein nettes Filmchen halt, aber mehr auch nicht. Der Plot drehte sich um einen erfolgsverwöhnten Maserati fahrenden Yuppie, der am zwölften Hochzeitstag rauskriegt, dass seine Frau ihn mit einem arbeitslosen Comic-Zeichner betrügt. Yuppie Julius beschattet daraufhin seine Frau Paula und kann nicht fassen, dass sie auf Stefan, seinen Nebenbuhler, abfährt, der zwar jünger, aber gleichzeitig ein ziellos durchs Leben treibendes Weichei ist. Seine Macho-Werte geraten ins Wanken. Julius verkleidet sich dann als Student, zieht in Stefans

WG ein und beginnt, ihn zum Karrieristen umzupolen. Nächtelang coacht er ihn, überarbeitet seine Bewerbungsmappe und trainiert ihn für das Vorstellungsgespräch bei seiner Werbeagentur, bei der er ihn als Art Director unterbringen will. Zweck des Ganzen: Julius setzt auf eine Werteverschiebung bei Stefan, wenn der erst mal Karriere-Blut geleckt hat und den Porsche-Schlüssel in der Hand hält, und spekuliert darauf, dass dieser dann keine Zeit mehr für Paula hat. Und keine Lust auf sie.

Julius' Plan geht tatsächlich auf, und Paula wendet sich ihm wieder zu. In der berühmten Paternoster-Schlussszene treffen Stefan und er in seiner Werbeagentur wieder aufeinander. Stefan schnallt, dass Julius ihn verarscht hat, und beide stehen schließlich in Unterhosen im Fahrstuhl, schreien sich erst an und lachen sich am Ende schlapp.

Ich sollte Stefan spielen und Heiner Lauterbach den Julius. Da ich Lauterbach bis dahin nicht persönlich kannte, besorgte ich mir seine Nummer und rief ihn an, um zu fragen, was er von dem Buch halte. Er meinte, er finde das Buch supertoll und habe beim Lesen laut gelacht. Heiners Begeisterung verblüffte mich, weil ich selbst den Stoff eher durchschnittlich fand. Hatte ich etwas überlesen? Das Buch falsch eingeschätzt? Wir vereinbarten, uns mit Doris Dörrie zu treffen, um mit ihr über das Projekt zu sprechen und zu hören, wie sie sich den Film vorstellte.

Doris schwärmte, dass wir ihre Idealbesetzung seien, sie die Dynamik zwischen uns einmalig finde, und sagte, dass sie sehr glücklich wäre, wenn wir zusagten. Wir fühlten uns geschmeichelt und waren schon so gut wie überzeugt – bis man uns die Höhe der Gage nannte: Die fiel um die Hälfte geringer aus als die Beträge, die ich bis dato bekommen hatte, und war indiskutabel. Heiner hielt es auch für zu wenig. »Für das bisschen Geld haut das leider nicht hin«, sagten wir zu ihr, und sie bat uns flehentlich, trotzdem noch mal in uns zu gehen.

Heiner und ich überlegten lange hin und her, und er plädierte schließlich dafür, doch zuzusagen, unabhängig vom Geld: »Wenn wir's nicht machen, macht es jemand anders, und schaden wird es uns auch nicht. Die Dreharbeiten sind auch noch in München, wo wir beide wohnen, also, was soll's.«

Bevor man eine Rolle übernimmt, kramt man erst mal im eigenen emotionalen Archiv, ob man sich in den Charakter einfühlen und die Verhaltensweisen der Figur nachempfinden kann. Ich konnte Stefan gut verstehen. Seine abwartende Grundhaltung und seine kindliche Friedfertigkeit, seine totale Aggressionslosigkeit, die fast schon nervte, entsprachen mir. Aber im Gegensatz zu ihm hatte ich schon früh ein Ziel gehabt, das ich konsequent verfolgte. Auch seine Wandlung im Verlauf der Handlung fand ich logisch und nachvollziehbar: erst ein Loser und dann die lockende Aussicht auf ein fettes Auto und einen geilen Job, für die er die Liebe vernachlässigte – das war absolut verständlich. Klar, dass ein weicher Typ wie er der Versuchung nicht widerstehen kann, plötzlich Biss entwickelt und das Yuppie-Dasein zumindest mal ausprobieren will.

»Okay, dann machen wir's halt«, ließen wir Doris bestellen – bekanntlich eine gute Entscheidung.

Der Dreh im Münchner Sommer war entspannt und lustig. Heiners erster Wunsch, wenn er morgens direkt von seinen hochprozentigen Zechtouren mit den Beleuchtern an den Set kam, war: »Augentropfen!«, um die geröteten Augen wieder weiß zu kriegen. Nach Drehschluss war ich ein paarmal mit ihm auf Kneipentour – und nach zehn Minuten erkannte er mich oft schon nicht mehr, weil er sofort dicht war. Ich habe auch immer gerne gefeiert, hatte aber stets ein Limit. Dieses laute, randalierende Besoffensein mochte ich nie und hätte es mir während eines Drehs auch kräftemäßig gar nicht leisten können. Vielleicht haben mich in dieser Hinsicht auch die Erlebnisse mit meinem Vater geprägt.

Doris war die erste Regisseurin, mit der ich zusammenarbeitete. Die Arbeit mit ihr war präzise und organisiert. Sie war gut drauf, lustig und locker, und auch die Figur des Stefan machte mir Spaß – bis auf die Leo-Unterhose, die Doris mir verpasste. Ich hasste das Teil von der ersten Klappe an und wehrte mich bis zum Ende dagegen, aber in diesem Punkt ließ sie absolut nicht mit sich reden. Mir blieb nur, darauf zu vertrauen, dass das blöde ausgeleierte, verwaschene Ding als Stilmittel zur Charakterisierung für die Figur tatsächlich so unentbehrlich war, wie sie behauptete. War es natürlich!

Zwei Wochen nach Drehbeginn schauten sich Doris und die Produktionsfirma die ersten Ergebnisse an. Bis zu diesem Zeitpunkt sollte es ein Fernsehfilm fürs ZDF werden, aber nachdem sie die ersten Szenen gesehen hatten, beschlossen sie, dass er ins Kino müsse. Das ZDF willigte ein – und der Rest ist Geschichte.

Ein halbes Jahr nach Drehende kam *Männer* in die Kinos, flankiert von dem berühmten Plakat mit der Banane, und schlug ein wie eine Bombe: Die Premiere bei den Hofer Filmtagen im Oktober wurde von den Zuschauern mit minutenlangem Applaus gefeiert. Und auch der reguläre Kinostart war phänomenal: Das erste Wochenende ist bei Kinofilmen immer richtungsweisend. *Männer* hatte sofort umwerfende Zuschauerzahlen. Das zweite Wochenende war noch besser, und so ging es weiter, bis wir nach einem Monat bereits die Millionen-Marke überschritten – der absolute Hammer.

Der Film erhielt überwiegend positive, teilweise sogar euphorische Kritiken, zog insgesamt über acht Millionen Zuschauer in die Kinos und legte den Grundstein für den deutschen Komödien-Boom. Bei Heiner, Doris und mir ging es medienmäßig daraufhin voll ab: Wir absolvierten eine Talkshow nach der anderen, gaben Interviews für Frauenzeitschriften wie *Brigitte* oder *Petra* mit Titeln wie »Was macht einen Mann aus?« oder »Die neuen Männer sind geboren!« und hatten Porträts im *Stern*, in der *Bild* und der *Bunten*. Dazu hagelte es Auszeichnungen, Ehrungen und Preise: Unter anderem bekamen Heiner und ich 1986 für unsere *Männer*-Rollen den Deutschen Filmpreis in Gold als beste Darsteller, und Doris erhielt den für das beste Drehbuch. Ich befand mich ein paar Monate lang fast jeden Tag in einer anderen Stadt, war ständig unterwegs und auf etlichen Filmfestivals zu Gast. Rock 'n' Roll pur!

Ganz klar: *Männer* verhalf mir zum Aufstieg in die erste Schauspieler-Liga, aus der ich – zum Glück – nie wieder abstieg. Ich sehe meinen Erfolg, meine Karriere und besonders diesen Glückstreffer bis heute mit Dankbarkeit und Demut.

»DU MUSST DICH DOOF STELLEN« – SCHAUSPIELKUNST

»Die Rolle des Stefan in *Männer* wirkt so leicht und locker gespielt, als hätte Doris dich gerade aus einer Studenten-WG geholt und vor die Kamera gestellt«, hörte ich oft. Bei solchen Einschätzungen musste ich innerlich grinsen, denn was auf der Leinwand so lässig aussah, war in Wirklichkeit präzise Arbeit: Mein Schauspiel-Wissen bildete das Fundament für das lockere Spiel, das dann so »normal« wirkte. Die größte Kunst ist, eine Leichtigkeit zu transportieren, die mühelos wirkt. Den Spruch »Du hast noch nie was vorher gemacht, oder?« nehme ich deshalb als großes Kompliment.

Vor der Kamera musst du alles, was du gelernt hast, wieder vergessen. Du musst dich doof stellen und quasi kontrolliert unkontrolliert spielen. Die Leute sollen das Gefühl haben, dass das, was du spielst, im Moment entsteht. Du musst sie daran teilhaben lassen, ihnen das Gefühl geben, sie würden durchs Schlüsselloch gucken – das ist wesentlich spannender, als alles auf dem Tablett zu liefern.

Ich forme eine Figur aus dem Moment heraus. Dank meiner Ausbildung habe ich – außer Talent – verschiedene Hilfsmittel zur Hand, mit denen ich umgehen kann: Sprache, Stimme, Haltung, Körperlichkeit, Gesten (oder auch keine) und natürlich die Mimik. Die Kunst ist, die gespielte Figur mit Emotionen zu füllen. Interessant ist dabei immer wieder, was Regisseure in einem sehen, aus einem herausholen wollen – und manchmal auch können.

Schauspielerei, eine Figur zu formen und zu kreieren, ist ein kreativer Prozess – wie kochen oder Musik machen. Hiervon noch ein bisschen mehr, davon ein bisschen weniger. Ich frage mich immer, ob es Mittel und Wege gibt, die Figur anders zu spielen. Nicht so vorhersehbar. Ich habe auf meiner Festplatte viele Beobachtungen, Dialekte und Charaktere gespeichert – und obwohl das Leben voller Klischees ist, versuche ich immer, möglichst ohne sie auszukommen, da diese beim Spielen immer noch »bigger than life« erscheinen. Weniger ist mehr!

Man könnte den Beruf des Schauspielers auch als den eines Menschenforschers ansehen, denn nichts nützt einem mehr als ein großes Repertoire menschlicher Eigenarten. Ich fand Macken und Phobien schon immer extrem spannend: Wieso hat einer Angst im Dunkeln – und der andere nicht? Warum ist einer ordentlich, ein anderer dagegen unfähig, sich zu organisieren? Menschen, die sich aus der Masse abheben, sind hochinteressant, und man trifft sie täglich. Ich setze mich gerne in ein Café und beobachte Leute – wie sie sich bewegen, sich unterhalten, miteinander umgehen – und mache mir im Geiste Notizen für meinen inneren Fundus. Der Direktor der Bochumer Schauspielschule sagte mal: »Schauspielerei ist das Sich-Befassen mit zwischenmenschlichen Beziehungen.« Das trifft es auf den Punkt. Dieser Satz hat sich mir eingebrannt und mein Spiel geformt.

Beim Theater hat man im Gegensatz zum Film etwas mehr Freiraum für darstellerische Experimente. Auf der Bühne kann man Nuancen ausprobieren und die Figur – natürlich innerhalb des vorgegebenen Rahmens – bei jeder Vorstellung etwas anders spielen. Es darf dabei allerdings nie darum gehen, sich zu exhibitionieren, denn Eitelkeit hat auf der Bühne nichts verloren. In dem Moment, in dem man eine Rolle spielt, darf das Ego keine mehr spielen. Körper und Geist sind dann nur noch Werkzeuge, um die Figur zu transportieren. In einem Orchester wäre man praktisch sein eigenes Instrument. Gar nicht so einfach, weil es bedeutet, eitel und uneitel zugleich zu sein – und man soll dazu noch dem Autor, dem Stück und der Figur gerecht werden.

Mit Selbstverliebtheit schließt man die Zuschauer aus. Und das merken sie sofort, unbewusst, ohne zu reflektieren, und sind schnell nicht mehr gefesselt, gehen nicht mehr mit.

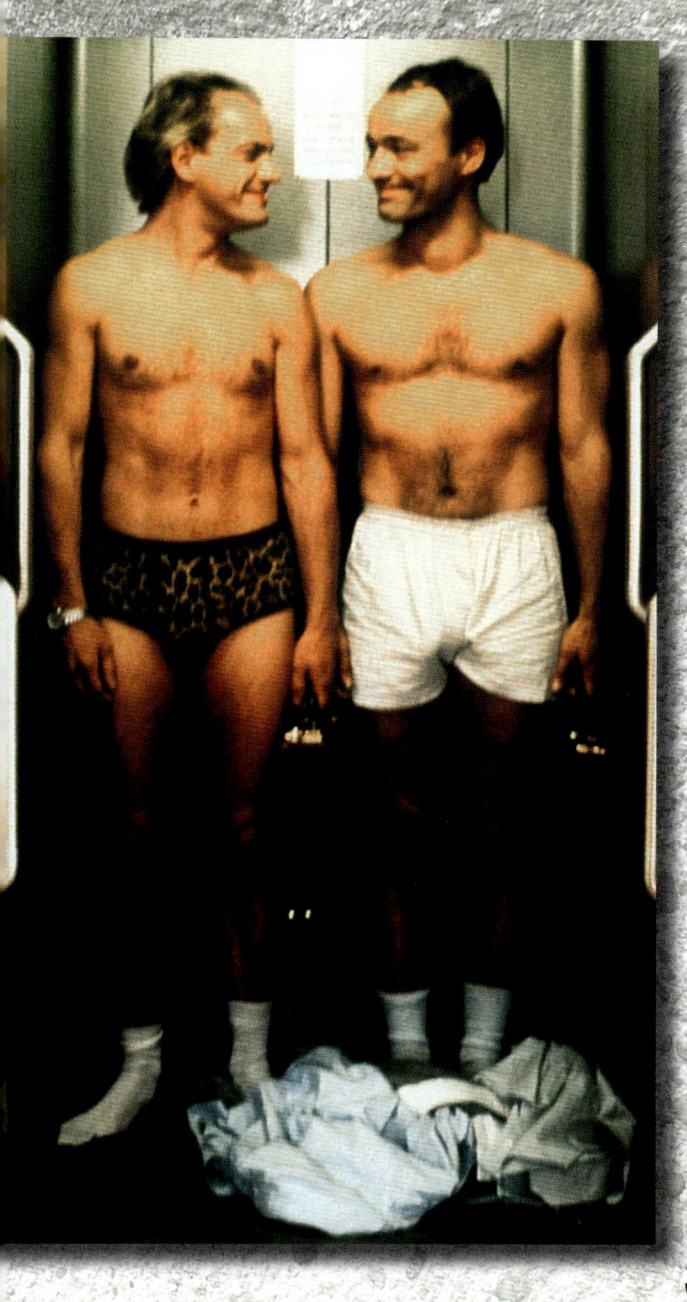

Mit der Leo-Unterhose nach oben: Heiner Lauterbach und ich in der berühmten Fahrstuhl-Szene von »Männer« (1985)

> Mein liebes Tagebuch!
> Wenn mich nur mein Gedächtnis nicht im
> Stich läßt! Heute früh nach dem Aufwachen
> wieder dieser Druck im Magen.
> 24.2.1940. Die übermenschlichen Anstrengungen der
> letzten Zeit verursachen mir Blähungen im Darmbereich
> und Eva sagt, ich habe Mundgeruch.
>
> Zu Händen des Ministers Lammers!
> Mein persönliches Testament
> ___
> Es ist sofort nach meinem Tode im Beisein
> des Reichsschatzmeisters der Partei zu er-
> öffnen. Die P.g. Bormann und Schaub sind
> unmittelbar zu verständigen.
>
> Mit Eva muß ich jetzt doch mal ein
> paar ernste Worte reden. Sie glaubt nicht,
> daß ein Mann, der an der Spitze Deutschlands
> steht, sich soviel Zeit nehmen kann, um
> privaten Sachen nachzugehen. Offenbar hat sie
> in ihren jungen Jahren keine Ahnung was es
> für ein ständiger Kampf ist Kanzler des
> Deutschen Reiches zu sein. Habe seit den
> Olympischen Sommerspiele 1936

Mein ganz privates Hitler-Tagebuch: Für die Rolle in »Schtonk!« (1992) lernte ich schreiben wie der Diktator

Als schmieriger Tagebuch-Fälscher Prof. Dr. Fritz Knobel alias Konrad Kujau

Eine meiner liebsten Rollen: der Küchenverkäufer Uwe, der versehentlich in einem japanischen Kloster landet (»Erleuchtung garantiert«, 2000)

Eine eigene Welt: als Schalke-Fanatiker Hans Pollak mit amtlicher Vokuhila-Frisur in »Fußball ist unser Leben« (2000)

Rausch und Leidenschaft: auf Tour mit meinem ersten Album »Ochsenknecht« (1992)

Live und lustig auf den Brettern, die die Welt bedeuten: mit Heiner Lauterb[ach] als »Seltsames Paar« und als Matron[e] Edna Turnblad in dem Musical »Hairspray« (2010)

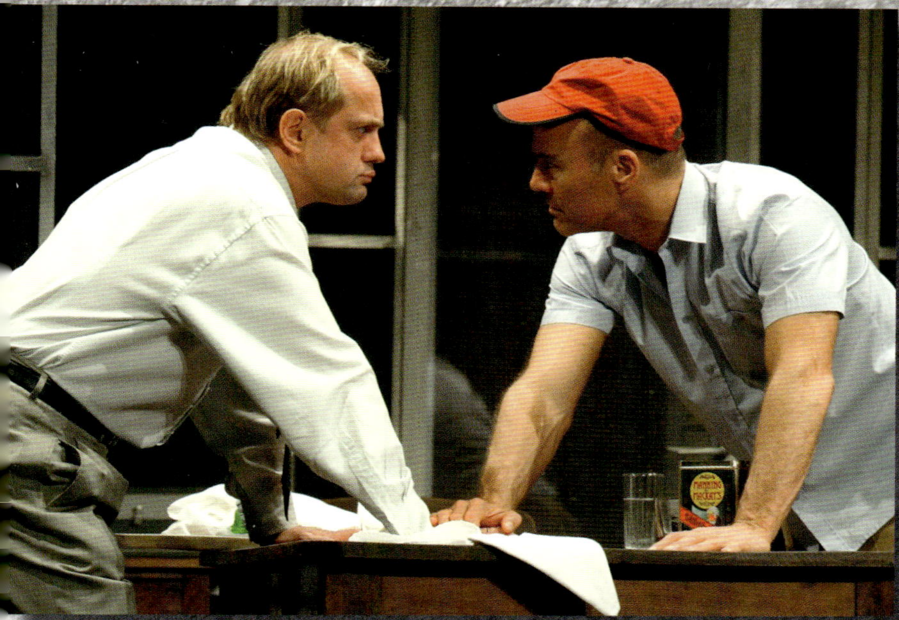

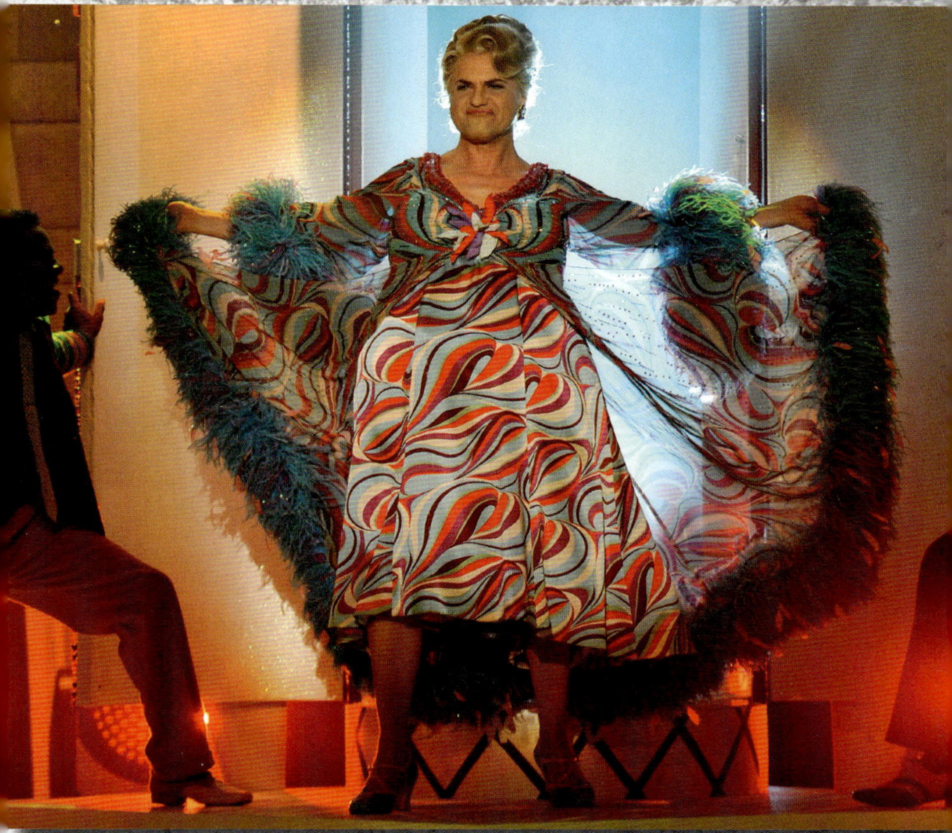

Family Affair: mit Rocco...

...mit meiner Schwester Beate...

...und mit Natascha, Wilson, Jimi, und Cheyenne

Best Buddy: Oscar Ortega Sánchez

Große Liebe: Kiki

Der Kornkreis von Avebury – Motiv unseres gemeinsamen Tattoos – entstand in der Nacht, in der Kiki und ich uns kennenlernten

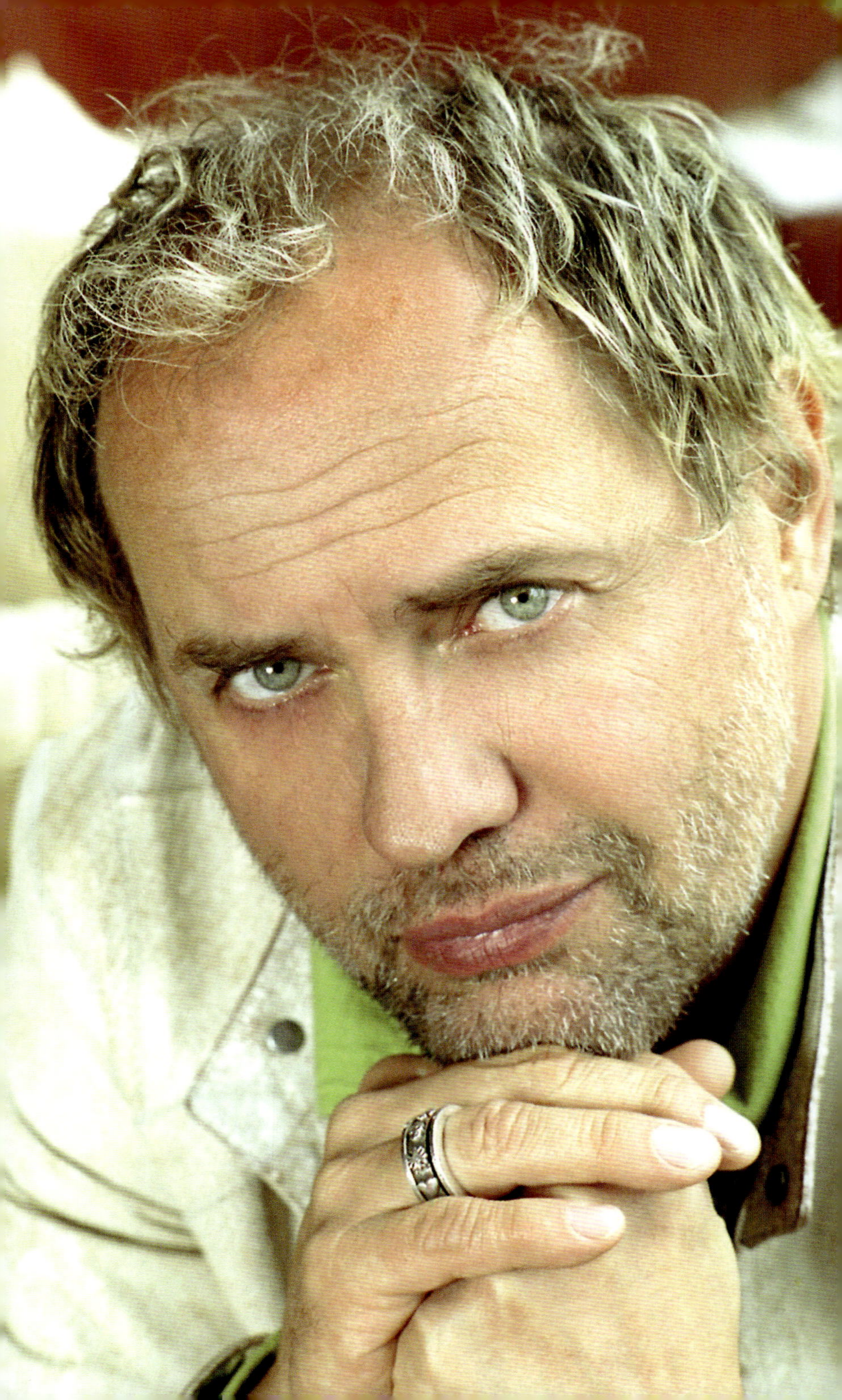

Ich verstehe es als Berufsehre, die Aufmerksamkeit des Publikums zu erspielen und zu halten. Das schönste Geräusch ist atemlose Stille! Wenn niemand sich traut, einen Laut von sich zu geben, um die Atmosphäre nicht zu stören. Wenn die Zuschauer quasi atemlos an deinen Lippen hängen und jede deiner Bewegungen verfolgen. Dann hat man als Schauspieler die Macht, das Publikum wie an einem unsichtbaren Band zu führen, und kann es lenken, in welche Richtung auch immer. »Ah, jetzt hab ich sie!« – das ist ein absolut magischer Moment, den man nicht missbrauchen darf und bei dem man sich deshalb gut im Zaum halten sollte. Man muss sein Spiel gut temperieren – eine hochsensible Angelegenheit, die jeden Abend zu einer neuen Herausforderung wird. Und man sollte schauspielerische Effekte, speziell im komischen Fach, nie übertreiben. Overacting kann tödlich sein: »Ah, der Gag ist ein Brüller, da leg ich das nächste Mal noch einen drauf« – eine solche Denke wäre platte Effekthascherei und hat mit Schauspielkunst nichts zu tun.

Die Aufgabe eines Schauspielers ist es, seinen Zuschauern einen schönen, unterhaltsamen Abend zu bereiten und sie emotionale Höhen und Tiefen erleben zu lassen, die sie vorher vielleicht noch gar nicht kannten. Dafür muss man sich jeden Abend neu motivieren und diesen einzigartigen, facettenreichen Beruf mit Hingabe ausüben. »Da kommen Leute, die Geld bezahlt haben, um dich zu sehen, deshalb kriegst du gefälligst deinen Arsch hoch und gibst das Beste, was du geben kannst!« Um das Publikum nicht im Stich zu lassen, habe ich schon in Zuständen gespielt, bei denen jeder Arzt die Hände überm Kopf zusammengeschlagen hätte. Mit Grippe, hohem Fieber, quälenden Magen-Infekten oder starken Kopfschmerzen. Disziplin, Moral und Pflichtbewusstsein lernt man am Theater. Sich krankschreiben zu lassen kommt für Schauspieler nicht in Frage. Solange man den Text noch sprechen und einen Fuß vor den anderen setzen kann, macht man gefälligst seine Arbeit.

Körperlich angeschlagen zu spielen ist heftig, denn Theater ist doppelt energieaufwendig: Zum einen guckt man aufs Publikum und hat diese sensible Interaktion, zum anderen muss man gut spielen und sich mit den anderen Darstellern koordinieren. Man hat seine Requisiten, muss seine Gänge machen und seinen Text abliefern. Und dazu noch überspielen, wenn der andere mit seinem Text hängt oder hinter der Bühne irgendetwas plötzlich scheppernd zusammenbricht, und korrigieren, wenn zum Beispiel jemand falsch steht. Manchmal quatschen auch Leute hinter dem Vorhang, oder irgendein Handy klingelt ...

Man kann nicht einfach auf Autopilot stellen und so hoffen, gut durch die Vorstellung zu kommen, und weil alle Sinne so geschärft sind, ist man nach der Vorstellung meistens total aufgedreht. Früher gab es deshalb die Regel, dass für Schauspieler ein bis zwei Stunden nach dem Auftritt der Paragraph der Unzurechnungsfähigkeit gilt. Nach dem letzten Vorhang muss man erst mal wieder runterkommen, irgendwie abschalten, besonders bei heftigen Stücken, die körperlich und emotional sehr viel Kraft fordern. Ein Bierchen, ein Glas Wein und entspannte Gespräche helfen da sehr.

Es gibt natürlich auch Abende, an denen man einfach nicht den Punkt trifft, nicht ins Spiel findet. Wie ein Maler, der ein Bild vor seinem geistigen Auge hat und es nicht schafft, es exakt so auf die Leinwand zu bringen, wie er es im Kopf hat. Manchmal liegt es nur an einem falschen Pinselstrich, einer kleinen Schattierung. Trotzdem muss man bis zur letzten Minute dabeibleiben und versuchen, nicht den Elan zu verlieren oder zu verzweifeln. Besser ist es, sich am Ende zu sagen: »Okay, dann war's heute halt so, allein das Spielen macht ja auch schon Spaß.« Schön sind solche Situationen natürlich nicht. Schauspieler brauchen viel Lob und Streicheleinheiten, weil sie auf der Bühne emotional die Hosen runterlassen, alles von sich geben. Der Applaus ist ihre Belohnung – und wenn der wegfällt oder mager ist, geht einem das schon nah.

Man kann nie voraussehen, wie der Abend wird. Ich bin mittlerweile über vierzig Jahre dabei, habe aber immer noch Lampenfieber. Kurz vor der Vorstellung überkommt es mich wie ein Virus: Der Kreislauf schießt hoch, ich kriege feuchte Hände, das Herz pumpt bis zum Hals. Das legt sich selbst nach all den Jahren nicht, und das ist auch gut so, weil es zeigt, wie ernst ich die Sache nehme. Es kann live auf der Bühne zu jeder Zeit alles schiefgehen. Ich habe den Versuch schon lange aufgegeben, mich vor der Vorstellung runterzufahren. Das Lampenfieber hat diesen Kampf vier Jahrzehnte lang immer gewonnen. Aber dafür weiß ich auch, dass es nach ein paar Minuten auf der Bühne weggespielt ist.

Meine Rollen, die Filme, in denen ich mitspiele, suche ich nach der Qualität des Drehbuchs aus. Zwei Drittel der Angebote fallen auf diese Art und Weise schon mal weg. Dann schaue ich mir an, was die Filmproduktion bislang so gemacht hat, wer Regie führt, wer hinter der Kamera steht und wie die sonstige Besetzung ist. Klar: Wenn man mit guten Leuten arbeitet, ist man auch selbst besser, weil man stärker gefordert wird. Da gehen manchmal ganz neue Türen auf – und dann wird's richtig spannend.

Geld spielt bei der Auswahl eine untergeordnete Rolle. Das war übrigens schon immer so, und nicht, weil »der Ochsenknecht gut reden hat, der ist ja berühmt, hat Kohle und kann sich das leisten«. Nee, nee, diese Einstellung hatte ich von Anfang an. Ich mache auch heute noch gerne Filme mit kleinerem Budget, vorausgesetzt, sie haben Qualität und interessieren mich.

Die Vorbereitung auf Rollen ist von Film zu Film unterschiedlich. Ich versuche immer, in die Psyche der Figur einzutauchen. Warum verhält sie sich in der Situation so? Ich tausche mich mit dem Regisseur und dem Drehbuchautor aus und verändere auch oft Dialoge. Nach und nach fügt sich der Charakter dann wie ein Puzzle zusammen. Das Gerücht, dass ein Schauspieler seine Rolle nach dem Dreh eine Zeitlang nicht mehr ablegen kann oder sich »leergespielt« hat, halte ich für ein Schauspielerklischee, hochgehalten von drittklassigen Mimen, die sich in der Diven-Rolle gefallen. Es gibt durchaus Filme, die mich sehr berühren und auch nach dem Dreh noch beschäftigen und mitnehmen. Aber das muss und darf man nicht dramatisieren.

Die Dreharbeiten selbst sind unterschiedlich anstrengend. Manche sind recht locker und entspannt, und bei anderen ist man fast pausenlos im Einsatz, spielt Szenen, bei denen es um feine Nuancen geht. Diese Art Hochkonzentration schlaucht dann sehr. Man sagt ja oft, Schauspieler würden fürs Warten bezahlt. Tatsächlich gibt es zwischen den Einstellungen oft jede Menge Pausen, wegen der Umbauten. Ich ziehe mich dann in meinen Wohnwagen zurück, lese, arbeite am Laptop, telefoniere oder besuche andere Kollegen, halte ein Schwätzchen.

Jemand hat mich mal gefragt, ob ich meine Schauspielkunst auch im Alltag »ausspielen« würde, um mir irgendwelche Vorteile zu verschaffen. Das lehne ich ab. Das wäre genauso unlauter und unfair, wie wenn ein Karate-Meister sein Können bei einer Kneipenschlägerei nutzen würde, oder ein Magier oder Schamane seine Gabe zum Nachteil anderer. Das finde ich unmoralisch. Ich bin im Alltag ausschließlich ich selbst.

Ich habe bereits mit vielen spannenden Namen gearbeitet, die mir neue schauspielerische Welten erschlossen: Linda Hamilton, Bryan Brown, William Hurt, Ian McNeice, Stacy Keach, Chris Vance und viele mehr. Es gibt aber auch noch genügend andere, mit denen ich gerne mal arbeiten würde. Die Auswahl an guten Leuten ist eben groß. Und mit Spielberg, Francis Ford Coppola, Scorsese, Soderberg (so er weitermacht) oder Tarantino zu drehen wäre natürlich auch sehr reizvoll, oder nicht? ...

ROSANA & ROCCO – FAMILIE ZUM ERSTEN

Nach der Trennung von Taya und dem unerwarteten Erfolg von *Männer* nahm ich mir vor, mal ganz bewusst eine Zeitlang alleine zu bleiben. Ich wollte mein Star-Dasein, meine plötzliche Berühmtheit genießen und mich niemandem verpflichtet fühlen, mich nicht rechtfertigen, nicht verletzt werden. Im P1 wurde ich nun sofort durchgewinkt, nachdem ich mich jahrelang hinten anstellen musste.

In Restaurants kriegte ich den besten Tisch, egal wie voll der Laden war. Es wurde einfach möglich gemacht. Ich fand es toll, erkannt und hofiert zu werden. Es war ein eitles Spiel, aber warum sollte ich die Annehmlichkeiten nicht mitnehmen? Würde ich morgen aus der Tür gehen, und niemand würde mich mehr erkennen, hätte ich damit ein viel größeres Problem.

Als erfolgreicher Schauspieler war ich jeden Abend zu irgendeinem Event, einem Fest oder einer Eröffnung eingeladen und fühlte mich großartig als Single. Mir fehlte nichts. Ich zog mit den Jungs um die Häuser, hatte ein paar Flirts, schaute mich um, was es so alles gab, und genoss den Spaß.

Eine Freundin gab mir eines Tages einen Tipp für einen neuen, angeblich superkreativen Friseursalon. Ich meldete mich an und bekam gleich am nächsten Tag einen Termin. Als ich die Tür öffnete, eintrat und die Chefin sah, war es um mich geschehen! Rosana hatte etwas Exotisches – wieder mal –, sie wirkte geheimnisvoll, gefährlich, war superhübsch, hatte eine Hammer-Figur und lange schwarze Haare, die bis über ihren sexy runden Hintern fielen. Sie war genau nach meinem Geschmack und unglaublich erotisch. Und zur Abwechslung war sie mal nicht älter als ich, sondern vier Jahre jünger. Ich fuhr sexuell total auf sie ab – in einem Maß, wie ich es bis dahin noch nicht erlebt hatte.

Wir verbrachten sofort Tag und Nacht zusammen. Ich war absolut fasziniert von ihr, und sie zog quasi bei mir ein. Drei Monate nach unserem Kennenlernen wurde sie schwanger. Ich hatte mit Kindern bis dahin zwar nie viel anfangen können, vermutlich geprägt durch die Einstellung meiner Eltern, empfand das aber mit der Zeit immer öfter als Manko und wollte mich in diesem Punkt weiterentwickeln. Der beste Weg, einen Zugang zu Kindern zu bekommen und eine emotionale Beziehung zu ihnen aufzubauen, schien mir, selbst welche zu bekommen – natürlich mit der passenden Partnerin, für die ich Rosana zu diesem Zeitpunkt hielt.

Ich war dreißig, würde nun also zum ersten Mal Vater werden und freute mich total darüber. Ich drehte, kam abends nach

Hause und sah täglich ihren Bauch wachsen, hörte die Herzschläge meines Sohnes und fühlte seine sportlichen Tritte gegen ihre Bauchdecke.

Am 27. Mai 1986 wurde Rocco geboren. Bei seiner Geburt war ich dabei, hielt ihn nach der Entbindung auf dem Arm, badete ihn, und die Tränen liefen mir vor Rührung und Glück die Wangen herunter. Rocco war ein praller, gesunder Kerl mit braunen Kugelaugen. Ich war in diesem Moment unendlich stolz, auf ihn, auf mich, auf Rosana – auf uns drei.

Schon vor Roccos Geburt, und noch stärker danach, empfand ich das Zusammenleben mit Rosana jedoch zunehmend als anstrengend. Erst schrieb ich ihre Launen noch der Schwangerschaft zu und biss die Zähne zusammen. Aber nachdem Rocco auf der Welt war, wurden die Probleme mit ihr immer größer. Sie sagte, sie sei nicht bei ihrem Volk. Sie sei eigentlich Indianerin und wolle ihr Heil deshalb künftig bei ihresgleichen suchen. Und ein bisschen sah sie auch wirklich so aus, weil sie ihre langen schwarzen Haare tagsüber immer zu einem Indianer-Zopf flocht. Nach einem besonders heftigen Streit kam sie aus dem Bad und knallte ihren wunderschönen Zopf vor mir auf die Tischplatte: Sie hatte ihn einfach abgeschnitten.

Ihr spirituelles Verhalten ging mir mehr und mehr auf die Nerven. Ich interessierte mich selbst auch für Esoterik, aber in dem Maße, wie sie es nun tat, empfand ich es als nicht mehr normal.

Wir wohnten zwar noch zusammen, stritten uns aber, sobald ich zur Tür reinkam. Das war kein Zustand – auch nicht für das Kind. Das wurde mir zu heavy, und nach ein paar kräftezehrenden Monaten setzten wir uns zusammen, und Rosana beschloss, mit Rocco auszuziehen. Sie wollte zunächst bei einer Freundin unterkommen. Drei Tage später war sie jedoch wieder da. Sie vermisse mich so.

Mal vermisste ich sie und telefonierte ihr jammernd hinterher, mal trieb sie die Sehnsucht wieder zurück zu mir. Unser Beziehungsstatus war ein permanentes »On and off«. Am Ende zog sie mit Rocco in eine eigene Wohnung. Immer wieder probierten wir wegen ihm, ob es nicht doch irgendwie ging mit uns. Doch vergeblich. Eine gemeinsame Zukunft war unlebbar.

Die erste Zeit nach der Trennung war schrecklich. Ich durchlebte schweißgebadete Nächte, denn mich plagte ein permanent schlechtes Gewissen, meinem ersten Sohn keine gesunde Elternbeziehung bieten zu können. Keine einfache Zeit für mich.

Vor Gericht versuchte ich mein Mitsorgerecht als Vater zu erkämpfen. Die Richterin erklärte mir aber, dass sie mir gerne das hälftige Sorgerecht erteilen würde, nur hätten wir dafür leider nicht lange genug zusammengelebt. Das Gesetz schreibe in solchen Fällen etwas anderes vor, und da müsse sie sich leider dran halten. Nach ein paar unbefriedigenden Versuchen, trotzdem mit Rocco Kontakt zu halten, gab ich unsere Verbindung schließlich erst mal auf. Rosana wollte partout, dass ich unseren Sohn nur gemeinsam mit ihr sehe, und das machte vor allem für Rocco keinen Sinn, da seine Mutter und ich uns nach nur fünf Minuten Zusammensein immer heftig stritten. Es war aussichtslos. Ich musste meine emotionale Beziehung zu Rocco vorerst kappen, war deshalb vollkommen am Ende und hatte mich von dem Ganzen erst einmal zu erholen. Rocco war zu diesem Zeitpunkt gerade zwei Monate auf der Welt.

Die nächsten zehn Jahre habe ich ihn nicht mehr gesehen, und das Bedürfnis, Kinder zu haben, war mir fürs Erste gehörig vergangen.

Einsam war Rocco zwar nicht, denn er bekam noch fünf Geschwister und musste früh Verantwortung übernehmen. Trotzdem plagten mich seine gesamte Kindheit über jede Menge Gewissensbisse. Der Junge konnte ja nichts dafür, dass seine Mutter und ich uns nicht mehr liebten. Er war das Opfer. Ich habe oft daran gedacht, dass er natürlich genauso meine väterliche Zuwendung suchte, wie ich sie mir damals von meinem Vater gewünscht hatte. Oft war ich ratlos und verzweifelt. Aber ich fand einfach keine Lösung. Warum, weiß ich nicht.

Wir hatten es nicht leicht miteinander – oder besser: er es mit mir –, und ich bin froh, dass wir aktuell endlich einen Strich unter unsere Vergangenheit gezogen haben und wieder Kontakt zueinander aufgenommen haben. Am 11. Februar 2013 hat Rocco mich zum Opa gemacht. Amelia hat uns wieder zusammengeführt, und allein dafür liebe ich sie jetzt schon über alles.

🐂 *BUTTERBROT* IM TEAMTHEATER – BACK TO THE ROOTS

Nach der Trennung von Rosana lenkte ich mich wieder mit Arbeit ab, was blieb mir auch anderes übrig? Zu meinem Glück rief mich eines Abends Jacques Breuer an, ein langjähriger, von mir äußerst respektierter Schauspielfreund. Jacques plante ein Theaterstück in München. Das Ganze würde in einem sehr kleinen Theater spielen, und es waren lediglich drei Rollen vorgesehen. Ich sollte neben ihm und Thomas Schücke die dritte Figur spielen. Das Theater konnte zwar nicht viel zahlen, nur 200 Mark am Abend, aber ich fand das Stück gut, und es reizte mich, mal wieder auf einer Theaterbühne zu stehen, von wo ich ja schließlich herkam.

Speziell jetzt, wo ich seit kurzem ein veritabler Star in Deutschland war, wollte ich der Öffentlichkeit zeigen, dass die Leistung in *Männer* kein Zufall war oder ich mich nur selbst gespielt hatte. Ich sagte also zu, obwohl einige Schauspielkollegen entsetzt waren, warum ich mir das antat für so wenig Gage – für Kino- und Fernsehfilme bekäme ich doch schließlich mittlerweile Riesensummen. Es ging mir aber in meinem Beruf nie in erster Linie ums Geld. Das letzte Mal hatte ich vor neun Jahren auf einer Theaterbühne gestanden, nun wollte ich für mich selbst rausfinden, ob ich Theater noch konnte.

Die Premiere der deutschen Erstaufführung von *Butterbrot*, verfasst vom Wiener Schauspieler und Autor Gabriel Barylli, bei welcher wir drei Darsteller, unterstützt von zwei hervorragenden Regieassistenten, auch Regie führten, fand Ende November 1988 im damaligen Teamtheater in München statt.

Die Handlung drehte sich um die Männerfreundschaft zwischen Martin, Peter und Stefan, von denen jeder auf seine Weise versuchte, die Irrungen und Wirrungen seines Beziehungslebens zu verstehen. Baryllis Ton war erfrischend ehrlich, modern und witzig, und sein Stück traf damals, ähnlich wie *Männer*, genau den Zeitgeist.

Die Premiere war an einem Donnerstag, und am Samstag überschlug sich die gesamte Presse von der *Süddeutschen* bis zum Provinzblatt *Abendzeitung* mit positiven Kritiken. Es entwickelte sich ein Riesen-Hype um das Stück, und die Vorstellungen waren schnell restlos ausverkauft. Der Erfolg machte mich stolz, weil er mich bestätigte. Thomas Gottschalk, den ich bis dahin gar nicht kannte, gratulierte mir auf dem Anrufbeantworter und wollte Karten für seine Frau Thea. Maximilian Schell, Margot Werner – alle wollten sie das Stück sehen, über das die Zeitungen so begeistert schrieben. Täglich trudelten Ticket-Anfragen ein, bis ich meinen Anrufbeantworter schließlich einfach abstellte.

Wir hatten nur achtzig Plätze pro Abend, ließen aber immer mindestens hundert Leute rein. Die Überzähligen setzten sich dann auf den Boden oder auf die Treppe. Die Zuschauer kamen aus ganz Deutschland, Österreich und der Schweiz. Seit der deutschen Uraufführung spielten bald nicht nur über hundertzwanzig Theater in Deutschland das Stück, sondern auch etliche Häuser von New York bis Rom.

Ich liebte es, endlich wieder auf der Bühne zu stehen, und erst recht in so einem winzigen Laden. Die Atmosphäre war durch die räumliche Enge sehr intim und wir dadurch dem Publikum (und das Publikum uns) sehr nah. Jeden Abend warteten nach der Vorstellung begeisterte Zuschauer an der Bar im kleinen »Foyer« des Theaters, um sich mit uns noch ein wenig über die Inszenierung zu unterhalten. Diesen direkten Kontakt zu den Menschen habe ich sehr genossen. Für mich waren solche Gespräche die eigentliche Belohnung für die Arbeit, weil ich so aus erster Hand zu spüren bekam, welchen emotionalen Effekt meine Arbeit auf die Zuschauer hatte.

Einmal stürmte kurz nach der Vorstellung eine junge Schauspielschülerin, in Tränen aufgelöst, zu uns in die Garderobe. Sie war extra aus Saarbrücken angereist, schwärmte mit zittriger Stimme von unserer Vorstellung und sagte immer wieder, dass man nur so spielen solle und sie diese Qualität als Schauspielerin unbedingt auch mal erreichen wolle. Wir konnten sie durch einfühlsame Gespräche und mit Hilfe eines Gläschens Prosecco dann wieder beruhigen, und ich hoffe, dass es ihr später in ihrer Laufbahn tatsächlich gelungen ist, ihre Ziele zu verwirklichen. Ich habe viele ähnlich schöne Momente in diesem tollen Beruf erlebt, Glücksmomente, für die es lohnt, sich auf der Bühne emotional zu entblößen und alles zu geben.

Aber im Leben gibt es nichts umsonst – und so leider auch in diesem Fall: Im Februar 1989 lief das Stück aus, und Günter Rohrbach, der Chef von Bavaria Film, den ich beim *Boot*-Dreh kennengelernt hatte, rief mich an, weil er einen Kinofilm daraus machen wollte. Von der Theaterbesetzung wollte er allerdings nur mich übernehmen, Heinz Hoenig und Barylli selbst waren für die anderen Parts vorgesehen. Dieses an sich tolle Angebot bescherte mir große moralische Gewissensbisse. Ich versuchte Rohrbach davon zu überzeugen, meine Theaterkollegen doch noch zu besetzen, leider ohne Erfolg. Sollte ich nun aus Loyalität meinen Freunden gegenüber die Hauptrolle in diesem wichtigen Kinofilm ablehnen oder nicht? Nach ein paar Tagen Bedenkzeit nahm ich das Angebot an, weil ich zu dem Schluss gekommen war, dass in diesem Business letztlich jeder Einzelkämpfer ist. Mal bekam der eine ein Angebot, mal der andere – so ging das Spiel. Und meinen Freunden hätte es auch nicht weitergeholfen, wäre ich nicht auf das Angebot eingegangen. Trotzdem zog ich nun für eine Weile deren Unmut auf mich. Sie hätten sich aber gar nicht so aufzuregen brauchen: Denn der Kinofilm kam bei Weitem nicht an die Qualität unserer Bühneninszenierung heran und war auch an der Kinokasse nicht sehr erfolgreich. Mittlerweile sind wir alle zum Glück wieder gute Freunde.

HOLLYWOOD? – »NEE, BESSER DOCH NICHT!«

Doris Dörrie drehte *Ich und Er* in New York. Und weil ich die Metropole immer schon mal sehen wollte, nutzte ich die Gelegenheit, sie an den letzten Drehtagen dort zu besuchen. Der Trip war günstig, denn ich konnte im Apartment eines Freundes wohnen. Doris' amerikanische Agentin gab ihr zu Ehren eine Abschiedsparty, bevor sie wieder zurückging – »back to Europe«. Ulrike Kriener, meine langjährige Schauspielfreundin und Partnerin aus *Männer*, die sich auch gerade im Big Apple aufhielt, war zu meiner Freude ebenfalls eingeladen.

Die Party fand in einem riesigen Apartment im Dakota-Building statt, in dem John Lennon zuletzt gewohnt hatte und vor dessen Eingangsportal er am 8. Dezember 1980 ermordet wurde. Ein Butler in Livree mit weißen Handschuhen machte uns die Tür auf und begrüßte uns beide mit Namen – Hollywood at it's best. Die Agentin von Doris hatte das »Who is who« der amerikanischen Filmbranche geladen: In einer Ecke entdeckte ich Michael Douglas, in einer anderen Bill Murray. Auch Isabella Rossellini war da, und ich fand alles total spannend. Da saßen sie nun, die großen Stars, die man nur von der Leinwand kannte, und ich musste mir immer wieder vergegenwärtigen, dass sie keine Doubles waren, sondern »the real shit«. Am liebsten wäre ich zu Michael Douglas gegangen, hätte ihm erzählt, dass ich in Amerika ein Superstar werden wolle, und ihn gefragt, wie ich das seiner Meinung nach am besten anstellen könne. Ich tat es natürlich nicht!

Männer lief damals auch in den USA sehr gut: In Los Angeles wurde der Film in den sogenannten Arthouse-Kinos gezeigt, in denen nur europäische Filme liefen, und in New York im Museum of Modern Art. Abends fuhr ich mal dorthin, um die Menschenschlange zu bestaunen, die sich um den ganzen Häuserblock zog. Die waren alle gekommen, um meinen Film zu sehen – abgefahren!

Es gab Leute, die mich auf der Straße, in der U-Bahn oder in Restaurants erkannten und ansprachen. Sogar das Mädchen, das den Lift zum Empire State Building bediente, fragte mich, woher sie mein Gesicht kenne. Wow, das war natürlich ein überwältigendes Gefühl. Ein bisschen konnte ich nun nachempfinden, wie man sich als Weltstar fühlen musste, der nicht nur in Deutschland, sondern überall erkannt wurde. Das warf in mir aber auch sofort die Frage auf: Würde ich Ruhm und »Stardom« in diesem Ausmaß überhaupt wollen?

Auf Doris' Party sprachen mich selbst Bill Murray und Michael Douglas auf *Männer* an – and they »loved my work«! Murray lud mich gleich zu seiner neuen Talkshow ein, aber mit Einladungen sind die Amis ja schnell bei der Hand – die Sache verlief im Sande.

Eine ältere Dame stellte mich einem »very important gentleman« vor, einem »Entertainment lawyer«. »If you need someone to help you with your career, I'd highly recommend him! If he gives you his business card – that's a golden card for you«, sagte sie. Der Lawyer kannte *Männer* ebenfalls und hielt ihn für ein »great movie«, genau wie Douglas und Murray. Er gab mir dann tatsächlich seine »golden card« und meinte, wenn ich in L. A. sei, solle ich ihn anrufen. Super, dachte ich, das war eh meine nächste Station auf dieser Reise.

Ein paar Tage später wählte ich seine Nummer, er begrüßte mich herzlich und sagte, er rufe mich gleich zurück. Okay, dachte ich, den Spruch kenne ich. Darauf kann ich vermutlich den Rest meines Lebens warten. Zu meiner größten Verwunderung klingelte aber tatsächlich ein paar Minuten später das Telefon, und er erzählte, dass er mit zwei Agenturen gesprochen habe, die mich gerne sehen würden.

Ich war in Deutschland ganz oben angekommen und hatte schon öfter überlegt, meine Karriere international auszurichten und es in Hollywood wenigstens zu probieren. Deshalb stellte ich mich also vor, und sie wollten mich auch nehmen, aber nur unter der Bedingung, dass ich drei Jahre in L. A. bliebe, um »readings« und »screenings« zu machen. Aber wieder schlug mein Bauchgefühl Alarm. Drei Jahre weg aus Deutschland, in der vagen Hoffnung, in den

USA Karriere zu machen? Vermutlich würde ich erst mal ausschließlich Russen, Schweden oder deutsche Nazis spielen, die zwei Sätze im ganzen Film sagen durften. »Nee«, dachte ich, »jetzt bin ich in Deutschland gerade an einem Punkt, den selten jemand erreicht.« In der Heimat war ich »heiß«, mehr ging nicht, und es wäre beruflicher Selbstmord gewesen, jetzt für so lange Zeit zu verschwinden.

Als unbekannter ausländischer Schauspieler in L. A. wird man zudem sehr schlecht bezahlt. Ich hätte mir ein teures Apartment nehmen und finanziell irgendwie klarkommen müssen. Viele deutsche Schauspieler haben sich an diesem steinigen und dornenreichen Weg versucht. Die meisten von ihnen haben die Kohle, die sie in Deutschland verdienten, dann für das Leben in L. A. verbraten, ohne dass es groß zu etwas geführt hätte.

Außerdem wollte ich mir die Häme ersparen, mit der die Hollywood-Rückkehrer in der Branche auch heute noch überschüttet werden: »Der hat's in Hollywood nicht geschafft, und jetzt isser wieder hier und fängt von vorne an.« Die Deutschen sind vermutlich die einzige Nation der Welt, die nicht stolz, sondern neidisch auf heimische Staatsbürger sind, die im Ausland Erfolg haben. Wie schade!

»Wenn ihr irgendetwas Konkretes habt, setze ich mich gerne in den Flieger«, ließ ich die Agentur deshalb wissen – ich habe nie wieder etwas von ihnen gehört. Zum Glück habe ich meiner Intuition vertraut, denn an dieser Stelle hätte ich auch gut die falsche Abzweigung nehmen können.

Teil 4
Films & Family

🐃 NATASCHA – EINE FRAU FÜRS LEBEN?

Mein Beute-Schema bildeten eindeutig Model-Frauen. Natürlich zählten auch die inneren Werte, aber ich bezweifle, dass ich mich mit einer 50-jährigen Literaturprofessorin eingelassen hätte, die zwar einen IQ von 150, aber Konfektionsgröße 48 besaß. Meine Zahlen waren eher 90–60–90. Meine Freundinnen sollten gut aussehen: groß, gute Figur, toller Busen, lange Haare. Weibliche Preziosen, mit denen ich mich schmücken konnte und die mein Selbstbewusstsein pushten. Obwohl ich mich äußerlich durchaus zu meinem Vorteil verändert hatte, war ich den bebrillten, dünnhaarigen Uwe von früher noch immer nicht ganz losgeworden. Ich brauchte – das gebe ich offen zu – schöne Frauen, um mich mit ihnen aufzuwerten.

Der Haken war nur: Sie brachten mir kein Glück! Der dramatische Abschied von Sonya, Taya und der Knast, Rosana und der Eso-Kram, mein erster Sohn, den zu sehen mir versagt wurde – irgendwas lief da schief ... Nach der Trennung von Rosana hatte ich mir deshalb anderthalb Jahre Sex- und Frauen-Pause auferlegt, um wieder zu mir zu kommen, meinen emotionalen Haushalt auf Vordermann zu bringen und meinen Frauen-Typ zu überdenken. Ich hatte offenbar ein Faible für psychisch etwas instabile Frauen, weil sie einen starken Reiz auf mich ausübten. Ungünstig ...

Nachdem ich mich gegen einen Umzug in die USA entschieden hatte, drehte ich einen *Tatort*, spielte im *Fahnder* mit (ausgerechnet in der Episode *Liebe macht blind!*) und in Doris' neuem Projekt *Geld*. Mit den Schauspielkollegen, die ich bei den Drehs kennenlernte, ging ich abends essen, danach auf ein paar Vorglüher ins Schumanns und anschließend oft ins P1. An der Bar lernte ich einen lustigen Schwarzen kennen mit einem geilen Humor. Er hieß Giorgio Santos, hatte eine tiefe Bass-Stimme wie Barry White, einen coolen Slang und arbeitete als Moderator bei AFN in München. Ich erkannte seine Stimme sofort. Mein AFN! Der amerikanische Armeesender, den ich in meiner Jugend in Mannheim kennen- und liebengelernt hatte, hörte ich auch in München noch fast jeden Tag.

Giorgio und ich quatschten über Musik, fachsimpelten über Soul und James Brown und freundeten uns an. Fürs Boxen interessierten wir uns auch – ich war ja als Junge von meinem Vater angefixt worden –, und wollten uns dann unbedingt gleich den Fight zwischen Mike Tyson und Frank Bruno angucken. Wie alle US-Kämpfe wurde er erst morgens um vier Uhr übertragen. Carmen, Model und Giorgios Nachbarin, die wir an der Bar trafen, schlug uns vor, mit zu ihr nach Hause zu kommen. Sie wollte sich mit ein paar Leuten ebenfalls den Boxkampf anschauen und dazu ein paar Gläschen trinken. Wir fanden das super und kamen mit zu ihr, obwohl ich genau an diesem Abend das wohl beschissenste Outfit meines Lebens anhatte: beige Karottenjeans, weiße Socken und eine goldene Brille mit orangenen Gläsern – total geschmacksverirrt.

Es versammelten sich ungefähr acht Leute in Carmens Wohnung, und während wir uns mit Drinks versorgten und vor dem Fernseher platzierten, blieb mein Blick immer wieder an einer großen dunkelhaarigen Schönheit hängen. Sie sah aus wie ein Model und hatte eine außergewöhnlich stolze, starke und unnahbare Ausstrahlung. Wieder ein südländischer Typ. Ganz lässig trug sie einfach nur T-Shirt, Cowboystiefel und Jeans, sah aber trotzdem total edel aus. Ein paarmal trafen sich kurz unsere Blicke, aber sie guckte sofort wieder weg.

Der Boxkampf dauerte genau zehn Minuten. Tyson ließ sich seit kurzem von dem umstrittenen Manager Don King coachen, der ihm gezielt ein Bestien-Image verpasste. King vernachlässigte Tysons Training, und viele meiner Kumpel fanden, dass er nicht mehr den Biss von früher habe. Er versuchte, seine Gegner mit gezielten Haken auszuknocken, und verzichtete dafür fast komplett auf seine eigene Verteidigung. Gegen Bruno geriet Tyson damals zum ersten

Mal in seiner Laufbahn ernsthaft in Bedrängnis und wurde mehrmals schwer getroffen. Voll in den Kampf vertieft, fieberten wir mit Bruno mit und hofften, dass der »Unbesiegbare«, das Großmaul, diesmal verlieren würde. Leider konnte Tyson seinen Gegner Bruno in der fünften Runde dann doch noch durch technischen K. O. fällen.

Nach dem kurzen Fight saßen wir rum und diskutierten über das, was wir gerade gesehen hatten. Was war mir Tyson los? War Bruno bestochen worden? Ich nutzte die allgemeine Gesprächigkeit, setzte mich neben die Model-Schönheit und quatschte sie an. Sie hieß Natascha, war vierundzwanzig und sah nicht nur so aus wie ein Model – sondern war tatsächlich eins. Wir lachten viel, verstanden uns super, und ich hatte das Gefühl, dass sich bei mir nach langer Zeit mal wieder Herz und Hose erwärmten.

Diese Frau schaffte es, mich ein weiteres Mal in den, wie Psychologen meinen, »kranken« Zustand des Verliebtseins zu versetzen. Ich finde diese Einschätzung ziemlich treffend. Die gesamte Biochemie wird durcheinandergebracht, man kann nicht mehr klar denken, arbeiten, und oft auch nichts mehr essen. Einmal mit dem gefährlichen, höchst ansteckenden »Rosa-Brille-Virus« infiziert, geht die Objektivität meist restlos flöten. Als hätte man was genommen, das alles mit Geigenmusik untermalt und die Dinge wie durch einen Weichzeichner erscheinen lässt. Die Psychologen haben herausgefunden, dass dieser Zustand im Schnitt drei Jahre anhält, bis die Vernunft sich Stück für Stück ihr Revier zurückerobert. Meine neue »Infektion« hatte indes einen sehr hartnäckigen »Krankheitsverlauf«, der sich bis zur »Genesung« noch stattliche zwanzig Jahre hinziehen sollte.

Als wir uns gegen halb sechs verabschiedeten, verabredeten wir, dass später am Tag derjenige den anderen anrufen solle, der zuerst aufwache. Ich schlief mit einem Lächeln ein und wurde kurz danach durch das Klingeln des Telefons aus dem Schlaf gerissen. Es war neun Uhr – ich lag erst drei Stunden im Bett. Völlig benebelt torkelte ich zum Apparat, aber der Anrufer war schon weg. War sie das? So früh? Wir hatten uns doch gerade erst verabschiedet ... Ich legte auf und versuchte, noch ein bisschen zu schlafen, was mir nicht mehr richtig gelang. Da gab ich es schließlich auf und kramte den Zettel mit ihrer Nummer raus. Es klingelte.

»Ja?« Die Stimme am anderen Ende war weiblich und klang müde.

»Ja, hallo, hier ist Uwe. Ich wollte Natascha sprechen.«
»Hey, Uwe, ich bin dran.«
»Hi! Hast du mich gerade angerufen?«
»Ja, ich wollte nur gucken, ob du schon wach bist!«

Obwohl mir vor Müdigkeit die Augen zufielen, war mir ab diesem Moment klar, dass sie Interesse an mir hatte. Oh yeah! Wir verabredeten uns für den Abend, und ich fiel wieder ins Bett.

Wir trafen uns dann mit ein paar Leuten in einer Kneipe. Natascha saß neben mir, immer mal wieder berührten sich unsere Beine oder Knie – und das prickelte sehr. Am nächsten Abend wollten wir allein essen gehen, ohne Freunde.

Von den Gerichten, die ich bei diesem Date bestellt habe, und davon, wie sie schmeckten, weiß ich nichts mehr. Ich habe immer nur auf Nataschas Mund gestarrt und war gedanklich einzig und allein damit beschäftigt, mir vorzustellen, wie es sich wohl anfühlen würde, wenn ich endlich diesen perfekten Mund mit seinen vollen und wunderschön geschwungenen Lippen küssen dürfte.

Noch vor dem Dessert sagte ich zu ihr: »Ich muss dich jetzt küssen!« Glücklicherweise durfte ich. Und ihre Lippen fühlten sich genauso weich, samtig und warm an, wie ich vermutet hatte.

Später, bei mir zu Hause, knutschten wir ein bisschen, und es fühlte sich so schön und richtig an, dass ich – zu ihrer größten Verwunderung – sagte: »Du, ich möchte damit noch warten, aber du kannst gerne trotzdem bei mir übernachten.« Ich spürte da schon längst, dass ich am Beginn einer ganz großen Geschichte stand. Und ich wollte ihr und mir nicht das Gefühl geben, dass es nur um Sex ging.

Natascha blieb, und wir verbrachten ein paar Tage und Nächte, ohne dass etwas passierte. Später beichtete sie mir, dass sie sich in diesen Tagen immer ernsthafter gefragt habe, ob ich wohl schwul sei. Und die Tatsache, dass Pink damals meine Lieblingsfarbe war, brachte sie erst recht ins Grübeln. Aber für sie, die für mich ganz besonders war, wollte ich einfach einen besonderen Moment abwarten. Der kam dann auch, und als es passierte, war es wunderschön. Der Anfang einer ganz großen Liebe.

Meine Traumfrau steckte, als wir uns kennenlernten, noch in einer anderen Beziehung. Wieder mal. Aber nicht mehr lange. Kurz nachdem wir uns kennengelernt hatten, zog sie von Köln zu mir nach München. Ein paar Tage später begleitete sie mich zur Premiere von Doris Dörries neuem Film *Geld*, in dem ich neben Billie Zöckler, August Zirner und Ulrike Kriener den Mann einer Bankräuberin spielte. Ich war wahnsinnig stolz, sie bei dieser Premiere an meiner Seite zu haben. Sie war wie eine Trophäe für mich.

Es wurde Frühling, wir waren vollkommen verknallt und das Leben wunderbar. Für die Dreharbeiten zu meinem neuen Filmprojekt *Bismarck*, einem Dreiteiler für die ARD, musste ich für sechs Wochen nach Ungarn. Regie führte Tom Toelle, der leider schon nicht mehr unter uns weilt.

Die Arbeit mit ihm war sehr intensiv, akribisch und schön – man merkt eben immer, wenn jemand vom Theater kommt und dort sein Handwerk gelernt hat.

Im Film diktiert Bismarck – den ich spielte – als alter Mann seine Memoiren und schaut dabei auf sein Leben zurück. Der Dreiteiler entstand anlässlich des 175. Geburtstags des Reichskanzlers und zeigte ihn als saufenden, fressenden und cholerischen Politiker. Für die Rolle musste ich etliche Kilos zunehmen – und Haare lassen. Statt meiner *Männer*-Matte trug ich nun einen schütteren Altherren-Haarkranz mit Autobahn-breitem Scheitel und nannte eine fette Wampe mein Eigen.

Der Liebesvirus hatte mittlerweile alle Immunabwehr-Systeme durchbrochen und sein volles Krankheitsbild entwickelt. Ich konnte und wollte mir nicht vorstellen, die kommenden Wochen ohne Natascha zu sein. Damals war es nicht so einfach, Kontakt zu halten, vor allem in Ungarn. Man konnte nicht dauernd simsen, Liebesmails verschicken oder endlose Telefonate vom Handy aus führen, weil es die noch immer nicht gab, und deshalb wollte ich sie möglichst 24 Stunden am Tag um mich haben. Ich fragte sie, ob sie nicht Lust habe, mich nach Budapest zu begleiten – und sie hatte!

Wir wohnten sehr nobel im Hilton-Hotel mit fantastischem Blick über die Stadt. Verliebt zu sein und dann auch noch im Luxus zu leben hatte wirklich Klasse. Als Sahnehäubchen hatte Renault mir einen Alpin Sportwagen zum Probefahren zur Verfügung gestellt, mit dem wir uns die Stadt und die Umgebung ansahen. Wir fuhren durch blühende Felder, weite Landschaften und hielten immer mal wieder an, um zu picknicken. Auf einem dieser Ausflüge schoss mir unerwartet von rechts ein Mähdrescher in die Seite und riss ein Riesenloch zwischen Heck- und Seitenscheibe. Der junge Bauer, der ihn gefahren und nicht richtig geguckt hatte, war total geschockt. Er hatte schließlich ein sehr teures West-Auto demoliert und rechnete sich offenbar schon aus, den Rest seines Lebens daran abzubezahlen. Mit Händen und Füßen überredete er uns, ihm zu einem ungarischen »Schrauber« zu folgen, bei dem wir uns von der Produktion abholen ließen.

Zwei Tage später konnte ich das Auto wieder abholen. Es war perfekt repariert, man sah nicht mehr die kleinste Schramme, sogar die Farbe stimmte exakt – und das Ganze für 200 Mark. Keine Ahnung, wie und womit der Kerl das hingekriegt hatte, aber es war der Hammer, und der junge Mähdrescher-Fahrer war überglücklich.

Und es gab auch noch einen anderen Glücksmoment: Ich war schon immer ein glühender Fan von Stevie Wonder, hörte seine Songs nach wie vor rauf und runter, auch auf den Ausflügen im Auto mit Natascha. Irgendwann kamen wir abends vom Drehen zurück und standen lachend vorm Fahrstuhl, als die Tür aufging und Stevie, flankiert von drei Security-Leuten, leibhaftig vor uns stand. Er – der Mozart, Beethoven und Wagner der Soulmusik in einer Person! In Schockstarre, mit blödestem Gesichtsausdruck, heruntergefallener Kinnlade und weit aufgerissenen Augen, starrte ich den Meister an und verpasste mit dieser Geisterbahnvisage den Moment, ihn anzuquatschen. Die Bodyguards, die mich kritisch beäugten, eskortierten ihn weiter. Ich tröstete mich später damit, dass ich ihm zumindest einmal im Leben so nah gekommen war, wie es vermutlich nur wenigen Menschen vergönnt ist.

Er gab an diesem Abend ein Konzert in der Stadt und wohnte im selben Hotel wie wir. Leider hatte ich noch Termine und konnte das Konzert nicht sehen.

In Natascha glaubte ich endlich die richtige Mutter für meine Kinder gefunden zu haben und wollte möglichst schnell eine Familie mit ihr gründen. Und dieses Mal würde ich alles richtig machen und ein echter Vater sein – aufmerksam und liebevoll. Natürlich wollte ich mit Nachwuchs auch meiner Verlustangst ein Schnippchen schlagen und Natascha langfristig an mich binden – ein völlig unnötiger und irrationaler Gedanke. Tief im Inneren fand ich mich damals hübscher Frauen nie würdig, konnte nicht fassen, dass sie sich trotzdem auf mich einließen, und wollte unsere Zweisamkeit, die mir so fragil erschien, durch Kinder zementieren.

»Lass doch die Pille einfach mal weg«, flüsterte ich ihr eines Nachts ins Ohr, »und wir lassen das Schicksal entscheiden ...« Wir übten fleißig, und schon wenig später sagte Natascha: »Ich glaube, du hast mir was angesetzt.«

In einer alten Budapester Apotheke kauften wir einen Schwangerschaftstest, der eindeutig anschlug. In ihrem Bauch wuchs ein Kind: Wilson! Ich freute mich tierisch darüber, denn nun war meine Zukunft mit ihr auf alle Zeit gesichert. Dachte ich ...

Zurück in München rief mich dann wenig später Willy Bogner an, um mich für sein Filmprojekt *Feuer, Eis & Dynamit* zu engagieren. Bogner, der in den Sechzigerjahren einer der besten deutschen Skirennfahrer war und an den Olympischen Spielen teilgenommen hatte, plante einen teuren Ski-Thriller mit spektakulären Stunt- und Action-Szenen. Weil das Projekt gleichzeitig auch einer der ersten Product-Placement-Filme war und von Firmen wie Volkswagen, Adidas, Milka, Paulaner und AEG großzügig finanziell unterstützt wurde, war meine Gage hoch wie nie. Die Story drehte sich um einen Vater (gespielt von James Bond Roger Moore), der seinen eigenen Tod vortäuscht, um zu beobachten, wie sein Sohn (Rogers tatsächlicher Sohn Geoffrey) mit dem Erbe umgeht.

Die Dreharbeiten im Winter 1989/90 fanden im wunderschön verschneiten St. Moritz statt: blauer Himmel, grell-weißer Schnee und eine traumhafte Bergkulisse. Der Set war international und zu meiner großen Freude mit einem musikalischen Schwergewicht besetzt: Der legendäre Isaac Hayes absolvierte einen kurzen Gastauftritt. Zur Musik von Hayes hatten früher im Freibad schon die GIs getanzt, und ich legte seine Platten damals mit fünfzehn im Experiment auf. Aus seiner Feder stammten Klassiker wie *Shaft*, *Walk on by*, *Hold on, I'm coming* und *I am a soul man* – seine tiefe Bass-Stimme war weltberühmt. Er hatte Welthits abgeliefert, aber zum Zeitpunkt der Dreharbeiten war Hayes durch unglückliche Umstände pleite und brauchte das Geld. Deshalb auch sein Gastauftritt.

Wir verbrachten am Set viel Zeit im beheizten Zelt miteinander, während für die nächsten Szenen umgebaut wurde. Ich löcherte meinen Soulgott natürlich mit unzähligen Fragen und erzählte ihm von meiner fast lebenslangen Begeisterung für ihn und seine Musik.

Black Moses war der Titel eines von Hayes ersten Alben, und er wurde selbst oft so genannt. Um unsere Begegnung für die Ewigkeit festzuhalten, besorgte ich mir im Ort eine CD von ihm und bat ihn, ein Autogramm aufs Booklet zu schreiben. Ich kannte ihn nur mit Glatze und war für den Film lustigerweise auch selbst restlos kahl geschoren. Als Widmung schrieb mir Hayes deshalb: »To Uwe. My bold brother!« Als er mir das Booklet zurückgab und die Kappe wieder auf den Edding fummelte, traute ich meinen Augen kaum: Er hatte mich tatsächlich als seinen »brother« bezeichnet! Was für ein Ritterschlag, was für eine unfassbare Ehre! Die Soul-Legende Hayes kennenzulernen war für mich das Highlight des Films.

Auch Tatjana Patitz, das damalige Super-Model, hatte einen kurzen Auftritt. Sie kannte mich aus *Männer*, outete sich als großer Fan von mir und himmelte mich an. Aber ich hatte nicht das geringste Interesse. Ich war über beide Ohren in meine hochschwangere Natascha verliebt. Und wenn eine Frau für mich die Nummer eins ist, interessiert mich keine andere – das war schon immer so. Langfristige Affären würden mich emotional und logistisch überfordern. Ich würde garantiert falsch-adressierte SMS verschicken. Ich fixiere mich gerne auf eine Person und gehöre damit vielleicht zu den wenigen Ausnahmefällen unter den Männern.

Bei seinem Kinostart im Oktober bekam Bogners Film Anerkennung für die Special Effects, aber viele kritisierten das Product-Placement.»Unverfroren ist, mit welcher Dreistigkeit die Sponsoren des Films werbemäßig herausgestellt werden«, schrieb zum Beispiel das Lexikon des Internationalen Films. Wegen der Werbung wollten zahlreiche Kinobetreiber den Film nicht zeigen, da sie die Einnahmequelle der regulären Kinowerbung dadurch gefährdet sahen. Bogner klagte dagegen und gewann. Der Streifen war zwar nicht super erfolgreich, lief am Ende aber immerhin in über dreißig Ländern.

Mit Willy Bogner und seiner Frau Sonja verbindet mich seitdem eine innige Freundschaft.

WILSON UND JIMI – WARUM SIE NICHT KLAUS UND DETLEF HEISSEN

Wilson kam am 18. März 1990 zur Welt. Auch bei seiner Geburt war ich dabei, und es war wieder ein sehr tiefgreifendes emotionales Erlebnis für mich. Eine Geburt ist jedes Mal ein Wunder. Da erblickt ein kleiner, neuer, lebendiger Mensch das Licht der Welt und quittiert seine Ankunft auf Erden mit einem riesigen Grundvertrauen aufs Leben und einem herzhaften Schrei – immer wieder ein unbegreifliches Phänomen für mich.

Um das Wohl der werdenden Mutter bemüht, verfolgte ich

als Hobby-Mediziner den Geburtsvorgang, aber auch mit wissenschaftlichem Interesse, kontrollierte die Herztöne und nervte die Hebamme und den Professor mit endlosen Fragen. Natascha machte ihre Sache trotz meines Gequassels fantastisch: Tapfer ertrug sie die Wehen und war auch sonst ruhig und gelassen. Was Frauen da leisten, was für Schmerzen sie aushalten, ist sowieso unfassbar für mich. Jeder Mann würde schon bei der ersten Vorwehe wimmernd um einen Kaiserschnitt flehen.

Nach der letzten großen Wehe und mit dem Satz der werdenden Mutter: »So, jetzt schmeiß ich's raus!«, rutschte Wilson Gonzalez Ochsenknecht auf diese Welt. Und in dem Moment, in dem ich dieses kleine Stück Mensch nackt auf dem Arm hielt, war ich unendlich ergriffen.

Nun war er da, mein zweiter Sohn, und brauchte einen Namen. Das war nicht so einfach, weil ich die meisten deutschen Namen total dröge fand: Horst, Norbert, Klaus-Dieter, Gerhard! Sie alle klangen nach der Besetzung eines CDU-Veteranen-Parteitags, lauter verknöcherte Opis – nicht wirklich prickelnd. Auch meinen Namen finde ich bis heute nicht wirklich toll. »Uhhh-wähhh«, das klingt, als hätte man etwas im Hals, müsste rülpsen, gähnen oder hätte Schmerzen irgendwelcher Art. Für meine Kinder wollte ich Namen, die schön klangen und eine besondere Geschichte als Hintergrund hatten. Namen, die für sie maßgeschneidert waren und nicht aus einem Namensbuch gewählt wurden, weil einem selbst nichts einfiel.

Zwei Vornamen sollte mein Sohn kriegen: Der erste sollte Musik betreffen, der zweite den Ablauf der Geburt. So bekam er als ersten Namen Wilson, wegen des großen, von mir verehrten Wilson Pickett, dessen Weltklasse-Song *In the midnight hour* ich bei meinem allerersten Live-Auftritt als Sänger performte. Und Gonzalez wurde Wilsons Zweitname, weil seine Geburt so schnell ablief, als wäre er Speedy Gonzalez, die schnellste Maus von Mexiko.

Unser Alltag bestand nun aus Windelwechseln, Babygebrüll und Fläschchen-Zubereitung. Ich war glücklich, wieder Vater zu sein, und versuchte, meine Sache diesmal besser zu machen. Da mir die Beziehung zu Rocco so früh verwehrt wurde, wollte ich wenigstens für mein zweites Kind voll und ganz da sein. Ich wollte verstehen, wie so ein Kind funktioniert, wie ich als Vater funktioniere und wie sich das Leben in einer Beziehung mit Baby anfühlt. Und langsam wurde ich warm mit meiner neuen Rolle.

Eines Tages jedoch, als ich gerade den glucksenden Wilson auf meiner Schulter zum »Bäuerchen machen« durch die Wohnung trug, eröffnete Natascha mir dann, dass sie erneut schwanger sei. Wilson war erst knapp ein Jahr alt, ich fand mich gerade in die Vaterrolle ein, und jetzt sofort noch ein Kind dazu? Das ging mir alles viel zu schnell. Ich konnte mir grundsätzlich schon noch Geschwister für Wilson vorstellen, aber auf keinen Fall sofort. In drei Jahren hätte man ja in Ruhe und ohne Hektik über ein weiteres Kind nachdenken können, fand ich.

»Ich weiß nicht, wie ich damit klarkomme, wenn so schnell noch ein Kind da ist«, sagte ich deshalb zu Natascha. Aber es gab keine andere Möglichkeit, als den ungeplanten Familienzuwachs zu akzeptieren und die Situation auf uns zukommen zu lassen. Im Nachhinein denke ich, dass unsere Beziehung mit dieser Entscheidung den ersten Knacks bekam.

Natascha war also wieder schwanger – und ich spielte als Nächstes den Hitler-Tagebuch-Fälscher Prof. Dr. Fritz Knobel (alias Konrad Kujau) in Helmut Dietls *Schtonk!*. Der Film erzählt die Geschichte einer der größten deutschen Presse-Enten der letzten Jahrzehnte: 1983 hatte der *Stern* angeblich die geheimen Tagebücher Hitlers aufgespürt und wollte deren Inhalt in mehreren Ausgaben veröffentlichen. Die insgesamt zweiundsechzig angekauften Bände stellten sich aber nach wenigen Tagen als Fälschung heraus, und ihr Schöpfer Konrad Kujau, der dem *Stern* die dreisten Fälschungen für neun Millionen Mark untergejubelt hatte, musste für viereinhalb Jahre ins Gefängnis.

Ich spielte diesen Kujau, der im Film Fritz Knobel hieß, und Götz George gab den Reporter Gerd Heidemann (im Film trägt er den Namen Hermann Willié), der die Tagebücher für den *Stern* angekauft hatte, weil er den Coup seines Lebens witterte.

Der Film wurde in Köln und Umgebung gedreht, und Natascha und Wilson waren fast die gesamten Dreharbeiten über dabei. Um die Szenen, in denen Knobel die Tagebücher fälscht, möglichst realistisch darstellen zu können, übte ich mit einer Graphologin die Sütterlin-Schrift ein, in der die Bücher verfasst waren. In dieser Schrift hatte meine Mutter noch geschrieben. Ich konnte sie bis dahin stets nur mühsam entziffern, fand das Schriftbild aber immer sehr schön.

Eine später berühmte Szene, die mit dieser Schrift zusammenhing, wurde gleich nach dem Filmstart von den Medien hervorgehoben: Knobel, also ich, schreibt im Fieberwahn an den Tagebüchern, dabei fällt ihm ein Tintenglas um, und er versucht, die Tinte mit dem Taschentuch aufzuwischen. Und nun hatte ich folgende Idee: Er muss niesen und putzt sich mit dem Taschentuch, das nun voller Farbe ist, die Nase, wodurch er ein Hitlerbärtchen aus Tinte bekommt ... Als ich sie Dietl während des Drehs vorschlug, war er gleich begeistert, und ich habe mich gefreut, dass er sie auch sofort umsetzte.

Am 27. Dezember 1991 wurde innerhalb von fünf Jahren dann mein dritter Sohn geboren. Wir nannten ihn Jimi, wegen meiner Liebe zu Jimi Hendrix, und Blue, weil er bei der Entbindung die Nabelschnur um den Hals hatte und ganz blau im Gesicht zur Welt kam.

Nun war also noch ein Kind da, und natürlich liebten wir auch Jimi über alles, aber zwischen Natascha und mir krachte es jetzt öfter mal, und das hinterließ Spuren auf meiner Festplatte. »Every little bit hurts and every little hurt counts.« Das blieb alles hängen und summierte sich ...

Wir waren nun zu viert, und meine Wohnung wurde zu klein. Und zu laut: Sie lag im Erdgeschoss, und direkt vor unserem Schlafzimmerfenster war eine Bushaltestelle, an der sich Obdachlose die ganze Nacht die Kante gaben, rumlallten und rumkrakeelten. Morgens stapelten sich ihre Korn- und Bierflaschen auf dem Fenstersims, die im Laufe der Nacht auch gerne mal klirrend und scheppernd runterflogen und in tausend Scherben zerbrachen.

Gegenüber der Wohnung lag eine Tankstelle, und direkt an der Straßenecke war eine U-Bahn-Haltestelle. Ab vier Uhr morgens hörte man die Waggons im Zehn-Minuten-Takt vorbeidonnern, lärmtechnisch unterstützt von den LKWs, die um die Ecke zum Großmarkt fuhren, um pünktlich ihre frische Ware abzuliefern. Ich hatte mich im Laufe der Jahre an den Geräuschpegel gewöhnt, aber für kleine Kinder war das nichts. Weil zudem immer häufiger neugierige Fans durchs Wohnzimmerfenster schauten, mietete ich uns ein kleines ehemaliges Siedlungshäuschen mit Garten in Grünwald und gab meine geliebte erste Münchner Mietwohnung, in der sich so viel zugetragen hatte, nach fast fünfzehn Jahren auf.

🐂»WO DIE SPRACHE AUFHÖRT, FÄNGT DIE MUSIK AN« – IN DEN CHARTS

Und noch ein Baby von mir kam ein Jahr später endlich auf die Welt – mein erstes eigenes Album! Mein Jugendfreund Ralf Zang, mit dem ich schon länger an Songs bastelte, hatte mich eines Tages angerufen, um mir mitzuteilen, dass wir einen Plattendeal hätten! Er hatte bereits das erste Album von Jule Neigel mit dem Riesenhit *Schatten an der Wand* produziert und unsere Demoaufnahmen bei der Plattenfirma Metronom in Hamburg eingereicht. Die fanden das Material super, und er bekam den Auftrag, eine LP mit mir zu produzieren.

Ich arbeitete also mit Ralf an den Demos. Was nicht so einfach war. Weil ich zwischendurch immer mal wieder zu Dreharbeiten musste, sollte Ralf schon mal Playbacks mit Chören und Gitarren vorbereiten. Sein »Studio« war eine Abstellkammer in seiner Wohnung, die durch ein Kabel mit dem Aufnahmepult in der ehemaligen Speisekammer neben der Küche verbunden war. Mit großer Mühe schaufelte ich mir regelmäßig ein, zwei Tage zwischen den Drehs frei, um bei Ralf meine Parts einzusingen, aber er hatte selten etwas fertig. Das zweite Problem war, dass er wollte, dass ich in der Stimmlage des außergewöhnlichen Toto-Sängers Bobby Kimball sang. Toto war eine unserer Lieblingsbands, aber die Stimme des Frontmanns war (und ist immer noch) so brutal hoch, dass sie schon fast Ultraschall-Frequenz erreichte. Die Tonart lag mir nicht, ich wollte lieber meine eigene Stimme zur Entfaltung bringen. Wir kamen nicht recht weiter. Die Zeit raste davon, ich musste immer wieder zum Drehen, und die Plattenfirma drängte – immerhin hatte sie uns bereits einen nicht unbeträchtlichen Vorschuss gezahlt.

Ralf und ich stritten uns immer öfter, bis ich schließlich von Metronom einen anderen Produzenten fordern musste. Die Plattenfirma wollte unbedingt mit mir weitermachen und schlug mir Curt Cress als neuen Produzenten vor. Cress galt und gilt als einer der besten Schlagzeuger weltweit und hatte bereits etliche Studiojobs für Queen, Meatloaf, Ike und Tina Turner und unzählige deutsche Künstler absolviert. Wir haben uns sofort geliebt: Er besaß ein beeindruckendes Know-how, arbeitete äußerst präzise und hatte jede Menge Humor. Außerdem nannte er ein »richtiges« Studio sein Eigen. Das Album, das wir dann zusammen machten, war sein erstes Album als Produzent. Bis heute sind wir sehr gut befreundet und sehen uns, wann immer es unsere Zeit erlaubt.

Als mein Debut-Album fertig war, brauchte das Baby nun auch, wie meine anderen Kinder, einen Namen: Ich ließ für das Cover ein Logo mit einem Ochsenkopf entwerfen.

Das fiel überraschend markant aus, deshalb fand ich, dass es genügen würde, meine erste Platte einfach nur *Ochsenknecht* zu nennen. Mittlerweile ist der Name eine Art Trademark geworden, und alle, die ihn tragen, profitieren von ihm. Wilson hat sich das Logo sogar vor kurzem auf den Oberarm tätowieren lassen.

Das Album *Ochsenknecht* war sehr erfolgreich – vermutlich auch wegen der Cross-Promotion mit *Schtonk!*. Mein Name war dadurch im Gespräch, und in den Talkshows, zu denen ich wegen *Schtonk!* geladen war, konnte ich stets auch mein Album vorstellen. Die erste Single war eine Coverversion von *Only one woman* und stieg in den Charts bis auf Platz 21. Das Album erreichte immerhin Platz 18 und damit knapp Goldstatus. Das war für einen Newcomer in der Branche eine solide Leistung.

Ich freute mich sehr über die überwiegend positiven Kritiken und die Anerkennung in den Medien, denn singende Schauspieler werden von der Presse in Deutschland gerne in Grund und Boden geschrieben. Das Schubladendenken hierzulande nervt mich: Man hat gefälligst *nur* Schauspieler oder *nur* Sänger zu sein – in Frankreich und Amerika dagegen hat es immer schon singende Schauspieler wie Yves Montand, Charles Aznavour, Serge Gainsbourg, Frank Sinatra, Dean Martin, Barbra Streisand, Bette Midler, Will Smith, Jamie Foxx, Patrick Swayze usw. gegeben. Auch in Deutschland existieren viele gute Schauspieler, die hervorragende Musik machen, aber die Radiomoderatoren hören sich deren CDs oft gar nicht erst an. Etwas ignorant das Ganze, denn manchmal ist durchaus was Gutes dabei.

Weil das eben so ist, war ich über die überwiegend positiven Kritiken doch ziemlich überrascht: »Er kann es, und seine Stimme hält! Ochsenknecht singt selber, und das äußerst kraftvoll.« Das rockte!

Natürlich spielte ich mit meiner Band nach dem Charts-Erfolg auch Live-Gigs – ich liebe das! Als Sänger auf der Bühne zu stehen war für mich im Grunde das Geilste an dem ganzen Musik-Ding. Die Live-Performances mit Publikum sind wie ein Rausch. Anders als bei der Schauspielerei ist bei Konzerten die Kommunikation direkter, heftiger und lauter. Man kann mit den Leuten reden, Geschichten erzählen, sie in Stimmung bringen und zusammen »Paaadi« feiern.

Zwei Jahre nach *Ochsenknecht* veröffentlichte ich mein zweites Album *Girls Crossing*. Die Single *Blue Water* schoss wieder in die Charts.

Nach zwei englischen Alben wollte ich es beim dritten, drei Jahre später, dann mal mit deutschen Texten probieren. Keine Frage:

Mit deutschen Lyrics erreicht man die Leute viel besser, aber gute deutsche Texte sind extrem schwierig zu schreiben, wenn man dabei nicht in Richtung Schlager abdriften will. In nur drei Minuten eine sehr persönliche, reife, witzige, emotionale und berührende Geschichte zu erzählen, die den Zuhörer ins Herz trifft – das ist hohe Kunst, vor der ich bei meinen Versuchen demütig den Hut ziehen musste.

Mein erstes deutschsprachiges Album hieß *O-Ton*, und mit dem Song *Spiegelverkehrt* steuerte Rio Reiser einen seiner letzten Texte bei. Produziert wurde es von meinem langjährigen Freund, dem hervorragenden Gitarristen Gagey Mrozeck aus Mannheim. Ich hatte mich riesig gefreut, dass diese Arbeit endlich zustande kam, denn wir hatten schon öfter probiert, zusammen etwas auf die Beine zu stellen, aber solange Gagey noch in Grönemeyers Band war und an Songs wie *Alkohol* oder *Was soll das?* mitschrieb, hatte er keine Zeit für anderes.

In *O-Ton* steckte sehr viel Herzblut. Leider lief es nicht so gut wie seine Vorgänger, aber wenn ich es mir heute anhöre, muss ich sagen, dass es weitaus Schlechteres gibt.

Die beiden darauffolgenden Alben (*Singer* erschien 2001, *Match Point* 2008) produzierte ich mit dem Ausnahme-Produzenten Michael Kersting, der unter anderem Sasha groß gemacht hatte. Auch diese beiden CDs, die kommerziell nicht wirklich erfolgreich waren, sind gute Produktionen mit starken Songs. Und ich denke, auch der Sänger hat ganz ordentlich performed.

Musik ist für mich ein Experiment. Trotz der fünf Alben bin ich noch immer nicht an dem Punkt angekommen, an dem ich das Gefühl habe: Das bin jetzt wirklich ich! In jedem Album steckt ein bisschen was von mir, aber bislang noch in keinem alles. Auf den ersten beiden Alben wollte ich der Welt und mir selbst beweisen, was für ein toller Sänger ich bin. Ich habe geshoutet, was das Zeug hielt. Dann hab ich's auf Deutsch probiert, weil ich dachte, in meiner Muttersprache würde alles automatisch authentischer sein, was auch stimmt. Danach kamen wieder zwei englischsprachige Platten, bei denen ich sehr auf Hit-Potential und Vermarktbarkeit geschielt habe und dass die Songs auch im Radio gespielt werden. Auch das war noch nicht das Wahre.

Bei meinem nächsten Album mache ich jetzt daher einfach das, was mir gefällt. Das heißt, ich mixe Musik-Stile, Rhythmen und Melodien, wie ich möchte, ohne dabei auf einen möglichen Erfolg zu achten, und ich singe, ohne cool sein zu müssen oder auf bestimmte Trends zu achten. Im Moment habe ich nicht die geringste Ahnung, wie sich das Ganze am Ende anhören wird. Aber das macht nichts, denn genau so soll es sein, einfach hundertprozentig ich. Um die Idee umzusetzen, arbeite ich bereits seit einiger Zeit mit tollen Musikern daran. Ende des Jahres gehe ich erst mal auf Tour mit dem Bandprojekt The Screen; Mick Rogers, der als Gitarrist in Manfred Mann's Earthband gespielt hat, und Thomas Blug (u. a. Gitarrist bei den Rainbirds und Tic Tac Toe) sind mit von der Partie. Außerdem der Bassist Pete Rees und der Drummer Graham Walker von Gary Moores Rhythmusgruppe. Das wird auf der Bühne richtig abgehen, und ich freue mich schon jetzt wahnsinnig auf die Konzerte.

♥ *SCHTONK!* ODER STUNK? – DIE OSCAR-FARCE

Die gefeierte Premiere von *Schtonk!* war im März, und kurz danach flog Helmut Dietl mit der Filmrolle unter dem Arm nach L. A. und zeigte den Film dort seinen Bekannten im Business – dadurch kam die Oscar-Nominierung zustande. Aufgeregt rief Dietl mich eines Abends an: »Uwe, ich habe *Schtonk!* allen wichtigen Leuten gezeigt, die finden den Film toll! Wir haben wahrscheinlich eine Oscar-Nominierung für den besten ausländischen Film in der Tasche, und du musst sofort nach L. A. kommen!«

»Wie bitte?«

»Ja, du musst kommen und Interviews fürs Fernsehen und für

Zeitungen machen! Die wollen die Hauptdarsteller sehen, und der Götz George kann nicht. Du *musst* kommen!«

»Ja, okay, und wer bezahlt das?«

»Hat dich noch keiner angerufen?«, fragte er entgeistert.

»Nö.«

»Mann, die kriegen wieder den Arsch nicht hoch! Diese Aktion hier habe ich eh schon komplett alleine bezahlt. Ich red mit denen, die werden sich bei dir melden!«

Wir legten auf, und ich hörte im Anschluss wochenlang nichts, von niemandem – weder von den Organisatoren noch von Dietl. Auch gut, dachte ich, dann eben nicht.

Gerade hatte ich mich damit abgefunden, als mich eines Abends die legendäre Frances Schönberger anrief, eine freie Journalistin, die als eine Art Mutter für alle Deutschen fungierte, die filmmäßig in Amerika unterwegs waren. Roland Emmerich, Wolfgang Petersen, Jürgen Prochnow und vielen anderen hatte sie beim Fußfassen in Hollywood geholfen und bei ihren Karrieren unterstützt. Schönberger war Mitglied der Hollywood Foreign Press Association, einer Vereinigung von internationalen Filmjournalisten. Ihre Mitglieder aus aller Herren Länder berichten für die Auslandspresse und vergeben alljährlich die Golden Globes.

»Hallo, Uwe, hier ist Frances«, sagte sie. »Ich hab mit Helmut gesprochen, der will ja, dass du kommst. Aber jetzt mal unter uns: Der Film wird keine Chancen haben, aber 'ne Nominierung ist doch auch in Ordnung.«

»Okay«, antwortete ich, »und was willst du dann jetzt von mir?«

»Wenn du willst, komm rüber, ich mach dann hier alles klar!«

»Ich hab aber immer noch keine offizielle Einladung, und ich komm nicht auf eigene Kosten«, wandte ich ein.

Frances nahm es zur Kenntnis und wollte sich drum kümmern.

Wieder zogen mehrere Wochen ins Land, bis mich Anfang März 1993 irgendein PR-Heini anrief und betont gelangweilt sagte: »Der Dietl ruft hier jeden Tag an und sagt, er habe mit Ihnen gesprochen. Sie sollen nach L. A. kommen ...«

»Stimmt«, sagte ich und ärgerte mich über die Arroganz am anderen Ende der Leitung.

»Ja also, wir würden den Flug für Sie bezahlen ...«, sagte die Schlaftabletten-Stimme.

»Toll, aber ich möchte meine Frau mitnehmen«, antwortete ich.

»Wir haben hier ein Business-Class-Ticket für Sie, wenn Sie noch jemand mitnehmen wollen, müssen Sie die Kosten teilen oder beide Holzklasse fliegen!«

Damit legte er auf. Von einem Hotel war keine Rede.

Die Oscar-Zeremonie wollte ich mir natürlich nicht entgehen lassen – wann hatte man als deutscher Schauspieler schon mal die Ehre, zu diesem Kult-Event eingeladen zu sein? Das war nicht mehr irgendeine kleine Verleihung in Berlin oder München – das war die Oscar-Nacht!

Ich nahm Natascha mit, wir flogen zusammen Holzklasse und pennten bei einem Freund. Am Tag der Verleihung hatten Natascha und ich einen starken Grippe-Anflug und versuchten ihn bis zum Abend mit Medikamenten zu bekämpfen. Da ich keine weiteren Instruktionen hatte, rief ich Frances an, die mir sagte, wir sollten schon um dreizehn Uhr (!) ins Beverly Hills Hotel kommen, wo sich die *Schtonk!*-Filmcrew treffen wollte.

Um zwölf schleppten wir uns malade Richtung Hotel, wo es einen Umtrunk gab, bei dem sich die ganze Riege wiedersehen sollte. Maskenbildner, Techniker – jeder, der etwas mit dem Film zu tun hatte, war da, die meisten hatten ihre Flugtickets allerdings selbst bezahlen müssen.

Wir tranken und redeten, und irgendwann hieß es: »So, ihr werdet jetzt alle auf vier Limousinen aufgeteilt! Um sechzehn Uhr fahren wir los!« Totales Chaos brach aus, weil keiner wusste, wer wann wo welche Limousine nehmen sollte. Natascha und ich stiegen dann zusammen mit einem *Spiegel*-Redakteur, der eine Reportage über die Verleihung schreiben sollte, in eine der wartenden weißen Stretchlimos. So weit, so gut: Wir saßen auf den weichen Rücksitzpolstern – aber wie ging es jetzt weiter? Wir hatten ja noch gar kein Ticket

für die Veranstaltung! Draußen vorm Auto sah ich die Schönberger rumwirbeln. Ich kurbelte unsere Scheibe runter und fragte: »Frances, was ist denn eigentlich mit den Tickets? Kriegen wir die dort?«
»Ach, habt ihr denn noch keine?«, fragte sie entgeistert.
»Nee!«
»Wartet mal, ich guck schnell nach«, rief sie und stöckelte eilig ins Hotel.

Wir warteten eine halbe Stunde, bis sie schließlich mit zwei Tickets zurückkam, die sie mir durchs Fenster reichte. »Nur dass du das weißt«, sagte sie, als sie mir die Karten in die Hand drückte. »Das sind keine offiziellen Tickets, die wurden auf dem Schwarzmarkt gekauft für 250 Dollar pro Stück!« Das konnte doch alles nicht wahr sein! Wie unorganisiert war das hier eigentlich?

Die Verleihung fand im Dorothy Chandler Pavilion statt. Wir stiegen aus der Limousine und sahen einen endlosen roten Teppich, kreisende Hubschrauber und ein paar vereinzelt herumstehende Autogrammjäger. Die Superstars würden erst kurz vor Beginn der Veranstaltung eintreffen, erfuhren wir, deshalb war es hier noch so seltsam leer. Ohne begleitendes Blitzlichtgewitter schritten wir deshalb über den roten Teppich und wussten im Gebäude erst mal nicht, wohin. Es war auch niemand da, an den wir uns hätten wenden können. Wir beschlossen deshalb, in der Lounge zu warten.

Nach und nach trafen die anderen ein, bis unsere Gruppe schließlich vollzählig war, aber immer noch wusste niemand, was jetzt passieren sollte und wie der Ablauf wäre. Es wurde immer voller, bis Security-Leute uns mit einem Megaphon wie eine Viehherde auseinandertrieben: »The Celebrities on the right side, the normal guests on the left side, please!« Die damals noch unbekannte Jennifer Lopez eilte nach rechts, und wir wussten nicht, ob wir ihr folgen sollten. Gehörten wir mit unseren Schwarzmarkt-Tickets zu den »Stars« oder zu den »Guests«? Der Security-Mann schob uns schließlich nach links und schickte uns in den ersten Stock.

Dort standen wir hinter einer riesigen Glaswand und konnten Ferngläser für die Veranstaltung mieten, was wir dann auch sofort gemacht haben, um überhaupt etwas mitzubekommen. Die Verleihung sollte um 19 Uhr beginnen, also saßen wir noch zwei Stunden mit immer dicker werdenden Köpfen herum. Wir waren zwar nominiert, fühlten uns aber, als hätten wir die Teilnahme beim Preisausschreiben einer Yellow-Press-Zeitschrift gewonnen. Absolutes Low Level. Wir hatten Fieber, einen leeren Magen, seit dem Frühstück nichts mehr gegessen und waren dementsprechend jetzt schon ziemlich alle. Die Wartezeit vertrieben wir uns mit dem Beobachten der eintreffenden Nicholsons, Pacinos, Pitts und Depps und kamen uns mit unseren geliehenen Ferngläsern dabei selbst wie Deppen vor.

Nach gefühlten hundert Stunden und 48 Grad Fieber bewegte sich endlich etwas, und wir wurden über Megaphon gebeten, unsere Plätze einzunehmen. Die Superstars hatten alle unten im Parkett Platz genommen – wir ganz oben unterm Dach auf dem dritten Balkon. Dort waren die Riesenscheinwerfer angebracht, die warme Luft aus dem Saal stieg nach oben, und die Temperatur lag bei weit über 40 Grad. Wir schwitzten wie in der Sauna, und die Hitze katapultierte unser Fieber in bedenkliche Höhen.

Billy Cristal moderierte, Prince sorgte für die Show-Acts. Die Veranstaltung dauerte sechs Stunden, weil jede kleinste Kategorie lang und breit präsentiert wurde. Da die Veranstaltung live übertragen wurde, gingen die Türen nur in den Werbeblöcken auf, damit man mal auf Toilette konnte. Zu essen gab es aber leider immer noch nichts. Kein Buffet, kein Bistro – nada. Wir kauften uns ein paar überteuerte Kekse, und ich wollte uns wegen der abartigen Hitze eine Flasche Wasser dazu holen, die durfte man aber nur draußen trinken und nicht mitnehmen. Ich exte also hektisch die Flasche und wollte wieder rein – da war die Tür schon zu. Und blieb es auch bis zum nächsten Werbeblock. Ich dachte: Klasse, jetzt verpass ich noch die eigene Nominierung! Doch das war zum Glück nicht so. Die Tür ging wieder auf, und eine kleine Ewigkeit später wurde endlich der beste ausländische Film gekürt. Ergebnis: Kein Oscar für *Schtonk!*, stattdessen wurde der französische Film *Indochine* von Régis Wargnier prämiert.

Nach der Verleihung sollte es noch eine Feier in der Villa von Bernd Eichinger geben, und vor dem Eingang des Oscar-Gebäudes entstand wieder das gewohnte Chaos: Wer steigt mit wem in welche Limousine?

»Habt ihr keine Nummer gekriegt?«, fragte mich ein Security-Mann.

»Nein ...?«

Offenbar bekam man, wenn man die Veranstaltung verlassen wollte, eine Nummer für eine Limousine, die dann von den Security-Leuten mit Megaphon aufgerufen wurde. »Number 62!! Coming up!«

Wir warteten neben Federico Fellini und Marcello Mastroianni. Fellini war damals schon sehr alt und krank, und Mastroianni stützte seinen langjährigen Weggefährten – ein sehr anrührendes Bild, das sich mir einbrannte.

In Eichingers Hollywood-Hills-Villa empfingen uns Sönke Wortmann, Hannes Jaenicke, Josef Huber und viele andere deutsche Stars, die sich gerade in Hollywood aufhielten. Eichingers Gäste hatten die Oscar-Verleihung am Fernseher mitverfolgt und empfingen uns mit brandendem Applaus. Das war schön. Wie wohltuender Regen prasselte er auf uns nieder, nach dem ganzen Stress und der Hitze. »Jetzt kriegen wir endlich was zu essen«, dachten wir, aber das Buffet war schon ziemlich abgegrast. »Wir haben seit heute Mittag nichts mehr gegessen – habt ihr nicht noch irgendwas für uns?«, fragten wir verzweifelt. »Doch, doch, wir machen euch noch was«, sagte der Koch und ließ Kartoffelsalat und Wiener Würstchen auffahren.

Wir waren völlig im Eimer, nahmen noch einen Drink und fuhren dann restlos geschafft zurück zu unserer Übernachtungsmöglichkeit.

»Preise sind wie Hämorrhoiden, irgendwann kriegt sie jeder«, ist ein klassischer Spruch in unserer Branche. *Schtonk!* bekam zwar keinen Oscar, aber immerhin den Deutschen Filmpreis und den Gilde-Filmpreis in Gold. Preise sind eine tolle Bestätigung der eigenen Arbeit. Sie erregen Aufmerksamkeit und sind eine gute Werbung.

Viel wichtiger als Trophäen und Ehrungen war mir aber immer die Begeisterung meiner Zuschauer. Wenn mich Leute, die zum Beispiel *Schtonk!* gesehen haben, heute noch enthusiastisch auf den Film und meine Rolle ansprechen, dann macht mich das viel stolzer als jeder Oscar dieser Welt. Die Anerkennung der Zuschauer ist es, die am Ende zählt, denn nur um Menschen zu erreichen, macht man ja den Film.

BIS DASS DER TOD UNS SCHEIDET – UNSERE HOCHZEIT

Wir hatten Kinder, lebten wie ein Ehepaar zusammen, und irgendwann wollte Natascha nicht mehr »nur die Freundin« sein. Ich hätte auf einen Trauschein verzichten können, fand nicht, dass zwei Ringe die Liebe sicherer machten, wenn sie sich das jedoch so sehr wünschte – und das tat sie –, war es okay für mich, und ich sagte aus vollem Herzen ja. Aber wenn wir uns schon zu diesem Schritt entschieden, sollte die Hochzeit auch richtig fett werden: Mit einer Riesen-Party, Brautkleid, Standesamt, Kirche und allem, was sonst noch so dazugehört. Einen Ehevertrag wollte ich nicht. Das fand und finde ich noch immer unromantisch. Wenn man so fest mit dem Scheitern rechnet und sich dagegen absichern will, kann man es ja auch gleich lassen. Ich denke doch nicht am Anfang schon an das Ende!

Die Feier am 10. Juli 1993 in München wurde ein rauschendes Fest. Inklusive Polterabend feierten wir drei Tage lang mit hundert Leuten. Um mich zu überraschen, hatte Natascha für Willy und Jimi Anzüge nähen lassen, die genau wie meiner aussahen. Die beiden waren also Mini-Kopien von mir ...

Den Spruch »Bis dass der Tod euch scheidet« ließ ich allerdings bei unserem Vorgespräch mit dem Pfarrer streichen. Auch wenn man sich wünscht, dass die Ehe ewig lange hält, kann man so ein Versprechen nicht ernsthaft geben, finde ich. Ich wollte ihr und mir gegenüber ehrlich sein – das war mir wichtig. Wir ließen diesen Satz also weg, sagten beide zu der leicht gekürzten Fassung »ja« – und aus Natascha Wierichs aus dem Fünfhundert-Seelen-Dorf Liedingen wurde offiziell Frau Ochsenknecht.

Die ersten Jahre unseres Familienlebens verliefen überaus harmonisch, und wir waren sehr glücklich mit unseren beiden geliebten Jungs. Liebevoll kümmerten wir uns um die Kinder, und meine kleine Familie begleitete mich oft zu Dreharbeiten, wobei ich in den Hotels immer ein zusätzliches Zimmer für mich allein mietete, weil ich früh ins Bett musste, am anderen Morgen wieder früh aufzustehen hatte und deshalb meinen Schlaf brauchte.

Morgens frühstückten wir zusammen, ich wurde an den Drehort gefahren, und Natascha unternahm etwas mit den Jungs, ging mit ihnen zum Schwimmen an den Pool oder in Freizeit-Parks. Abends trafen wir uns dann alle wieder zum Essen. Meistens erzählte ich Wilson und Jimi noch eine Gute-Nacht-Geschichte, und wenn sie selig eingeschlummert waren, hatten Natascha und ich noch ein wenig Zeit, um bei einem Gläschen zusammenzusitzen.

Ich versuchte, meiner jungen Frau das Leben so schön wie möglich zu machen. Wir unternahmen viele Reisen, besuchten unzählige Filmpremieren, Partys, Gala-Diners, lernten viele interessante Leute kennen (Schauspieler, Autoren, Spitzensportler und Politiker, auf die man anscheinend überall stößt) und hatten immer gerne Besuch von Familienmitgliedern und Freunden.

Natascha hatte ursprünglich geplant, nach einem Jahr Babypause wieder zu modeln, aber wir merkten, dass es für die Kinder wichtiger war, dass wenigstens einer von uns tagsüber bei ihnen blieb. Und ich verdiente ja auch alleine genug, um uns allen ein mehr als angenehmes Leben zu ermöglichen. Um Natascha zu entlasten, stellte ich irgendwann Gabriele Miltz ein, die uns als Haushälterin und Babysitterin den Rücken freihielt und uns unterstützte, wo sie nur konnte.

Nach und nach blies sich mein Leben unmerklich auf. Angestellte, eine Finca auf Mallorca, mehrere Autos – alles wurde immer größer, teurer, besser. Genau dieser Apparat sollte für uns noch zum Problem werden und hat sicherlich wesentlich zu unserer späteren Trennung beigetragen – noch waren aber keine dunklen Wolken am Horizont zu erkennen, und wir genossen unser tolles Leben in vollen Zügen.

40 JAHRE – MEHR ALS 120 FILME

Ich finde es immer total peinlich, wenn Schauspieler sofort die Zahl ihrer gedrehten Filme parat haben. Ich habe meine nie gezählt, weil ich das einfach unwichtig finde. Ich weiß, dass es ziemlich viele sind, weil ich nie eine »Auszeit« genommen habe. Aber eine Arbeitspause würde ich auch gar nicht aushalten. Sie wäre keine Erholung für mich, sondern eher eine Qual. Denn ich liebe meinen Job und werde sehr unleidig, wenn ich längere Zeit nicht arbeite.

Abgesehen davon hatte ich bislang immer das Glück, stets gute Drehbücher und interessante Projekte angeboten zu bekommen. Natürlich war auch Müll dabei, aber es waren insgesamt so viele Angebote, dass ich das Gute bis Weniger-Schlechte aus dem richtig Schlechten herausfiltern konnte. Die Qualität der Filme ist natürlich nicht immer top, und es gibt etliche Projekte, die nicht das Gelbe vom Ei sind, aber solange die Rolle etwas hergibt und der Zuschauer am Schluss sagt: »Der Streifen war nicht so rund, aber der Ochsenknecht hat gut gespielt«, nehme ich das Angebot in der Regel an. Die Highlights sind aber natürlich immer die Projekte, in die man sehr viel Herzblut investiert hat.

Kaspar Hauser zum Beispiel war das erste Drehbuch, bei dessen Lektüre mir die Tränen kamen – aus Mitgefühl für diesen armen Jungen. Sein grausames Schicksal hat mich lange beschäftigt: Im Film wird Kaspar im April 1810 als Sohn des Großherzogs Karl von Baden geboren. Weil aber Karls Onkel Ludwig auf den badischen Thron schielt, beauftragt er seine Mätresse Luise Karoline von Hochberg damit, Kaspar sofort nach der Geburt umzubringen. Luise entführt ihn zwar, tötet ihn aber nicht, sondern vertauscht ihn mit einem neugeborenen Bauernsohn, den sie an Kaspars Stelle ermordet. Kaspar wächst bei einer Amme auf. Als er vier ist, klärt Luise Ludwig darüber auf, dass der Junge noch lebt und versteckt gehalten wird. Dieser setzt daraufhin Himmel und Hölle in Bewegung, um Kaspar zu finden. Deshalb versucht Luise, ihn nach Ungarn zu schaffen, aber da sie die Amme, die ihn bis dahin aufgezogen hat, nicht bezahlt, verrät diese Luises Pläne an Ludwig von Bayern. Der löst Kaspar aus, und nun beginnt dessen schreckliche Leidenszeit: Ludwig sperrt ihn in ein Kellerverlies, wo er in totaler Dunkelheit lebt und sich kaum bewegen kann. Um ihn ruhigzustellen, wird sein Wasser mit Opium versetzt. Erst nach vierzehn endlosen Jahren wird er befreit und kann zunächst weder gehen noch sprechen. Das Einzige, was er weiß, ist sein Name.

Der durch Isolation und Dunkelheit hervorgerufene und später nach dem Jungen benannte Kaspar-Hauser-Effekt ist faszinierend für die Wissenschaftler: Weil er vierzehn Jahre lang eingesperrt war und sich nicht bewegen konnte, sind seine Füße so zart und glatt wie die eines Neugeborenen. Kaspar kann im Dunkeln sehen, extrem gut riechen, und auch sein Tastsinn ist nachhaltig ausgeprägt. Wenn er an einer Apotheke vorbeiläuft, wird ihm kotzübel, weil die Medikamente, die er durch die geschlossenen Türen riecht, eine Wirkung auf ihn ausüben, als hätte er sie eingenommen. Er kann die Energie von Menschen so vehement spüren, dass er mit den Worten »Der weht mich an« aus dem Zimmer gehen muss, wenn jemand eine böse Aura hat.

Nach Kaspars Befreiung stellt sich das Rätsel seiner Identität. Ist er wirklich der Kronprinz oder nicht? Ein Arzt unterzieht ihn einer gründlichen Entgiftungskur und unterrichtet ihn im Lesen und Schreiben. Nachdem Kaspar ihm irgendwann von seiner Zeit im dunklen Keller berichtet hat, bittet der Arzt ihn, alles, woran er sich aus seinem früheren Leben erinnern kann, aufzuschreiben. Aufgrund dieser detaillierten Angaben und eines großen Muttermales im Nacken wird er im Film schließlich als der gesuchte Kronprinz identifiziert. Aber trotzdem gibt es für ihn kein Happy-End: Mit einundzwanzig wird er von einem Unbekannten erstochen.

Regisseur Peter Sehr, mein guter Freund, der uns leider dieses Jahr unerwartet verlassen hat, wollte dem Jungen mit seiner Arbeit gerecht werden. Ich spielte das menschliche Ekelpaket Ludwig, Katharina Thalbach meine Mätresse Luise. André Eisermann brillierte als Kaspar, vielleicht die Rolle seines Lebens.

Nach dem Film, der für viel Furore sorgte und die Kaspar-Hauser-Geschichte nochmals aufwühlte, gab es schlagzeilenträchtige Recherchen von *Spiegel* und *Stern*: An der Kleidung von Kaspar Hauser hatte man Haare und Blutspuren gefunden und wollte nun anhand der DNA überprüfen, ob Hauser wirklich der Kronprinz von Baden war. Das Institut für Rechtsmedizin der Universität Münster verglich die Kaspar zugeschriebenen Proben mit einer Haarprobe Astrid von Medingers, die in direkter Linie von Großherzogin Stéphanie abstammte. Lediglich an einer wesentlichen Stelle ergab sich dabei eine Abweichung, sodass Kaspar Hauser demnach durchaus ein Mitglied des Hauses Baden sein könnte. Er war möglicherweise tatsächlich der Kronprinz ...

Nach *Kaspar Hauser* spielte ich in *Ein fast perfektes Verhältnis* mit Marianne Sägebrecht. Sie hatte mich für den Low-Budget-Film als Partner vorgeschlagen, und wir drehten in Malibu im Haus des Regisseurs direkt am Meer. Nebenan wohnte der schöne Jon Bon Jovi, der damals noch keinen Film gemacht hatte, sich aber sehr für das Medium interessierte. Aus Neugier und um mal live an Dreharbeiten teilzunehmen, wenn sie schon praktischerweise direkt vor seiner Haustür stattfanden, schaute er öfter am Set vorbei und übernahm dann sogar eine kleine Statistenrolle. Als ich zwischendurch ein paar drehfreie Tage hatte, besuchte ich Thomas Gottschalk in L. A., den ich in München bei einer *Butterbrot*-Vorstellung im Teamtheater kennengelernt hatte.

Als Nächstes sagte ich für *Die Straßen von Berlin* zu, einer neuen, so ganz anderen Krimireihe von Pro 7, bei der es um Ermittlungen gegen die Organisierte Kriminalität ging. Nach nur vier Folgen, die ganz ordentlich produziert wurden, stieg ich 1996 allerdings schon wieder aus, weil es immer stärker nur um Actionszenen ging. Angucken lohnt sich trotzdem, schon allein um zu sehen, wie Berlin damals direkt nach der Wende aussah.

Wenn ich mich heute an *Die Straßen von Berlin* zurückerinnere, denke ich vor allem an meine tolle Kollegin Jennifer Nitsch, die damals ebenfalls mitspielte und mit der ich befreundet war. Ihr früher Tod im Juni 2004 schockierte mich total. Sie stürzte aus bis heute ungeklärter Ursache mit drei Promille im Blut vom Dach ihrer Münchner Wohnung und war sofort tot. Ich hatte mit ihr nach Dreh-Ende viele lustige und mit endlosen Gesprächen gespickte Abende an der Hotel-Bar genossen. Sie besaß einen guten Humor, hat gerne und viel gelacht. Und doch spülte zwischendurch immer mal wieder eine seltsame, tiefe innere Traurigkeit an die Oberfläche, von der ich nie wusste, wie ich mit ihr umgehen sollte ...

Noch am selben Tag, an dem ich von ihrem Tod erfuhr, besuchte ich die Stelle ihres Sturzes und legte dort Blumen für sie nieder. Ich wünschte ihr, dass nun alles gut würde – und als hätte die vorbeigehende Passantin meine nur leise vor mich hin geflüsterten Worte gehört, sagte sie: »Ja, so ist das gut!«

Genauso bestürzt wie über Jennifers viel zu frühen Tod war ich auch über den von Frank Giering im Juni 2010, mit dem ich nach den *Straßen von Berlin* an der Seite von Eva Mattes *Und alles wegen Mama* drehte.

Ich habe mich oft gefragt, warum gerade die talentiertesten und erfolgreichsten Schauspieler, die in der Regel keine finanziellen Sorgen haben, so eine selbstzerstörerische Ader besitzen. Warum sie so viel trinken und Drogen nehmen. Ich denke, viele sind zu sensibel und dünnhäutig für diese Welt und können die Realität einfach nicht händeln. Schade nur, dass so wenige ihre Probleme auf andere – gesündere – Art lösen (können).

1997 sagte ich für die Fernsehreihe *Die Gang* zu, die von Studio Hamburg produziert und in der Hansestadt, New Orleans und L. A. gedreht werden sollte, weil die zwölf Folgen international konkurrenzfähig sein mussten. Die Dreharbeiten dauerten über neun Monate, und unter anderem Stacey Keach und Dustin Nguyen, der mit dem jungen Johnny Depp in der sehr erfolgreichen amerikanischen Serie *21 Jump Street* gespielt hatte, waren mit dabei. Moritz Bleibtreu, mit dem ich mich schnell anfreundete, hatte in der Serie seine erste größere Rolle.

Wilson und Jimi gingen noch nicht zur Schule, deshalb verlegten wir unseren Wohnsitz kurzfristig nach Hamburg, wo uns die Produktion ein tolles Stadthaus zur Verfügung stellte und sogar Kindergartenplätze für die Jungs besorgte. Im obersten Stock wohnte der etwas schüchterne, aber sehr sympathische Dustin. Er kam ursprünglich aus Vietnam, hatte aber lange in L. A. gelebt. Dustin war froh, bei uns Anschluss zu finden, weil er vorher noch nie in Deutschland gewesen war und die Sprache nicht beherrschte. Im mittleren Stockwerk wohnte unser Kindermädchen, und im Erdgeschoss machten meine kleine Familie und ich es uns gemütlich.

Wir hatten damals einen Riesenspaß: So gut wie jeden Abend trafen sich ein paar Leute vom Team bei uns, wir kochten etwas Leckeres und saßen danach oft noch bis in die Morgenstunden zusammen.

Die Zeit war so schön, dass Natascha und ich manchmal sogar überlegten, ganz in die Hansestadt umzusiedeln. Aber das taten wir dann doch nicht. Und nachdem ich einige Monate in Hamburg gedreht hatte, ging es erst mal nach New Orleans – wieder mit Jimi, Wilson, Natascha und dem Kindermädchen im Schlepptau. New Orleans! Endlich hatte es mich, dank meiner Arbeit, in die Stadt geführt, die als Musiker für mich schon seit Ewigkeiten ganz oben auf meiner Reiseliste stand. B. B. King, Elvis, R & B und Rock 'n' Roll – New Orleans war und ist das Zentrum der schwarzen Musik. Überall wurde gesungen und gejammt, und aus den schwitzigen Music-Clubs klangen die geilsten schwarzen Stimmen. Es groovte an jeder

Ecke, und ich zog oft nächtelang mit meinen Kollegen um die Häuser. Es wehte aber immer auch etwas sehr Unheimliches durch die Gassen des French Quarters, des alten französischen Viertels, in dem wir in einer der schönsten Herbergen der Stadt wohnten: dem Royal Sonesta Hotel in der legendären Bourbon Street.

Und mein Gänsehaut-Gefühl kam nicht von ungefähr: New Orleans ist ja für seine Voodoo-Kultur bekannt, die mit dem Sklavenhandel nach Amerika gekommen war. Nicht umsonst wurden hier zahlreiche Filme gedreht, die sich mit diesem Thema im weitesten Sinne befassten, *Angel Heart* oder auch *Interview mit einem Vampir*.

Den letzten Teil der Serie drehten wir dann in Los Angeles, wo wir uns mittlerweile ja schon etwas auskannten, und wir genossen wie immer die Zeit unter der kalifornischen Sonne.

Leider waren die Quoten der Serie nachher eher mäßig, aber die Dreharbeiten haben trotzdem einen nachhaltigen Eindruck bei mir hinterlassen und waren ein wirkliches Erlebnis.

🐂 VERSÖHNUNG – MIT CHEYENNE ALS SAHNEHÄUBCHEN

Der Alltag, der auch vor der größten Liebe nicht Halt macht, färbte unsere so rosarot begonnene Beziehung langsam, aber stetig grauer. Er schliff unsere Gefühle ab, und unsere Ehe geriet in schweres Fahrwasser.

Innerhalb Grünwalds waren wir im Laufe der vergangenen Jahre viermal umgezogen. Das war nicht nur teuer, es war vor allem auch verdammt nervig: Im ersten Haus war der Keller feucht, in dem mein Arbeitsraum untergebracht war. Das zweite Haus war schnell zu klein, weil die Kinder größer wurden und eigene Zimmer brauchten. Das dritte Haus wollte der Vermieter nach ein paar Monaten doch lieber seiner Tochter geben. Das vierte war eine teure Doppelhaushälfte, die mir von Anfang an nicht gefiel und eigentlich nur eine Übergangslösung sein sollte.

Natascha und ich befanden uns mittlerweile im »verflixten siebten Jahr«, und im Nachhinein denke ich, die dauernden Umzüge waren auch Ausdruck der Probleme innerhalb unserer Beziehung. Immer stärker fiel mir auf, dass ich mich mit ihr über viele Dinge, die mich interessierten, nicht austauschen konnte. Ich hatte immer das Gefühl, ich müsste sie zu Gesprächen anspornen. Heute denke ich, sie hatte damals Angst, etwas Falsches zu sagen – und so wie ich damals drauf war, war diese Angst vermutlich nicht ganz unbegründet. Meine Frau erschien mir immer kontrolliert und beherrscht, konnte sich schwer gehen lassen. Ein Instrument klingt nur so gut, wie der Musiker es spielt – schon klar. Aber ich fand einfach die richtige Melodie nicht, bekam das »Instrument« Natascha nicht in den Griff. Sie war immer sehr »Kopf« – und das musste sie vermutlich auch sein, um den Haushalt und die Kinder zu managen, aber mir verdarb das mehr und mehr den Spaß an vielen Dingen.

Sie war sehr auf mich fixiert, was mir am Beginn unserer Beziehung selbstverständlich schmeichelte. Auf Dauer wünsche ich mir jedoch eine Partnerin auf Augenhöhe, mit der ich mich auf allen mir wichtigen Ebenen austauschen konnte. Die Kluft, die uns in vielen Bereichen trennte, wurde immer deutlicher, der Graben immer tiefer. Aus meiner Sicht hat unsere Beziehung schon nach drei, vier Jahren nicht mehr richtig funktioniert. Durch meine häufige Abwesenheit bin ich diesem Problem aus dem Weg gegangen, und außerdem liebte ich Natascha ja trotz allem auch immer noch. Sie hatte tolle Eigenschaften, etwa ein großes Einfühlungsvermögen und ein ebenso großes Herz. Sie konnte fantastisch kochen, sie richtete unsere Wohnungen immer total schön ein, wir hatten den gleichen Humor, konnten immer viel zusammen lachen, und ich lernte viel von ihr über Kinder.

Natürlich versuchte ich, mich mit unserer Unterschiedlichkeit und meinen unbefriedigten Bedürfnissen zu arrangieren und damit zu leben. Schwächen hat eben jeder Mensch, dachte ich. Innerlich ging ich aber allmählich mehr und mehr auf Distanz, und der Ton zwischen uns wurde immer sachlicher und kühler. Natascha hatte in dieser Phase einige schwere Krankheiten und Operationen zu meistern, mit denen sie stets tapfer umging. Sie ließ sich nie hängen oder litt offensiv herum. Trotzdem hatte ich ab einem bestimmten Punkt das Gefühl, dass ein Aspekt der Krankheiten auch ein Hilferuf war, im Sinne von »Kümmere dich!«.

Als die Kinder eingeschult wurden und Natascha mit ihnen nicht mehr so oft zum Drehen mitkommen konnte, war ich viel alleine unterwegs. Wir begannen dann irgendwann beide eine Affäre: Natascha mit meinem Physiotherapeuten und ich mit der Bekannten eines Freundes. Wir gingen vernünftig und sachlich mit der Situation um und beschlossen, eine Beziehungspause einzulegen. Es war nicht so, dass ich glaubte, ich hätte mit der anderen Frau eine Zukunft, aber ihre Zuwendung, Bestätigung und die Leichtigkeit des Verliebtseins taten mir unerwartet gut.

In dieser Situation fuhr ich zum Dreh von Doris Dörries neuem Filmprojekt *Bin ich schön?* nach Sevilla, wo mich meine neue Freundin auch besuchte. Nach Drehende fuhren wir oft ans Meer, gingen essen und ließen es uns gutgehen. Ich genoss diese Tage sehr und hatte das Gefühl, endlich wieder Luft holen zu können.

Natascha und ich lebten damals schon über neun Monate getrennt. In dieser Zeit habe ich viel nachgedacht und dabei immer deutlicher gemerkt, dass ich noch sehr viel für sie empfand. Ich war mir deshalb sicher, dass es sich lohnen würde, unserer Beziehung eine zweite Chance zu geben. Kurz nach meiner Rückkehr vom *Bin ich schön?*-Dreh beendete ich deshalb meine Liaison, wohnte aber weiterhin in der kleinen Wohnung, die ich mir gleich zu Anfang unserer Krise als Rückzugsort gemietet hatte.

Doris Dörrie engagierte mich wenig später für einen neuen Film, der in München und Japan gedreht werden sollte. Bevor ich indes ans andere Ende der Welt flog, wollte ich Gewissheit, ob Natascha in einen Neustart unserer Beziehung einwilligte. Es kam zu einem letzten, von meiner Seite sehr emotionalen Gespräch kurz vor meiner Abreise. Mit unseren alten Liebesbriefen in der Hand flehte ich sie auf Knien und unter Tränen an, es uns noch mal miteinander versuchen zu lassen. Doch vergeblich: Ohne konkrete Aussicht auf ein Beziehungs-Reset flog ich in den Fernen Osten, wo ich meinen mittlerweile vierten Film mit Doris begann.

Erleuchtung garantiert war ein besonderes Projekt, dessen innovatives Konzept ich äußerst spannend fand: Es gab zwar ein Script und einen Plot, die einzelnen Szenen sollten aber improvisiert werden. Wir hatten keine Dialogtexte, sondern mussten unsere Gespräche während des Spielens erfinden. Doris passte auf, dass wir uns nicht wiederholten, und wies uns vor den Szenen ein, indem sie uns darüber informierte, was inhaltlich wichtig war und erwähnt werden sollte.

Für mich als Schauspieler war diese Herangehensweise eine interessante Herausforderung: Normalerweise gestaltet man den vorgeschriebenen Text und füllt ihn mit Emotionen. In diesem Film aber war es umgekehrt: zuerst die Emotionen, dann die passenden Worte, die genau in diesem Moment gefunden werden mussten.

Improvisieren hatte ich zwar auf der Schauspielschule gelernt, aber dies war das erste Mal, dass es professionell gefragt war. Es lief mal gut und mal nicht so gut, aber mit meinem Freund, dem großen Komödianten Gustav Peter Wöhler, hatte ich einen hervorragenden Partner. Improvisieren geht absolut nicht mit jedem Schauspieler. Die meisten klammern sich sklavisch an die Vorgaben und vergessen darüber das eigentliche Spielen. Hier war es zum Glück anders.

Paradoxerweise spielte ich im Film im Grunde meine eigene Situation nach: Ich gab einen Küchenverkäufer, der eines Tages nach Hause kommt und in einer leergeräumten Wohnung steht, weil seine Frau mit den Söhnen überraschend ausgezogen ist. Geradezu zynisch war, dass die Filmsöhne meine eigenen waren – Jimi und Wilson in ihren ersten Kino-Rollen – und wir alle auch noch unsere wirklichen Namen trugen.

Uwe, der Küchenverkäufer, bricht völlig zusammen und ruft heulend seinen Bruder Gustav (Gustav Peter Wöhler) an. Der will ganz früh am nächsten Tag nach Japan fliegen, um dort in einem Kloster zu meditieren, erklärt sich aber bereit, ihn noch für ein paar Stunden zu trösten. Uwe heult ihn und seine Freundin Ulrike (die tolle Ulrike Kriener) besoffen voll, ascht dabei immer in Gustavs Mini-Zen-Garten (»Ach, das ist gar kein Aschenbecher?«) und beweist dadurch seine vollkommene Unkenntnis mit Blick auf buddhistische Basics. Trotzdem fleht er Gustav an, ihn mitzunehmen. Dieser lehnt zunächst ab, aber am nächsten Morgen stehen doch beide am Flughafen. In Japan verlieren sie Koffer und Geld, schaffen es aber trotzdem ins Kloster und nehmen dort ein paar Wochen am harten Alltag der Mönche teil. Zum Schluss sind beide geläutert, mit neuer asiatischer Ruhe ausgestattet, und Gustav gesteht Uwe, dass er eigentlich schwul ist.

Doris drehte mit den ersten elektronischen Handkameras und filmte uns in allen erdenklichen Situationen: beim Einchecken in München, im Flugzeug, in Tokio, sogar im Kloster. Sie war überall und ständig live dabei.

Die zwei Wochen im Kloster hatten etwas sehr Beruhigendes, Reinigendes für mich. Eine Dreherlaubnis hatten wir nur unter der Bedingung bekommen, dass wir den laufenden Klosterbetrieb nicht störten. Wir mussten daher um vier Uhr morgens aufstehen und erst mal eine Stunde meditieren. Ich fand das stundenlange Stillsitzen nicht schlimm. Mir sind nie die Beine eingeschlafen, und auch meine Nackenmuskulatur muckte nicht auf. Die ersten Tage kam ich dabei noch nicht zur Ruhe, aber es wurde täglich besser. »Schau dir deine Gedanken kurz an, und lass sie dann wie Wolken vorüberziehen« – mehr und mehr schaffte ich es, dem Rat des Abtes Folge zu leisten.

Nach der Meditation gab es ein kleines Frühstück, das zu meinem Entsetzen nur aus Reis, Algen, eingelegtem Rettich und Ingwer bestand. Ich fragte mich, wie ich es mit diesen Häppchen bis zum Mittag durchhalten sollte, aber die Mahlzeit stellte sich als erstaunlich nahrhaft heraus, und ich war danach tatsächlich lange satt.

Das Frühstück fand, wie alles im Kloster, in absoluter Stille statt. Zum Glück hatten wir einen Übersetzer an unserer Seite, der uns zeigte, wie das Frühstücksgeschirr, bestehend aus mehreren ineinandergesteckten Schüsseln, Stäbchen und Servietten, nach einem bestimmten Ritual zu handhaben war.

Nach dem Frühstück wartete jede Menge Arbeit auf uns, vom Putzen der Meditationsbänke über das Fegen des Kloster-Innenhofes bis zur Gartenarbeit. Dabei ging es weniger um die Arbeit selbst, sondern man sollte lernen, sich hundertprozentig mit dem zu beschäftigen, was man gerade tat, und nicht tausend Sachen auf einmal machen. Totale Konzentration statt Multitasking – glaubt man den Mönchen, so ist diese Art Achtsamkeit die Geheimformel für Zufriedenheit. »Wenn ich esse, dann esse ich. Wenn ich schlafe, dann schlafe ich. Wenn ich laufe, laufe ich usw.« Diese buddhistische Weisheit kennt in Deutschland ja mittlerweile fast jeder.

Es gab selbstverständlich weder Telefon noch Fernsehen, noch Internet im Kloster. Gustav und ich übernachteten zu zweit in einem kleinen Zimmer, und ich werde ihm immer dankbar dafür sein, dass er abends, wenn wir auf unseren harten Pritschen lagen, geduldig mein endloses Gelaber über meinen Beziehungsstatus über sich hat ergehen lassen. Später dachte ich mir oft, dass Gustav damals im Grunde schon ziemlich weit war auf dem Weg der Erleuchtung. »Futatabi kokoro no soko kara kansha« – dafür nochmal von Herzen ein großes Dankeschön. Er war eine wahnsinnig große Hilfe in meiner emotionalen Not!

Der Aufenthalt bei den Mönchen war wie Wellness für Geist und Seele. Ich kam täglich mehr runter, entspannte mich und fand Ruhe. Und in der liegt ja bekanntermaßen die Kraft ...

»Genieße deine eigene Verwirrtheit« gab mir der Abt bei unserem Abschied mit auf den Weg. Je länger ich im Flieger zurück nach Deutschland darüber nachdachte, desto passender fand ich diese Weisheit für mich: Sich seiner Ohnmacht zu ergeben kann etwas sehr Angenehmes sein. Ich lernte, der Zeit, die alle Wunden heilt, ihren Raum zu lassen.

Tiefenentspannt und nervlich bestens erholt, kam ich dann aus Japan zurück und war sehr erstaunt darüber, dass Natascha mich vom Flughafen abholte. Sie hatte sich zwischenzeitlich erbarmt und wollte es noch einmal mit mir probieren. Ich zog also wieder zu Hause ein, und wir beschlossen nach einer Weile, als es wieder gut zwischen uns zu laufen schien, unseren Neuanfang mit noch einem Kind zu krönen. Schon ein halbes Jahr später waren wir zum dritten Mal schwanger. Am 6. Juli 2000 wurde dann mein viertes Kind, meine erste Tochter, geboren. Ihr erster Name sollte Cheyenne sein. In diesen Namen waren wir verliebt, seit wir in L. A. in einem Supermarkt gehört hatten, wie eine Mutter ihre Tochter bei diesem Namen rief. Als Zweitnamen bekam sie Savannah, weil sie bei der Geburt so ruhig wie die Savanne war.

Cheyenne, der kleine Engel, war nun da, aber prompt lief unsere Beziehung nicht mehr so rund wie zuvor. Obwohl sie selbst auch eine Affäre gehabt hatte, kam Natascha wohl nicht darüber hinweg, dass ich mit einer anderen Frau zusammen gewesen war. Das Grundvertrauen, das wir für eine weitere gemeinsame Zukunft zwingend gebraucht hätten, war weg.

Weil ich sah, dass ich an diesem Zustand alleine nichts ändern konnte, schlug ich Natascha vor, eine Paartherapie zu beginnen. Sie war von der Idee zwar nicht sehr begeistert, ließ sich aber darauf ein. Ich fand die Gespräche mit der Psychologin sehr aufschluss- und hilfreich – Natascha leider nicht. Sie wollte sich von niemandem erzählen lassen, wie ihre Psyche funktionierte, und stieg wieder aus. Ich machte ein halbes Jahr lang mit meiner Therapie weiter und fand es superinteressant, weil ich viele Dinge über mich erfuhr und meine Verhaltensweisen von neutraler Seite erklärt bekam. Nach sechs Monaten wurde ich dann wieder aufs Gleis gesetzt. Es gab nichts mehr zu tun, Therapie abgeschlossen. Leider. Ich wäre jederzeit bereit gewesen, die Therapie mit Natascha fortzusetzen.

Wir waren nun zu fünft, brauchten noch mehr Platz und packten wieder die Kartons. Der fünfte Umzug bescherte uns eine große Villa mit Schwimmbad im Keller. Die Miete war entsprechend schweineteuer. Leider hatte unser neues Heim Asbest unterm Dach, was wir jedoch erst kurz nach unserem Einzug merkten. So flohen wir in Haus Nummer sechs.

Das sechste Haus hatte eine zunächst nicht greifbare schlechte Energie: Sowohl Natascha als auch ich hatten dort ständig Kopfschmerzen und fühlten uns ausgelaugt. Ein Baubiologe stellte fest, dass es voller Elektrosmog war – und genau gegenüber stand ein stark strahlender Mega-Handy-Funkmast. Vielleicht war es aber auch eher die psychische Belastung durch unsere Beziehung, die da falsch funkte und für Schlafstörungen sorgte.

Also zogen wir in Haus Nummer sieben, in dem wir dann auch vorerst wohnen blieben.

In der Öffentlichkeit galten wir als »Vorzeige-Paar«, eine Bezeichnung, die ich immer gehasst habe. So'n Quatsch! Was hätten wir denn wem vorzeigen sollen oder wollen? Wir waren plötzlich die schrillste Family Deutschlands und auf vielen Events anzutreffen, aber so harmonisch, wie es in der Presse kolportiert wurde und auf den roten Teppichen den Eindruck machte, war es unter dem roten Teppich schon lange nicht mehr. Und sollte es leider auch nie wieder werden.

Kurz nach Cheyennes Geburt kauften wir uns eine Finca auf Mallorca. Ein Haus im Süden zu haben war bereits als Kind ein Traum von mir. Ich mochte schon immer das Meer lieber als die Berge und bin ganz vernarrt in das mediterrane Leben. Unsere Finca lag traumhaft schön in der Nähe des kleinen Örtchens Cas Concos im Südosten der Insel. Die Gegend gilt als die »Toskana Mallorcas«: weite Landschaften, sanfte Hügel, Zypressen, Grillen zirpen – die pure Idylle. Die Finca selbst war etwa hundert Jahre alt, ein verwunschenes, mit vielen bunten Pflanzen bewachsenes mallorquinisches Original, gebaut aus dem orangefarbenen Sandstein der Insel.

In Cas Concos gab es ein paar sehr gute, gemütliche Restaurants, und der Weg zum türkisen Meer war nicht weit. Ich habe oft auf der Veranda gesessen, bei einem Glas Hierbas (dem Kräuterlikör der Insel) in den Sternenhimmel geschaut und gedacht: »Was für ein

Glück! Was für ein Geschenk! Mein Kindheitstraum ist in Erfüllung gegangen! Da hat man's aber gut mit mir gemeint!«

Wieder einmal fragte ich mich: Werden Wünsche wahr, wenn man sie sich aus tiefstem Herzen wünscht? Ein schönes Gefühl war es auch, andere Menschen an meinem Glück teilhaben zu lassen. Wir waren im Süden selten allein und luden immer gerne Familie und Freunde zu uns ein. Mit den Kindern machte ich Strandausflüge, fuhr in die Berge, spazierte über die Felder, erkundete die Insel, wir Erwachsene gingen in einfache spanische Kneipen, aßen Tapas oder saßen bis tief in die Nacht mit einem Glas mallorquinischen Rotweins und cooler Mucke am Pool.

Es war eine schöne Zeit. Damals hat mich der Inselvirus erfasst, der anscheinend ein Leben lang aktiv bleibt. Und bis heute bin ich ein begeisterter Besucher der Balearen-Insel.

Aber so schön die äußeren Umstände auch waren, so nahmen doch unsere inneren Konflikte stetig zu. Mir fiel auf, dass wir immer öfter Freunde einluden. Es schien, als seien sie Kommunikationsbrücken, die uns halfen, miteinander zu reden und/oder von uns selbst abzulenken. Trotzdem scheuten wir uns, das Thema Trennung oder Scheidung anzusprechen. Wahrscheinlich, weil wir spürten, dass es dann kein Zurück mehr geben würde.

🐂 FILME FÜRS LEBEN – LEBEN FÜR DEN FILM

Ich wandte mich wieder vermehrt meiner ersten und verlässlichsten Liebe zu: meinem Job! Über ihn holte ich mir Befriedigung und Bestätigung und bekam für *Fußball ist unser Leben* nicht nur den Bayerischen und den Deutschen Filmpreis, sondern lernte beim Dreh auch meinen von da an besten Freund Oscar Ortega Sánchez kennen: Wir stellten schnell fest, dass wir im Neubaugebiet Mannheim-Vogelstang nah beieinander gewohnt, uns aber nie getroffen hatten. Vermutlich, weil Oscar fünf Jahre jünger ist als ich. Als ich mit siebzehn nach Bochum zog, war er zwölf. Es war für uns beide total witzig, dass wir dieselben Orte, dieselben Leute kannten und, obwohl seine Eltern Spanier sind, im derbsten Mannheimer Dialekt miteinander reden konnten. In den Drehpausen haben wir nach bester SV-Waldhof-Manier immer ein bisschen gekickt. Auf dem Bildschirm ist Oscar heute als Mustafa Tombul in *Mordkommission Istanbul* zu sehen.

Oscar besuchte uns von da an mit seiner Freundin Uta, mit der er genauso lange zusammen war wie ich mit Natascha, oft in München oder auf unserer Finca auf Mallorca, und wir verbrachten viele schöne Abende. Manchmal haben wir zusammen mit ein paar weiteren Kumpeln auch »Männerurlaub« dort gemacht. Und das war immer schön, weil wir so viel gelacht haben. Oscar und ich haben absolut den gleichen Humor – ein wichtiger Aspekt unserer Freundschaft. Mit ihm kann ich stundenlang über alles reden, ohne groß zu überlegen, ob das Thema auch genug Niveau hat. Er ist genauso bescheuert wie ich – herrlich! Wir kommen beide aus einfachsten Verhältnissen, und wenn wieder einmal die Gefahr besteht, dass einem die Oberflächlichkeit des Showbiz tierisch auf den Keks geht, ist es toll, sich mit einem Weggefährten darüber auszutauschen und sich gegenseitig daran zu erinnern, wo man herkommt.

Ich schätze außerdem seine spanische Gelassenheit, die sich allerdings auch ab und an zur südländischen »Mañana-Lahmarschigkeit« ausweitet und mir dann gehörig den Blutdruck hochjagt. Das Schlimmste ist: Er bestätigt das auch noch. Aber das Schönste ist: In unserer Freundschaft muss keiner was müssen. Man sitzt auch mal nebeneinander und sagt nichts. Oder man redet Klartext, hört zu, akzeptiert jedoch auch unterschiedliche Meinungen und lernt so vom anderen.

Die enge Freundschaft mit Oscar ist für mich eine Seltenheit in diesem Beruf, denn eigentlich habe ich kaum wirklich gute Freunde aus der Branche. Die meisten nehmen sich und ihren Beruf viel zu ernst – nicht zu verwechseln mit gewissenhaftem Arbeiten.»Toll,

Herr Ochsenknecht«, werde ich manchmal von Journalisten gelöchert. »Sie haben es ja geschafft! Wie ist es denn so, berühmt zu sein?« Ich frage mich dann jedes Mal, was mit »geschafft« gemeint ist. Kohle? Popularität? Beides? Ich habe immer nur für die Schauspielerei und für die Musik gebrannt. Geld bzw. gute Honorare sind für mich eine – zugegebenermaßen nicht ganz unangenehme – Begleiterscheinung. Aber solange an den Häusern, in denen ich mal gewohnt habe, keine Tafel mit »Hier lebte von dann bis dann ...« angebracht wird oder es eine Uwe-Ochsenknecht-Straße (bitte ohne Adam) gibt, zähle ich mich nicht zu den wirklichen Berühmtheiten. Ich bin höchstens bekannt.

Die Komödie *Fußball ist unser Leben*, mit der Oscar in mein Leben trat, dreht sich um Hans Pollak, der ausschließlich für den FC Schalke 04 lebt und dessen Alltag sich nach dem Spielplan der Bundesliga richtet. Er ist Geschäftsführer des nur aus ihm und seinen Kumpeln bestehenden Fanclubs »Dios Knappen Gelsenkirchen«, der dem Schalke-Spieler Pablo Antonio »Dios« Di Ospeo (gespielt von Oscar) huldigt. Der Plot nimmt etliche überraschende Wendungen und gipfelt in einem fulminanten Happy-End für alle.

Unter Schalke-Fans ist der Film Kult, und den Proll Hans Pollak zu spielen machte mir riesigen Spaß, weil es mir mal wieder eine komplett neue Welt erschloss: Bevor ich das Drehbuch gelesen hatte, war mir die Schalke-Religion nicht klar – die Mentalität und der Dialekt der Leute dagegen schon, weil ich ja meine vierjährige Schauspiel-Ausbildung im nahegelegenen Bochum absolviert hatte.

Die Kinder der Fans wachsen gleich mit einer kompletten Erstausstattung auf: Schalke-Schnuller, Schalke-Bettzeug, Schalke-Mützchen, und sind vor der Geburt schon Schalke-Mitglied. So etwas kannte ich bis dahin nur von St. Pauli.

Fußball-Fanatismus liegt mir eigentlich nicht so. Da ich jedoch gut mit Jürgen Klinsmann befreundet bin, hat er mich, als er noch für die Nationalmannschaft spielte, ein paarmal mit ins Stadion genommen. Da ich überhaupt nicht patriotisch eingestellt bin und mir Herdenverhalten extrem zuwider ist, blieb ich bei Länderspielen, wenn die Nationalhymne ertönte und das ganze Stadion aufstand, demonstrativ sitzen. Als Einziger. Keine gute Idee, da ich dadurch den Hass von etwa 30 um mich herumstehenden, laut mitgrölenden Fans auf mich zog. Ihre Blicke wurden immer finsterer, bis ich dachte, es wäre wohl doch klüger, ausnahmsweise mal kurz aufzustehen, bevor sie von den anderen 49 970 Zuschauern im ausverkauften Stadion unterstützt worden wären. So toll so eine Atmosphäre im Stadion mit guter Stimmung auch ist, so beängstigend und beklemmend kann es werden, wenn die Stimmung kippt ...

Als Nächstes drehte ich 1999 den Fernseh-Mehrteiler *Dune – Der Wüstenplanet*, eine amerikanisch-deutsche Science-Fiction-Co-Produktion, deren Kameramann eine lebende Legende war: Vittorio Storaro, der die Kult-Klassiker *Der letzte Tango in Paris*, *1900*, *Apocalypse Now* und *Der letzte Kaiser* mit seiner visuellen Handschrift geadelt hatte. Drei Oscars und unzählige weitere Auszeichnungen mehr stehen in seinem Regal in seiner Geburts- und Heimatstadt Rom.

Gedreht wurde in den berühmten Barrandov-Studios in Prag, unter Einsatz von Millionen Tonnen von Sand, die mit großem Aufwand in die Hallen verfrachtet wurden. John Hurt, Ian McNeice und Giancarlo Giannini, ein ganz hervorragendes Ensemble, waren mit von der Partie.

Ein gutes Gegenbeispiel zu Neid und Missgunst der Deutschen ihren erfolgreichen heimischen Künstlern gegenüber (diese beschämende nationale Charaktereigenschaft habe ich bereits erwähnt) ließ sich bei diesen Dreharbeiten beobachten: Als ich von der Verleihung des Bayerischen Filmpreises für *Erleuchtung garantiert* zurück ins Studio nach Prag kam, begrüßte mich die aus etwa 100 Leuten bestehende Crew mit tosendem Applaus. Jeder Einzelne gratulierte mir persönlich und überreichte mir einen Schokoriegel, mit dem es folgende Bewandtnis hatte: Da wir beim Drehen von *Erleuchtung garantiert* in Tokio keine geregelten Essenszeiten hatten und ich extrem stinkig werden kann, wenn mein Blutzucker drastisch sinkt bzw. ich meinen Hunger nicht sofort stille, kaufte ich mir tagsüber oft einen Schokoriegel, den mir Doris Dörrie bei der Preisverleihung symbolisch und mit Erläuterung der dazugehörigen Geschichte übergab. Diesen Gag hatte die Crew wohl bei der Liveübertragung im Fernsehen gesehen und mich deswegen auf diese Art in Empfang genommen. Was für eine schöne Idee, was für ein liebevolles Zeichen von Respekt! So etwas erlebt man in Deutschland eben leider eher nicht. Nach dem ersten Teil stieg ich dann aber doch aus der Serie aus – und es wartete schon eine neue Herausforderung auf mich.

Für *Die Kreuzritter* kam ich 2001 zum ersten Mal nach Marokko und habe mich sofort in das Land verliebt. Diese wilde Stimmung, als wäre die Zeit stehengeblieben ...! Die Farben, die Gerüche, das Essen, die freundlichen Menschen, die Märkte, die Musik, das Gefühl von 1001 Nacht, eben der Zauber des Morgenlandes, das hier an das Abendland stößt, und dann noch das Meer direkt vor der Tür – mehr ging nicht! Wir drehten in Essaouira, wo 1952 auch Teile des Films *Othello* von und mit Orson Welles auf der Burg am Meer entstanden.

Der kleine Ort am Atlantik war in den Sechzigern ein echter Geheimtipp für Hippies aus aller Welt. Hier konnte man damals rumhängen, kiffen, Musik machen und hören, das Meer und die reiche Kultur genießen. Alle sind sie hier gewesen: die Beatles, die Stones, die Doors, Pink Floyd, Janis Joplin und vor allem mein Held Jimi Hendrix! Ich machte mir einen Sport daraus, möglichst viel über Jimis damaligen Aufenthalt herauszufinden. Das erste Recherche-Ergebnis war das Restaurant Chez Sam am Hafen, dessen Besitzer ein persönlicher Freund von Jimi gewesen sein soll.

Eines Abends nach Drehschluss entschied das Filmteam, dort zu essen. Der Chef begrüßte uns gleich mit einem herzlichen »Salam aleikum« an der Tür und erzählte uns beim Essen stundenlang über seinen berühmten Gitarrenkumpel. Dabei wies er auf die Fotos mit dessen persönlicher Widmung, mit denen die Wände »tapeziert« waren. Beim Abschied beschrieb er uns den Weg zu dem Haus, in dem Jimi damals gewohnt haben soll. Am nächsten Tag hatte ich drehfrei und begab mich mit einem Fahrer, der Englisch und Marokkanisch (einen Dialekt der arabischen Hochsprache) beherrschte, auf spannende Spurensuche. Das Ergebnis war enttäuschend: außer einem alten Gebäude, das Hotel Hendrix hieß und in dem er natürlich gewohnt haben soll, fanden wir lediglich eine abgebrannte Ruine, in der ein Obdachloser zwischen Müll und Unrat auf dem Rest einer Matratze vor sich hin vegetierte. Auch er bestätigte für ein bisschen Bakschisch, dass Jimi hier gewohnt habe. Mit der Zeit wurde mir klar, dass die Suche keinen Sinn hatte – jeder hier behauptete, etwas über Jimi zu wissen.

Fest steht, dass er im Sommer '69 tatsächlich ein bis zwei Wochen in Essaouira verbrachte. Er hätte allerdings jede Stunde umziehen müssen, wenn er überall da gewohnt hätte, wo man uns hin verwiesen hatte. Macht nix. Trotzdem war es cool, auf seinen Spuren zu wandeln, und ich nahm mir vor, diese kleine Stadt später mal meinen Jungs zu zeigen.

Nach dem *Kreuzritter*-Dreh rief mich mein langjähriger Freund Bernd Eichinger an und sagte, dass es eine Ehre und Freude für ihn wäre, wenn ich die Rolle des Johann Ferbach in dem TV-Zweiteiler *Vera Brühne* übernehmen würde. Der Film basierte auf Tatsachen und handelte von dem geheimnisumwitterten Doppelmord an dem wohlhabenden Arzt Otto Praun und seiner Haushälterin und Geliebten (die im Film zu Dietrich Schwarz und Elisabeth Huhn verfremdet wurden), für den Vera Brühne in den frühen Sechzigerjahren zu lebenslanger Haft verurteilt worden war. Das Drehbuch faszinierte mich dann ebenso sehr wie zuvor das von *Kaspar Hauser*. Ein tolles Projekt, in dem Hark Bohm Regie führen und Corinna Harfouch die Vera spielen sollte!

Irgendwie war man an die Gerichtspapiere gekommen. Ich konnte also sowohl Ferbachs Originalaussagen als auch den Ablauf des Prozesses nachverfolgen und lernte Vera Brühne dann auch noch persönlich kennen. Sie besuchte uns am Set und auch zu Hause und war bereit, mir offen Auskunft über ihren Bekannten Johann Ferbach zu geben, den ich spielen sollte und der zusammen mit ihr wegen gemeinschaftlich begangenen Doppelmordes verurteilt worden war. Sie war damals einundneunzig Jahre alt, aber geistig noch erstaunlich fit, und besaß immer noch die Ausstrahlung einer Dame von Welt. Das Flirten hatte sie auch noch nicht verlernt, und so manches Augenzwinkern von ihr ging mir unter die Haut. Der spannende Film von Hark Bohm ließ die Schuldfrage letztlich offen.

Schindlers Liste, für den ich ein Angebot bekam, lehnte ich hingegen ab, da ich keine Lust hatte, mich wegen nur zwei Drehtagen für drei ganze Monate blockieren zu lassen. Das war die Bedingung, und letztlich hätte ich nicht mehr als einen Satz zu sprechen gehabt. Das war mir nun doch zu wenig.

Ein Angebot von Spike Lee schlug ich ebenfalls aus. Ich sollte dafür auf eigene Kosten zum Casting nach Rom fliegen – ohne mich! Ich weiß gar nicht, ob der Film jemals gedreht wurde.

🐂 MEINE *WILDEN KERLE* – EIN GEFÄHRLICHER VERSUCH

2002 begann der Hype um meine *Wilden Kerle*, und eins gleich mal vorweg: Wir haben die Jungs nie dazu animiert oder, wie ich oft lesen musste, »ins Filmbusiness bugsiert«! Ich finde es überhaupt nicht gut, zu jung und ohne Ausbildung in diese Branche einzusteigen. Wäre vorauszusehen gewesen, dass die »*Wilde-Kerle*-Nummer« derartig abgeht, hätte ich ihnen das Mitspielen sicher nicht erlaubt. Warum auch? Später wäre immer noch früh genug für sie gewesen ...

Zunächst ging es ja auch nur um einen einzigen Kinofilm. Jimi und Wilson wurden zu einem offiziellen Casting für das Filmprojekt geladen, und ich hatte damit nicht das Geringste zu tun. Ich habe sie weder empfohlen noch einer Agentin ihre Fotos untergeschoben. Ihnen wurde ein Text zum Vorsprechen geschickt, den sie lernen mussten. Sie bestanden darauf, ihn ganz alleine zu erarbeiten, ohne meine professionelle Hilfe. Sie gingen dann zum Casting und kamen Runde für Runde weiter, bis sie schließlich den Zuschlag kriegten. Der Film sollte in den Sommerferien in Prag gedreht werden, deshalb hatten Natascha und ich nichts dagegen. Wenn die beiden bereit waren, dafür ihre Ferien zu opfern – na gut! Ich sollte den Vater von einem der anderen Jungs spielen.

Wilson und Jimi empfanden die Dreharbeiten so, als würden sie sich neun Wochen auf einem riesigen Abenteuerspielplatz austoben. Das Team war supernett, und die zwei genossen und liebten es, vor der Kamera zu stehen, wie es vermutlich die meisten Kids in dem Alter tun würden. Oder war Schauspiel-Leidenschaft erblich?

Den Riesenerfolg, den der Film dann einfuhr, hatte niemand erwartet. Wir nicht und die Produktionsfirma SamFilm auch nicht. Jimi und Wilson waren plötzlich Popstars, kamen als Poster-Boys in die *Bravo*, gaben Interviews und gingen in Talkshows. Hunderte Fans lungerten vor unserer Tür herum, und die Postboten schleppten körbeweise Liebesbriefe ins Haus. Die beiden wurden überall erkannt und um Autogramme gebeten, und ich achtete darauf, dass sie das Richtige im richtigen Moment und mit den richtigen Medien machten. Ich nahm den Hype um sie mit einem lachenden und einem weinenden Auge wahr. »Genießt es, es ist toll, es ist super«, riet ich und versuchte, sie ab und zu auf den Boden der Realität zurückzuholen, indem ich ergänzte: »Denn es werden auch wieder andere Zeiten kommen ...«

Die Liste der Kinderstars, die ihren frühen Ruhm nicht verkraftet haben, wird immer länger – die aktuellsten Beispiele sind Silvia Seidel (*Anna*) und Macaulay Culkin (*Kevin – Allein zu Haus*). Mini-Ruhm mit verheerenden Folgen: Die Wahrscheinlichkeit, dass Kinderstars auf der Strecke bleiben, ist außergewöhnlich hoch.

Jimis und Wilsons Gagen ließ ich für die von mir prophezeite Zeit nach *Wilde Kerle* anlegen – und die kam schneller als gedacht. Meine Jungs waren nach dem Dreh des fünften Teils sechzehn Jahre alt, entwickelten sich zu jungen Männern, und dadurch änderte sich auch ihr Typ. Die Angebote blieben erst mal aus, und sie fingen quasi wieder bei null an.

Ich höre oft den Begriff »Schauspielerdynastie«, bezogen auf mich und meine Söhne. Diese Bezeichnung entlockt mir stets ein müdes Grinsen, denn davon sind wir noch weit entfernt. Der einzige »Dynast« bin ich. Die Jungs sind mit mir und der Schauspielerei aufgewachsen, und ich bezweifle nicht ihr Talent, aber sie haben bis jetzt nur einen kleinen Ausschnitt von dem kennengelernt, was Schauspielerei eigentlich bedeutet. Sie wissen nicht, wie schön es ist, auf der Theaterbühne zu stehen und die Leute da unten zu verzaubern. Sie können aufgrund der wenigen Erfahrung noch gar nicht wissen, wie komplex diese Arbeit eigentlich ist.

Es gibt durchaus ein paar talentierte Quereinsteiger, die ihren Weg gemacht haben oder machen, aber das sind Ausnahmen. Um meine Söhne den Beruf von Grund auf lernen und sie dessen ganze Faszination erfahren zu lassen, würde ich sie gerne auf eine Schauspielschule schicken. Ich bin der Meinung, dass hierbei, wie in jeder anderen Profession, einzig eine solide Ausbildung über mehrere Jahre hinweg dafür sorgen kann, dass man den Job ordentlich ausübt und sich weiterentwickelt. Und zu Anfang ein paar Jahre auf der Theaterbühne zu stehen hilft auch.

Es nervt mich entsprechend kolossal, dass sich heute jedes TV-Sternchen Schauspieler(in) nennen darf. Fremdschäm-Shows haben mit Schauspielerei so wenig zu tun wie McDonald's mit einem Drei-Sterne-Restaurant. Das ist Berühmtwerden im Fast-Food-Verfahren – kurzlebig und ungesund.

Jimi und Wilson machten beide dann auch Musik und veröffentlichten mehrere CDs, aber auch da muss man am Ball bleiben, denn bei allem Spaß an diesen Geschichten darf man nicht vergessen, dass langjähriger Erfolg in der Hauptsache das Resultat harter Arbeit ist – und dass es die größte Herausforderung darstellt, nicht nur ins Geschäft zu kommen, sondern auch dort zu bleiben. Mittlerweile drehen die beiden wieder interessante Filme, mit Rollen, die ihrem Typ und Alter entsprechen, und sie investieren ihre Gagen in privaten Schauspielunterricht. Da ist dann auch Papa beruhigt.

Cheyenne allerdings soll, so sie es denn will, mit der Schauspielerei erst anfangen, wenn sie achtzehn ist, finde ich. Mit dieser Ansage habe ich bei ihr zuerst für schlechte Laune gesorgt. Ich veranlasste auch sofort, dass eine Agentur für Kinder, die Natascha ohne Absprache mit mir kontaktiert hatte, ein Foto von Cheyenne von ihrer Homepage wieder entfernte. Ich nehme gerne in Kauf, dass Cheyenne mit ihren zwölf Jahren deswegen mal 'ne Weile auf Daddy sauer ist, wenn sie dafür mit zwanzig nicht in der Betty-Ford-Klinik landet, weil sie ihre zu früh gestartete Karriere nicht verkraftet hat ...

Die Jungs schlugen sich also mit dem Erwachsenwerden herum, die Tochter wurde größer, und ich spielte in *Luther*, neben Peter Ustinov und Joseph Fiennes, man glaubt es nicht, ausgerechnet den Papst! Anschließend gab ich mit meinem Männerkumpel Heiner Lauterbach *Ein seltsames Paar* ab. Das Theaterstück lief in München, Hamburg und Berlin, und weil es so erfolgreich war, kaufte Produzentin Regina Ziegler die TV-Rechte und ließ es von Doris Dörrie verfilmen. Der Film war ziemlich gelungen, hatte aber leider im Fernsehen nicht den erwarteten Erfolg. Passiert manchmal. Kann man nix machen.

Auch *Vom Suchen und Finden der Liebe*, ein Film, der die schillernde Liebesgeschichte von Mimi Nachtigal und Venus Morgenstern erzählt, lief im Kino nur mäßig. Aber beim Dreh stellte ich wieder einmal fest, dass bei Helmut Dietls Drehbüchern jeder Satz, jedes Komma sitzt. Der Film, bei dem Moritz Bleibtreu und Alexandra Maria Lara neben mir die Hauptrollen spielten, wurde mit riesigem Aufwand in Griechenland gedreht. Die Dreharbeiten wurden für mich überschattet vom Tod meines Schwiegervaters, der schon seit Jahren mit seiner immer heftiger werdenden Zuckerkrankheit kämpfte.

Am Anfang seiner Krankheit stellte ich ihm meine Finca zur Verfügung, wo er sich oft wochenlang aufhielt, da ihm das Klima sehr guttat. Für sein letztes Jahr hatten wir mit viel Glück einen Platz in einem guten Pflegeheim unweit unseres Hauses bekommen. So konnte er Kontakt zu uns und seinen Enkelkindern halten, die er über alles liebte. Er war sehr tapfer, obwohl er wusste, wie es um ihn stand. Sogar während der furchtbar anstrengenden Dialyse hatte er stets einen witzigen Spruch auf den Lippen.

Nur einmal nicht, kurz vor seinem Tod, den er wohl kommen spürte: Ich brachte ihm ein paar Kleidungsstücke, die ich für ihn gewaschen hatte, ins Heim und fuhr ihn im Park spazieren. Die Zeit mit mir alleine genoss er meist, aber diesmal bemerkte ich sofort seine gedrückte Stimmung. Er bedankte sich für die Wäsche, und dann brach es aus ihm heraus. Es sei an der Zeit, dass er sich endlich mal für all das bedanke, was ich für ihn getan habe. Die Kosten fürs Heim, den Rollstuhl, die Flüge nach Mallorca und diverse andere Sachen, für die ich aufgekommen sei, aber auch die finanzielle Unterstützung für seine Frau und seine Kinder. Ohne diese Hilfe wäre vieles so viel schwieriger geworden, das könne er nie wiedergutmachen.

Überrascht schaute ich ihn an. Unser Verhältnis war nicht unbedingt das allerbeste, aber für seine Tochter, die ihn sehr liebte und die sehr in Sorge um ihn war, hatte ich das alles gerne gemacht. Ich sagte ihm deshalb, er solle sich keine Gedanken machen: »Solange es geht, geht's.« Das beruhigte ihn etwas. Und ich fand es schön und war froh, dass wenigstens er das zu schätzen wusste.

Das war unser letztes Treffen. Kurze Zeit später starb er. Als Grabstein organisierte ich ihm einen riesigen Findling – er liebte die Berge so, und der Stein sollte als Erinnerung daran dienen.

In Oskar Röhlers *Elementarteilchen* – nach dem Roman von Michel Houellebecq – spielte ich dann den alkoholkranken Vater (!) von Moritz Bleibtreu. Zu Anfang von Moritz' Karriere in *Die Gang* war ich bei der Zollfahndung noch sein Partner gewesen. Und jetzt spielte ich seinen Vater! Daran merkte ich, dass die Jahre vergingen und auch ich älter wurde ...

MIT WILSON UND JIMI AUF DEN SPUREN VON HENDRIX – MAROKKO REVISITED

Nachdem wir *Wilde Kerle 3* abgedreht hatten, wollte ich meine Jungs mal aus ihrem Showbiz-Leben entführen und überredete sie zu einem Männer-Trip nach Marokko. Es war Zeit, dass wir mal zu dritt Urlaub machten. Ich wollte ihnen gerne ein ganz einfaches Leben in einer ganz anderen Welt zeigen, damit sie sehen, wie toll sie es haben. Und natürlich wollte ich ihnen auch die Schönheit Marokkos nahebringen. Ein armes Land mit anderen Werten, anderen Gerüchen, anderer Kultur, anderer Musik und anderem Essen ...

Ich mietete uns in Essaouira absichtlich in einer einfachen kleinen Pension ein, und die Jungs mussten in einem winzigen Zimmer mit einem Doppelstockbett schlafen. Zu ihrer Unterhaltung gab es nur Bücher, keinen iPod, keine Handys, keine Computerspiele, kein Internet. Mein Freund Rhani Krija, der als Percussionist schon mit Sting und Annie Lennox spielte, war in Essaouira geboren worden. Seine Eltern lebten immer noch dort, und er führte uns herum und zeigte uns die Geheimtipps. Da er ein Lokalmatador war, musste er in jedem Touristenladen etwas vortrommeln, und da auch ich ein gewisses Talent für Percussion habe, wurden daraus mehrere spontane Sessions. Ein Riesenspaß, der – so nehme ich an – auch für die Jungs ein tolles Erlebnis war.

Die Bewohner erzählten immer noch unzählige Geschichten über Hendrix. Sein Mythos war in Essaouira stets präsent – und Jimi Blue wusste nun noch ein wenig genauer, wer sein Namensvetter war. Wir ritten auf Kamelen in der untergehenden Sonne am Strand entlang, heizten mit Quads durch die Sanddünen, schlenderten abends durch den Souk, bis wir erschöpft ins Bett fielen. Es war eine schöne gemeinsame Zeit, und ich glaube, auch bei meinen Söhnen hat dieser Ausflug bleibenden Eindruck hinterlassen und buchstäblich ihren »Horizont« etwas erweitert.

Auf der Rückreise fiel mir der 86. Geburtstag meiner Mutter am 17. April ein. Irgendein Impuls sagte mir, dass es richtig wäre, sie auf dem Rückweg mit ihren Enkelkindern, die sie eh viel zu selten sah, zu überraschen. Ich änderte also entsprechend die Route unseres Rückflugs, damit wir nach Mannheim fahren und sie, einen Tag nach ihrem Geburtstag, besuchen konnten. Wir standen unangemeldet vor ihrer Tür, und sie freute sich sehr. Das letzte Foto ihres Lebens zeigt sie mit Sonnenbrille und einer marokkanischen Kette – unseren Geburtstagsgeschenken.

Zwei Monate später starb sie überraschend, und ich bin bis heute froh, dass ich wieder mal meiner Intuition gefolgt bin und wir diesem Umweg gemacht haben.

Es ist immer richtig, auf sein Bauchgefühl zu hören, auch wenn es noch so absurd ist. Da kommt eine Idee von irgendwoher, der Kopf erhebt Einspruch, aber man muss auf sein Gefühl vertrauen, auch wenn es auf den ersten Blick nicht richtig erscheint. Mein Instinkt ist immer richtig gewesen. Die Umbuchung über Frankfurt war zwar aufwendig, anstrengend und teuer, aber sie schenkte Jimi, Wilson und mir letzte Stunden mit meiner Mutter, die sich nie mehr wiederholen lassen.

▼ »SCHLAF GUT, INGE« – DER TOD MEINER MUTTER

Ich telefonierte regelmäßig mindestens dreimal die Woche mit meiner Mutter. Wenn sie nicht erreichbar war, hatte sie entweder den Telefonhörer nicht richtig aufgelegt, war gerade einkaufen oder bei meiner Schwester, die in der Wohnung über ihr lebte.

Anfang Juni 2006 war ich spontan alleine nach Mallorca geflogen. Mit Natascha und mir lief es damals immer schlechter, und ich nutzte die Gelegenheit einiger freier Tage, um in unserer Finca wieder zu mir zu kommen. Ich hatte mich zwar immer unwohl gefühlt bei dem Gedanken, ganz allein in einem so großen Haus mitten in der Pampa zu sein. Doch diesmal nahm ich das Problem in Angriff und sagte mir: Hör mal. Du bist ein erwachsener Mann und hast sogar Familie. Du wirst es doch wohl schaffen, da alleine zu pennen, ohne dir vor Angst in die Hose zu machen und die ganze Nacht auf Geräusche zu achten! Was sollten denn meine Kinder dazu sagen? Ich wollte ein tougher Vater sein, mich am Riemen reißen und deshalb länger dort bleiben, um mir zu beweisen, dass ich auch alleine zurechtkam.

Ich war gerade mal drei Tage da, als ich meine Mutter telefonisch nicht erreichen konnte. Daraufhin rief ich meine Schwester an, und ihr Freund ging ran: »Hallo, Uli, ich hab Inge nicht erreicht, ist sie bei euch?«, fragte ich ihn besorgt.

»Nö!«

»Oh!« Es war nach 16.30 Uhr. Eine Zeit, zu der sie normalerweise zu Hause war, zumal es an diesem Tag sehr heiß in Mannheims City war, wie ich wusste. Ich war beunruhigt.

»Kannst du vielleicht mal kurz runtergehen und gucken, ob alles in Ordnung ist?«, bat ich Uli.

»Ja, klar, mach ich.«

Zwanzig Minuten später rief er total aufgeregt zurück: »Uwe! Uwe!! Da ist was passiert!«

»Was ist denn los?«

»Ich bin da rein, und da lag sie im Sessel, hat immer so die Augen verdreht, mit ihrem Arm gewunken und konnte nicht mehr sprechen!«

»Ja und? Hast du einen Notarzt gerufen?«

»Ja, klar!«

Pause.

Ich versuchte, klar zu denken.

»Was soll ich denn jetzt machen?«, fragte Uli. »Was soll ich machen?«

»Bleib bei ihr, versuch sie zu beruhigen und warte, bis die kommen!«

»Okay«, sagte Uli.

Es kam aber leider kein ausgebildeter Notfallmediziner, sondern nur zwei einfache Sanitäter trafen ein. Uli hatte der Notrufzentrale am Telefon nicht gesagt, dass Verdacht auf einen Schlaganfall bestehe. Ich ließ mir die Sanitäter dann ans Telefon holen, erklärte ihnen meine Vermutung und verlangte, dass sie meine Mutter so schnell wie möglich in die Klinik fuhren.

Im Krankenhaus fiel meine Mutter ins Koma. Ich nahm die nächste Maschine nach Frankfurt, und als ich ankam, teilten die Ärzte mir mit, dass sie tatsächlich einen schweren Schlaganfall gehabt hatte. Auf dem CT konnte man erkennen, dass große Hirnareale zerstört waren. Und dass sie in der Vergangenheit außerdem wohl schon mehrere kleine Schlaganfälle gehabt haben musste, die sie nicht bemerkt hatte. Ich verfluchte im Geiste die preußische Generation mit ihrer Härte gegen sich selbst. Ihre Mini-Schlaganfälle hatte meine Mutter nie ernst genommen, sondern immer als Kreislaufschwäche abgetan.

Die behandelnden Ärzte sagten mir, dass es eigentlich fast besser wäre, wenn sie nicht mehr aufwache, weil sie ein schlimmer Pflegefall werden würde. Sie würde niemanden mehr erkennen und nur noch vor sich hin vegetieren. Das musste ausgerechnet meiner Mutter passieren, die stets betont hatte, dass sie nie ein Pflegefall werden und niemandem zur Last fallen wolle! »Ich möchte umfallen und tot sein« – das war immer ihr Wunsch. Und so war es dann auch: Sie war sechsundachtzig und wachte nicht mehr auf.

Ich hatte immer wieder versucht, sie an unserem Leben teilhaben zu lassen. Sie hatte uns oft in München und auf Mallorca besucht, und ich probierte beharrlich, sie unter Leute zu bringen, sie zu einer Schiffsreise, zu einer Seniorengruppe oder wenigstens zum Lesen eines Buches zu überreden. Vergeblich. Auch die liebevollen Bemühungen meiner Schwester, ihr Leben interessanter zu gestalten, waren nicht sehr fruchtbar. Sie hatte schon seit Jahren keinen richtigen Spaß mehr am Leben gehabt, war an ihrer Hüftoperation, ihrem Grauen Star und dem nervigen Rollator resigniert.

Am 25. Juni 2006, eine Woche nach ihrem Schlaganfall, erreichte mich in München dann der Anruf, dass sie gestorben sei. Wir setzten uns sofort ins Auto und fuhren nach Mannheim ins Krankenhaus. Natascha und ich gingen jeweils allein zu ihr ins Sterbezimmer, um uns von ihr zu verabschieden. Ich nahm ihre schon kalte Hand und flüsterte ihr zu, was für eine tolle Mutter sie für uns gewesen sei und wie schön es war, so viel Zeit mit ihr verbracht zu haben. Sie solle sich keine Sorgen machen, sie habe alles richtig gemacht. Da die Seelen der Menschen, die gerade gestorben sind, oft nicht »wissen«, dass sich ihr Zustand verändert hat, ist es hilfreich, ihnen liebevoll, aber deutlich zu sagen, sie sollten ins Licht gehen. Das tat ich. Ihr Wunsch, ohne langes Leiden zu sterben, war erhört worden. Alles war gut.

Meine Mutter hatte stets gesagt, dass sie im Falle ihres Todes nicht wolle, dass die Leute zu ihrer Trauerfeier in Schwarz kämen. Sie sollten bunte Sachen tragen, lustig sein und Spaß haben. Die Feier müsse ein Fest werden. »Man braucht keine Särge und keinen Friedhof, um an jemanden zu denken, das ist alles nur Geld-Scheffelei«, meinte sie.

Zur Beisetzung ließ ich ihre Lieblingsmusik laufen und sechsundachtzig bunte herzförmige Luftballons aufsteigen. Das hat ihr sicher gefallen ...

▼ MINUS ACHTZEHN – TRENNUNG VON NATASCHA

Natascha und ich lebten nebeneinander her, besprachen nur noch das Nötigste. Am Telefon, aus der Ferne, lief es noch erstaunlich gut mit uns – aber zu Hause ging nichts mehr. Der Ton zwischen uns war sachlich, kühl und, zumindest für mich, quälend gefühllos geworden. »Ich möchte so eine Beziehung nicht führen«, sagte ich irgendwann zu ihr, »in der man so kühl miteinander redet und umgeht. Ich möchte, dass wir das sofort ändern! Wir müssen dringend einen Weg finden, wieder liebevoller miteinander zu sein.«

Mein Hinweis zog einen heftigen Streit nach sich. Sofort ging es darum, wer an der Situation schuld sei – so kamen wir nicht weiter. Ich probierte mehrfach, unser Miteinander zu deeskalieren und die Gefühle füreinander zu reanimieren. Vergeblich, es endete jedes Mal mit Auseinandersetzungen. Von Trennung zu sprechen oder sie gar in die Tat umzusetzen – dazu war ich dennoch noch nicht in der Lage.

Im Februar 2009 flogen Natascha, Cheyenne und ich nach Kapstadt, weil ich dort *Gier* unter der Regie von Dieter Wedel drehte, einen TV-Zweiteiler über einen windigen Finanzbetrüger namens Glanz, der sich nach Südafrika absetzt. In den Wochen davor war unsere Beziehung an einem Punkt angekommen, wo jedes Gespräch sofort in Streit mündete.

Wir wohnten in einem wunderschönen Apartment in einem erstklassigen Hotel mit Pool mitten in der City am Green Market, und Kapstadt war traumhaft. Aber auch die Sonne und die schöne Umgebung konnten unsere schlechte Stimmung nicht mildern. Abends im Hotelzimmer, als wir stumm beieinandersaßen, um einen offenen Konflikt zu vermeiden, fragte Natascha mich, wie ich den Zustand unserer Ehe auf einer Skala von eins bis zehn einordnen würde, wenn zehn super und eins schlecht sei. »Ich würde mal sagen: bei minus achtzehn!«, antwortete ich geradeheraus.

Für ein paar Minuten herrschte betretene Stille, die ich so interpretierte, als würde Natascha die Situation ganz genauso einschätzen.

Ich bemerkte, wie froh ich war, dass die Wahrheit endlich auf den Tisch kam. Innerlich hatte ich mich schon lange darauf vorbereitet. Endlich war unser Verhältnis geklärt, so weh es auch tat; manchmal muss man eben ein kleines bisschen sterben, um wieder ein wenig mehr zu leben. Und wir steckten in einer Sackgasse fest. Nach vielen Versuchen, inklusive der Paartherapie, schien eine Trennung der einzige Weg raus zu sein. Friedlich, einvernehmlich, aber endgültig, beschlossen wir, uns zu trennen. Jetzt und sofort.

Das war's also. So schnell kann das gehen. Nach fast zwanzig Jahren Beziehung. Ich schenkte ihr trotzdem noch den weißgoldenen Ring in Herzform, in den drei kleine Diamanten, die unsere Kinder symbolisieren sollten, lose eingearbeitet waren. Den hatte ich ihr eigentlich zu unserem Zwanzigjährigen geben wollen, denn der stand damals ja kurz bevor. Aber nun war er halt zum Abschiedsgeschenk geworden. Natascha überreichte mir ihrerseits noch ein silbernes Kreuz. Passte ja: Amen und aus. Wir arrangierten uns noch zwei Wochen im selben Apartment, um keinen Medienwirbel zu verursachen.

Zwischenzeitlich hatte ich für das Musical *Hairspray* in Köln zugesagt und zog aus unserem Haus aus. Wir teilten unsere Sachen auf, und ich schickte eine Möbel-Spedition, die meinen Kram abholte und nach Köln transportierte. Es war für mich überhaupt keine Frage, dass ich Natascha die erste Zeit finanziell unterstützen würde, bis sie sich selbst beruflich etwas aufgebaut hätte. Die nicht geringen Zahlungen sollten sicherstellen, dass sie sich weiterhin das Leben leisten konnte, das sie in der Vergangenheit gewohnt war.

Die Kinder reagierten überraschend gelassen auf unsere Trennung. Die Jungs waren ja sowieso schon groß und ständig unterwegs – und Cheyenne hatte bereits lange mitbekommen, dass der Haussegen schief hing. Kindern kann man nichts vormachen, und manchmal denke ich, es wäre besser gewesen, sich früher zu trennen, anstatt ihnen eine heile Welt vorzuspielen, an die sie sowieso nicht glaubten. Bemerkungen wie: »Wir haben uns schon länger gefragt, warum ihr euch nicht trennt. Ihr streitet doch nur noch«, bestätigten dies.

Natascha löste ein paar Monate später den Haushalt in München auf und zog mit Cheyenne nach Berlin.

Nach der Trennung dachte ich darüber nach, wie und warum es so weit mit uns gekommen war. Schauspieler sind sehr egozentrisch, brauchen mehr Aufmerksamkeit als andere Menschen und bekommen sie, wenn sie bekannt sind, auch im Übermaß. Für einen Partner ist das nicht immer leicht zu verkraften.

Die Ehe ist eine schwierige Sache, die man eigentlich nicht wirklich braucht. Entweder die Beziehung funktioniert – oder eben nicht. Und so ein Trauschein kann die Liebe auch zerstören. Wenn man heiratet, knüpft man seine Beziehung ja automatisch an Bedingungen. Dabei muss die Liebe sich ungezwungen entfalten können. Die Ehe mit all ihren Verpflichtungen und Erwartungen ist wie ein Korsett, das den Gefühlen die Luft zum Atmen nimmt. Und dagegen können nur die wenigsten Paare was machen.

Natascha und ich hatten unsere Zeit, und die war wunderbar und schön, aber nun musste jeder für sich selbst an seiner Zukunft basteln. Anscheinend hat Natascha mit Umut Kekilli ein neues Glück gefunden. Ich habe ihn schon mehrmals getroffen, er ist ein feiner Kerl, die Kinder mögen ihn, und er scheint Natascha gutzutun. Ich wünsche den beiden, dass es lange hält.

🐂 KIDS – DAS PROJEKT »FAMILIE«

Das Projekt »Familie« war für mich nach der Erfahrung mit Rosana und Rocco nun bereits zum zweiten Mal gescheitert. Die Zeit mit Natascha und den Kindern war wie eine Schule, durch die ich ging, ohne die Abschlussprüfung zu schaffen. Die Traumata meiner eigenen Kindheit hatten mich wohl so stark geprägt, dass die Konsequenzen nicht mehr zu verhindern waren. Manche Wunden sind zu nah am Knochen und heilen nie – das hatte sich im Grunde schon in der Gesprächstherapie herauskristallisiert. Die mir früh zugefügten Verletzungen hatten mich gegen euphorische Kinder-Ekstase oder überbordende Vatergefühle immunisiert. Dachte ich ...

Meine Schwester hat das Experiment »eigene Kinder« gar nicht erst versucht, weil sie die Anti-Kinder-Einstellung meiner Eltern restlos verinnerlicht hat: »Kinder sind laut und machen nur Arbeit! Schaff dir um Himmels willen niemals welche an!« Lange Zeit sah ich das auch so und empfand dies immer als Manko. Wenn der Rest der Welt dauernd beschwor, dass Kinder ein »Himmelsgeschenk« seien, »eine Bereicherung im Leben«, »das Schönste, was einem passieren kann«, dann musste ich doch auch lernen können, das so zu empfinden!?

Und ich fühlte, dass dieser Lernprozess nur mit eigenen Kindern möglich wäre. Mit Natascha als Mutter glaubte ich die geeignete Partnerin gefunden zu haben, die Theorie in die Praxis umzusetzen. Ich wollte auch erleben, was die anderen meinten, wenn sie behaupteten, dass Kinder »etwas Wunderbares« seien. Ich hatte das dringende Bedürfnis, mein Manko auszugleichen, und war bereit, mich auf die Erfahrung einzulassen, wie sich die Liebe zum eigenen Kind, die angeblich so tief, selbstlos und innig sein sollte wie zu sonst niemandem auf dieser Welt, wohl anfühlen würde. Ich wollte unbedingt bei allen Geburten dabei sein, wechselte die Windeln, wollte alles wissen und sehr nah dran sein. Ich wollte es bewusst ganz anders machen als meine Eltern, und soweit es mir möglich war, habe ich das, glaube ich, auch ganz gut hinbekommen.

Es gab viele schöne Momente, aber der Stress, der untrennbar dazugehörte, war unfassbar! Ich denke, alle, die Kinder haben, können das gut nachvollziehen: Vierundzwanzig Stunden am Tag geht es um den Nachwuchs. Man muss die Kids zum Kindergarten bringen und wieder abholen, man muss sich um sie kümmern, wenn sie krank werden, muss auf Elternabende, zu Schulaufführungen, Fußball-Turnieren. Permanent suchen die Kleinen – das aber auch zu Recht – nach Aufmerksamkeit. Alles ist durchorganisiert, und wenn man mal was spontan machen will, ist man abhängig von Omas und Babysittern.

Ich liebe meine Kinder, ich werde sie auch immer lieben und immer für sie da sein. Die Zeit mit ihnen war und ist eine tolle Erfahrung, in der ich viel über mich lernte und immer noch lerne – aber mein größtes Hobby wurde ihre Erziehung nicht. Es ist mir schleierhaft, wie andere das hinkriegen, aber mein eigenes Leben war mir keinesfalls ab ihrer Geburt schlagartig egal.

Kinder sind nicht der Mittelpunkt jeden Lebens – und das mal ehrlich auszusprechen ist merkwürdigerweise immer noch ein großes Tabu. Kinder bergen eben auch eine Riesengefahr für die Beziehung und sind eine sehr große Prüfung für die Zweisamkeit. Vor denen, die das durchhalten, und womöglich auch noch eine glückliche Beziehung führen, habe ich größten Respekt. Aber das sind nach meiner Erfahrung Ausnahmefälle.

Dass kinderlose Paare glücklicher sind als Eltern, bestätigt mittlerweile sogar die Wissenschaft. Rund vierzig Prozent aller Eltern lassen sich schon im ersten Jahr nach der Geburt scheiden, weil sie den psychischen Druck nicht aushalten: Schlafmangel, Partnerschaftsprobleme, Karriere-Lücken. Und wenn man dauernd die Reste des Durchfalls vom Babypopo kratzen muss und sich als Eltern mit vollgekotzten Pullis und tiefen Augenringen gegenübersteht, bröckelt auch der umwerfendste Sex-Appeal. Die sechzig Prozent, die weitermachen, werden mit Koliken, Sorgen, Ratlosigkeit, durchwachten Nächten, Erziehungsdiskussionen, Pubertätsstress und Beziehungskrisen »belohnt«. Erziehung ist Schwerstarbeit.

Leider haben Natascha und ich in Erziehungsfragen, wenn ich mir das im Rückblick so durch den Kopf gehen lasse, selten an einem Strang gezogen.

Und das war wahrscheinlich ein weiterer Konfliktpunkt, der wesentlich zum Scheitern unserer Beziehung beigetragen hat.

Teil 5
Today & Tomorrow

KIKI – NICHT GESUCHT UND DOCH GEFUNDEN

Als ich vom *Gier*-Dreh aus Südafrika zurückkehrte, war ich seit vier Wochen Single. Da ich in München ja noch mit Natascha unter einem Dach lebte, wollte ich der angespannten Atmosphäre so bald wie möglich entfliehen und fasste den Entschluss, mit ein paar Jungs nach Mallorca zu fliegen und mich auf unserer Finca zu erholen. Ein bisschen Bier trinken, rumblödeln, quatschen (aus gegebenem Anlass auch über Frauen und Beziehungen) – all das tat mir sehr gut. Loszulassen fiel mir nicht schwer: Ich war frei und genoss es sehr. Keiner musste was, keiner wollte was. Und ich schon gar nicht. Und von Mädels wollte ich in dieser Situation absolut gar nichts wissen. Ich wollte mich erst einmal wieder emotional resetten. Was würde jetzt kommen? Wie würde alles weitergehen? Ich war offen und entspannt, und mein Leben fing langsam wieder an, spannend zu werden.

Die Liebe kommt gerne, wenn man am wenigsten mit ihr rechnet: An einem der Abende auf Mallorca war ich mit meinen Freunden in einem typisch mallorquinischen Restaurant essen. Es war warm, wir saßen draußen, genossen die spanischen Köstlichkeiten und fühlten uns wohl. Als wir fast fertig waren, kam Lautario, der Kellner, an unseren Tisch und teilte uns ganz aufgeregt mit, dass in der Abraxas-Bar um die Ecke, in der er parallel als DJ arbeitete, gerade sieben (!) deutsche Topmodels eingelaufen seien. Er habe den Eindruck, dass die nicht lange bleiben würden. Wir sollten doch so schnell wie möglich rübergehen. Kaum hatten meine Jungs das gehört, waren sie nicht mehr zu halten und wollten sich sofort auf den Weg machen. Da ich in einem ganz anderen Modus war, erinnerte ich die Männer leicht genervt daran, dass wir vielleicht noch zahlen sollten, falls wir hier irgendwann wieder mal was essen wollten.

So beglichen wir hektisch die Rechnung und brachen auf. Der Gang in diese Bar sollte mein Leben dann entscheidend in Richtung Happiness verändern.

Weil es noch relativ früh war, fanden wir den Laden komplett leer vor bis auf eine Gruppe Mädels, die sich offenbar bestens amüsierten und immer wieder laut lachten. Kein Wunder, dass der Kellner uns animiert hatte, hier noch einen Drink zu nehmen. Wir bestellten und bemerkten, dass die Mädels sich zum Gehen anschickten. Einer meiner Kumpel sagte entsetzt: »Guck mal! Ich glaube, die brechen auf!«

»Ja und?«, fragte ich. Ob sie gingen oder blieben, das interessierte mich wenig.

»Die kennen dich doch sicher! Frag doch mal, ob sie mit uns noch einen trinken!«

Da hatte er sich gerade den Richtigen ausgeguckt. Meine Bekanntheit auszunutzen, um Mädels aufzureißen, fand ich schon immer total peinlich. Und hier wäre es ja noch nicht mal für mich selbst! Aber was tut man nicht alles, damit sich die Freunde im Urlaub wohlfühlen. Da ich vom letzten Film einen dunklen Vollbart und gegelte, schwarzgefärbte, nach hinten gekämmte Haare hatte, war ich eh nicht so schnell zu erkennen wie sonst und quasi inkognito. Ich ging also zu einer der Frauen, die schon auf der Straße stand, und fragte, ob sie noch einen mit uns trinken wolle. »Ach nee, wir sind durch und wollen schlafen«, lautete ihre müde Antwort.

Ich war viel zu unmotiviert und hatte keine Lust, weiter zu verhandeln. »Okay, dann gute Nacht«, verabschiedete ich mich freundlich.

Meine Freunde jedoch wollten sich mit dem Korb, den wir bekommen hatten, nicht abfinden. Einer von ihnen stand nun selbst auf, rauschte Richtung Ausgang und überredete eines der Mädels auf seine charmante Art irgendwie tatsächlich, mit zwei ihrer Freundinnen zurückzukommen. Die drei setzten sich zu uns an den Tisch, und wir durften ihnen einen Drink bestellen. Sie machten »Mädels-Urlaub« in der Finca von Freunden, verrieten sie uns. Die Unterhaltung lief total unverkrampft ab, die Chemie stimmte sofort, und es schien, als wären wir schon ewig zusammen im Urlaub. Ich kam ins Gespräch mit einer gewissen Kirsten, die von den anderen Kiki gerufen wurde und neben mir saß. Sie war blond, hübsch und hatte eine tolle Figur – das registrierte ich schon noch, obwohl ich emotional nicht besonders zugänglich war. Außerdem hatte sie eine sehr erfrischende, lebendige, lebenslustige Art. Als die anderen im Nebenzimmer Billard spielen gingen, blieben wir sitzen, um uns weiter zu unterhalten. Ich stolperte alsbald über ihren kaum hörbaren Dialekt und sprach sie darauf an. Und: Sie kam tatsächlich aus Bensheim – wusst ich's doch! Bensheim liegt nur fünfzehn Minuten von Biblis entfernt, meinem Geburtsstädtchen. Sie war also aus meinem Revier – und wir hatten plötzlich jede Menge Gesprächsthemen. Erst relativ spät schnallte sie, dass ich tatsächlich der Schauspieler war, den sie aus dem Fernsehen kannte. Sie hatte mich wegen meines Bartes und meiner zurückgekämmten schwarzen Haare nicht sofort erkannt. »Na, des hat jetzt awa e bissel gedauert«, babbelte ich daraufhin in übertrieben breitestem Hessisch in ihre Richtung.

Ich genoss ihre lustige, unbeschwerte, entspannte Art total – und bemerkte, wie lange Natascha und ich das schon nicht mehr zusammen erlebt hatten. Irgendwann schloss dann die Kneipe. »Und was machen wir jetzt?«, fragte sich die Runde kollektiv. Ich wollte keine fremden Leute in meiner Finca, das war mir zu privat. Also holte ich nur schnell die Gitarre von Flo, dem Gitarristen und begnadeten Sänger meiner Band, packte ein paar Flaschen Rotwein und Hierbas ein und brauste mit diesem Partyproviant in das Haus der »sieben Topmodels«.

Dort saßen wir auf der Terrasse, erzählten uns Geschichten, lachten, tranken, was das Zeug hielt, sangen die Hitparaden von 1960 bis heute durch und hatten riesigen Spaß. Kiki saß neben mir. Mit der Zeit rückten wir immer näher zusammen, streichelten uns und begannen irgendwann, uns zu küssen. Ganz fein nur, sodass sich die Lippen leicht berührten, bis es dann immer heftiger wurde. Wow! So hatte und wurde ich schon lange nicht mehr geküsst! Dass ich gemeint war und dass mein Gegenüber es auch genoss – wie lange lag eine solche Erfahrung für mich schon zurück.

Wir knutschten uns in einen richtigen Rausch, der nur durch eines noch zu steigern war – und dieses Eine wurde immer unausweichlicher und war dann wirklich unbeschreiblich schön.

Als wir Kikis Schlafzimmer verließen, wurde es draußen schon hell. Ich sammelte meine Reisegruppe ein und versuchte herauszufinden, wer am wenigsten betrunken war. Derjenige sollte uns dann nämlich runter in mein Haus fahren. Ein Kumpel, Edgar, meldete sich freiwillig, obwohl er am heftigsten einen sitzen hatte. Wir machten ihm klar, dass er hier in Spanien wahrscheinlich gleich in den Knast käme, würde er in diesem Zustand erwischt werden. Doch er erwiderte auf seine spezielle trockene Art in tiefstem Mannheimerisch: »Die känne mir de Fieraschoi gannäd wegnämme, dänn hawwisch nähmlisch schunn vor ä paah Joa in Daitschlond abgewwä!«

Nachdem unser Lachflash verebbt war und weil wir alle endlich ins Bett wollten, stimmten wir zu. Diese Fahrt werde ich nie vergessen: Edgar auf dem Fahrersitz unseres kleinen Opel Corsa mit der Bose-Dockingstation auf seinem Schoß, aus der uns Supertramp in voller Lautstärke einen »...long way home« wünschten (was ich nicht hoffte). Ich hinter dem kleingewachsenen Edgar, der so tief in seinem Sitz versank, dass man meinen konnte, wir wären ein Geisterfahrerauto, händchenhaltend mit Kiki auf der Rückbank, die neben mir langsam selig einschlummerte.

Auf halber Strecke kam uns auf dem schmalen, staubigen Feldweg später ein Auto entgegen, aber Edgar machte zu meinem Entsetzen keine Anstalten, seine Geschwindigkeit zu verringern. Kurz vor dem finalen Crash fand er glücklicherweise doch noch die Bremse, und beide Autos stoppten mit nur einem halben Meter Abstand Schnauze an Schnauze. Edgar legte den Rückwärtsgang ein und stieß full Speed zurück. Ich wollte noch sagen, dass sich hinter uns eine Mauer befindet, aber zu spät: Wir krachten mit einem fürchterlichen Wumms dagegen. Der andere Wagen fuhr weiter, und auch wir konnten unsere Fahrt kurz danach zum Glück ohne weitere Blessuren forsetzen.

Als wir endlich in meiner Finca ankamen, begutachteten wir den Schaden, der sich erstaunlicherweise in Grenzen hielt, und fielen tot ins Bett. Das Schlafzimmer, das ich jahrelang mit Natascha geteilt hatte, schien mir in dieser Situation unpassend, ich empfand es als pietätlos, es nach nur einem Monat Trennung schon zu »entweihen«.

Kiki und ich entschieden uns also für das Bett im Kinderzimmer und fielen ins Koma. Um zehn klingelte der Wecker, weil eine halbe Stunde später ein Makler kommen sollte, um die Finca, die seit der Trennung zum Verkauf stand, ein paar Interessenten zu zeigen. Nach so einer Nacht und mit nur knapp zwei Stunden Schlaf konnte ich aber unmöglich einen Makler empfangen, deshalb rief ich ihn an, versuchte meine Muttersprache wiederzufinden und teilte ihm mit, dass wir den Termin verschieben sollten. Kein Problem.

Abends musste ich für einen Drehtag nach Berlin, weil ich in *Zweiohrküken* eine Szene als Flirtberater spielen sollte. Es war schon ziemlich paradox, Matthias Schweighöfer darüber zu belehren, wie man am besten eine Frau aufreißt, wo ich gerade die Nacht zuvor die Erfahrung gemacht hatte, dass man auch eine tolle Frau kennenlernen kann, ohne überhaupt eine kennenlernen zu wollen.

Nach der letzten Klappe wollte ich unbedingt schnell wieder nach Mallorca zurück, um mit Kiki noch mal essen zu gehen, bevor sie abreisen würde, aber wegen schweren Gewitters starteten keine Flugzeuge in Berlin. Wie auf Kohlen saß ich in der Wartehalle des Flughafens und hoffte, dass Blitz und Donner schnell vorüberziehen würden. Das taten sie zum Glück dann auch, und ich setzte mich nach der Landung auf Mallorca sofort ins Taxi. Noch im Auto kam eine SMS von Kiki. Sie und ihre Freundinnen seien in Cala Figuera im Restaurant Pura Vida, und sie würde dort auf mich warten, da sie den letzten Abend gerne mit mir verbringen wolle. Das Kribbeln, das mir in den Bauch schoss, kam mir verdammt bekannt vor, und ich ahnte, dass ich bald kein Single mehr sein würde.

Ein paar Tage später flog ich nach Köln, wo die Proben für das Musical *Hairspray* starteten. Kiki und ich telefonierten viel und merkten schnell, dass unsere Verliebtheit Potential hatte. Ich sagte Natascha vorerst nichts von unserer Liebe, da ich annahm, dass es sie wahrscheinlich noch verletzen würde. Und auch gegenüber der Presse hielten Kiki und ich unsere Beziehung mehrere Monate absolut geheim.

Wir überstürzten nichts. Da Kiki beruflich noch an ihren Wohnort gebunden war, besuchte sie mich an den Wochenenden, und wir konnten langsam erforschen, wie ein eventuelles Zusammenleben funktionieren könnte. Es funktionierte super! Wir kamen uns immer näher, die Chemie stimmte, und es war locker und entspannt. Es lief einfach rund – und auch jetzt nach vier Jahren noch klappt alles bestens!

Ich bin erfüllt von positiven Emotionen, wenn ich an Kiki denke oder sie sehe – ein warmes Gefühl. Wir führen tolle Gespräche, lachen miteinander und können vieles miteinander teilen. Meine Empfindungen für sie sind immer noch eine gute Mischung aus Verliebtsein-wie-am-ersten-Tag und Realitätssinn. Ich kann heute sagen, dass sie meine bislang größte Liebe ist. Im richtigen Moment wurde mir ein Engel geschickt, der alle meine emotionalen Wunden nach und nach heilte. Dafür bin ich ihr unendlich dankbar!

Im September 2009 gab Natascha öffentlich bekannt, dass sie einen neuen Freund hat – Umut. Kiki und ich warteten noch bis Weihnachten und beschlossen dann, unsere Beziehung nun auch publik zu machen. Und zu behaupten, wir hätten uns erst im September kennengelernt ...

Natascha nahm es sehr gefasst auf, mit der Bemerkung, dass sie das eh schon länger gewusst habe, was nicht wirklich stimmen konnte. Egal. Die Kinder freuten sich für mich. Cheyenne besuchte uns regelmäßig und nahm Kiki sofort als meine neue Lebenspartnerin an. Es war für mich immer wieder schön zu sehen, wie meine Tochter und die neue Frau an meiner Seite miteinander umgingen. Sie waren ein Herz und eine Seele. Wie erleichtert war ich doch, dass die beiden sich so gut vertrugen, weil es Cheyenne sicher half, die Trennung ihrer Eltern besser zu verarbeiten. Was für ein Glück! Nachdem meine Arbeit in Köln beendet war, zog ich für ein Jahr zu Kiki nach Bensheim. Solange sie da noch arbeiten musste, wollte ich dort sein. Für diese Zeit suchten wir uns ein kleines Häuschen zur Miete. Später, als sie ihren Job gekündigt hatte, gingen wir nach Berlin (wo wir auch heute noch wohnen), vor allem um in der Nähe von Cheyenne zu sein.

Um unsere Liebe, die uns so unter die Haut ging, auch optisch unter die Haut gehen zu lassen, beschlossen wir, uns ein gemeinsames Tattoo stechen zu lassen: Die Harmonicalium-Kornkreise von Avebury, die aussehen wie ein Ying/Yang-Zeichen in Form einer 8! Die Geschichte dazu ist erstaunlich: Nachdem wir die Tattoo-Sache beschlossen hatten, suchten wir beide nach einem Motiv und blätterten uns durch Bücher und Internet-Seiten. Unabhängig voneinander entdeckten wir die Kornkreise – und genauso unabhängig voneinander favorisierten wir unter Hunderten von Möglichkeiten, die zur Auswahl standen, genau dasselbe Motiv. Und jetzt kommt's: Die Kornkreis-Formation, die nun auf unseren Körpern verewigt ist, entstand in jener Nacht, in der wir uns kennengelernt haben. Wer kann da noch an Zufälle glauben?

MAGIC MOMENTS – ÜBER BEZIEHUNGEN UND LIEBE

Ich kann mich nur neu verlieben, wenn die vorige Liebe erloschen ist. Überschneidungen sind mir zum Glück nie passiert, die könnte ich auch gar nicht händeln. Ich glaube nicht, dass ich zwei Frauen gleichzeitig gleichwertig lieben könnte, es hat immer nur eine Priorität. Das offene 68er-Beziehungsmodell, die Idee, dass ein Herz unendlich viel Platz hat, liegt mir nicht. Ich bin gerne auf nur einen

Menschen bezogen – und das ganz, mit Haut und (wenn auch mittlerweile wenig, aber immerhin) Haar.

Natürlich könnte ich mir auch vorstellen, alleine zu leben. Ich würde klarkommen, aber mein Leben wäre sehr viel grauer, denn ich genieße die Präsenz von Frauen. Sie geben meinem Leben Farbe und Leichtigkeit. Die weibliche Art, Mädchenfarben, Lippenstift, Schuh-Diskussionen – ich bin total gerne unter Frauen und kriege auch keine Macho-Beklemmungen, wenn ich in einer Gruppe der einzige Mann bin. Im Gegenteil.

Man sagt ja immer, dass Männer keine Chance hätten, eine Frau zu verstehen, ihre psychische Struktur zu begreifen. Darum ging es auch in dem Film *Warum Männer nicht zuhören und Frauen nicht einparken können*, in dem ich 2007 unter der Regie von Leander Haußmann den Eso-Guru und Abenteurer Jonathan Armbruster spielte. Der Film parodiert äußerst humorvoll die Verhaltensweisen von Männern und Frauen, die er auf genetisch vererbte, triebgesteuerte Steinzeit-Handlungsmuster zurückführt, als wir noch in Höhlen lebten und uns von erlegten Wildschweinen ernährten.

Der österreichische Schriftsteller Karl Kraus stellte zur Aufschlüsselung der Frauenseele übrigens einmal eine unlösbare Gleichung aus Primzahlen und Wurzeln auf. Ich kann solch theatralische männliche Ratlosigkeit absolut nicht unterschreiben. Frauen sind für mich keine unverständlichen Wesen. Die Männer müssten sich lediglich ein bisschen Mühe geben, um sie zu entschlüsseln. Denn das ist möglich.

Männer tun zwar so, als wären Frauen Wesen von einem anderen Stern, aber ohne sie könnten sie nicht überleben. Sie brauchen nicht nur deren Liebe, sondern vor allem auch deren Kraft. Frauen sind psychisch und physisch viel belastbarer als Männer, und ohne »Muddi« an ihrer Seite könnten sie niemals die ewigen Kinder bleiben, die die meisten von uns im Grunde noch sind – mich eingeschlossen.

Der vierzehnjährige Uwe kommt mit all seinen Macken und Spinnereien in mir – zum Glück – zwar noch oft durch, ich halte mich aber trotzdem für einen guten, erwachsenen und reflektierten Partner: Ich habe aus all meinen Beziehungen gelernt, Fehler erkannt und reichlich Selbstkritik dabei geübt. Die berühmte Frage »Würdest du dich selbst heiraten?« kann ich mittlerweile ohne Selbstgefälligkeit bejahen. Laut neuesten psychologischen Erkenntnissen soll man sich ja selbst gut finden. Denn wenn man das schon selbst nicht tut, wer bitte schön soll einen sonst mögen? Leider bin ich, wie gesagt, kein großer Fan der Ehe.

Aber trotz noch so toller Attribute zählt letztlich nur die Chemie zwischen den zwei Menschen, die zueinanderfinden wollen. Die entscheidet darüber, ob man zusammenpasst – egal wie man aussieht oder wie alt man ist. Der »Magic moment«, das »gewisse Etwas«, der berühmte »Funke« – den kann man zum Glück immer noch nicht künstlich kreieren. Mit Kiki sprang er sofort über.

Mit ihr lebe ich die bislang beste Beziehungs-Konstellation meines Lebens. Paare, die dieselbe Heimat haben, in derselben Gegend aufgewachsen sind, besitzen die größten Chancen auf eine lange glückliche Partnerschaft, habe ich irgendwo gelesen. Bei uns scheint das zu stimmen.

Kiki ist außerdem angenehm eigenständig, sie hat hier in Berlin einen Kosmetiksalon namens »Beauty isn't Make-up« eröffnet und fährt regelmäßig alleine mit ihren Mädels in den Urlaub. Wir lassen uns frei – in jeder Hinsicht –, weil wir uns total vertrauen. »Anderen Frauen nachgucken, flirten – bei mir darfst du das alles«, sagt Kiki. Eine sehr großzügige, positive Einstellung, die sie dadurch begründet, dass sie Männer gut verstehen kann. »Ich finde andere Frauen auch oft hübsch und sexy und gucke ihnen nach, obwohl ich nicht mit ihnen ins Bett will.« Ihre Toleranz finde ich toll. Und die bringe ich ihr auch entgegen.

🐂 DIE VERKORKSTE CRÈME BRÛLÉE – WIE TIM MÄLZER UND ICH FREUNDE WURDEN

Hätte ich Abitur gemacht, hätte ich wohl Psychologie oder Medizin studiert. Die wissenschaftlichen Erkenntnisse über den menschlichen Körper interessieren mich total. Die Biochemie, wie ein Mensch funktioniert, wie Wunden heilen, warum und wie schnell – absolut faszinierend!

Mein Vater ist an Bauchspeicheldrüsenkrebs gestorben, meine Mutter an einem Schlaganfall, deshalb achte ich sehr auf mich und lasse mich regelmäßig untersuchen. Einmal im Jahr ein gründlicher ärztlicher Check-up, mit CT, EKG und allem, was dazugehört. Ich bin nicht hypochondrisch, ich bin nur wachsam. Man kann viele schlimme Sachen vermeiden, wenn man sie rechtzeitig genug erkennt. Ich finde es einfach dumm, nicht zum Arzt zu gehen, wenn man das Leben liebt. Aber gerade Männer tun sich da ja oft sehr schwer, diese Art Verantwortung für den eigenen Körper zu übernehmen. Sie bringen zehnmal lieber ihr Auto zur Reparatur und werden eher bei jeder kleinen Schramme hysterisch, als sich beim Arzt einen Termin zur Vorsorge-Untersuchung geben zu lassen. Bescheuert! Natürlich kann mir auch ein Stein auf den Kopf fallen, und das war's dann, aber so fatalistisch denke ich nicht. Ich tue eben, was ich tun kann, und nutze die Möglichkeiten, die es gibt.

Dazu gehört auch, dass ich mich bewusst und gesund ernähre. Ich entscheide, was ich meinem Körper zuführe und woraus er in den nächsten Wochen neue Zellen baut. Je besser der Stoff, das Material, desto stabiler die Architektur – logisch, oder?

Meine Methode gegen Speckringe sind regelmäßige Metabolic-Balance-Kuren, die ich seit sechs Jahren durchziehe. Das System wurde mir von einem befreundeten Heilpraktiker erklärt, und wen es interessiert, der kann sich etliche Bücher dazu besorgen. Im Grunde geht es dabei um eine Stoffwechseloptimierung. Man nimmt keinen Zucker, kein weißes Mehl, kein Nikotin und keinen Alkohol zu sich und isst genau auf den eigenen Körper zugeschnittene Nahrungsmittel in exakt berechneten Mengen. Ich werde dadurch klarer im Kopf, die Augen glänzen mehr, die Haut regeneriert sich, ich fühle mich leichter (auch schon ohne Kilos zu verlieren), nicht so blockiert, und schlafe tiefer. Ich bin ausgeglichener, einfach mehr in Balance – das ist nicht zuletzt auch beruflich von Vorteil!

Ich bin der Ansicht, dass man immer etwas gegen überflüssige Pfunde tun kann und kein hilfloses Opfer des Sich-gehen-Lassens ist. Man muss die Selbstvernichtung nicht forcieren. Die Disziplin dafür aufzubringen fällt mir leicht – nicht weil ich muss, sondern weil ich will. Weil es Spaß macht, mich reinigt und mir guttut.

Und ich bewege mich nicht nur geistig, sondern auch körperlich: Im Winter gehe ich in der Muckibude aufs Laufband, im Sommer jogge ich draußen – dreimal in der Woche fünfundvierzig Minuten.

Ich achte auf meinen Körper, stopfe nicht mehr wahllos irgendwelches Essen in mich rein, sondern koche immer öfter auch mal selbst. Das macht riesig Spaß: Man schmeißt ein paar Sachen zusammen, denkt sich kreative Variationen aus, würzt, schmeckt ab – das ist wie Songs schreiben. Und wenn das Gemüse und der Fisch, die eben noch roh vor mir lagen, am Ende fantastisch und in dieser Kombination schmecken, ist das für mich immer ein kleines Wunder. Aber natürlich schmeckt mir im Kontrast dazu auch mal ein fetter Burger.

Irgendwann bekam ich mal ein Kochbuch von Tim Mälzer geschenkt. Ich fand ihn im Fernsehen immer ganz witzig, die Rezepte im Buch klangen lecker, und ich beschloss deshalb, seine Crème Brûlée auszuprobieren. Ich versuchte es bestimmt zehn Mal – aber es gelang mir nie. Meine immer verbissener werdenden Versuche wurden der Running Gag in meiner Familie: »Kinder, ich koch heute. Mit Dessert!«

»Was gibt's denn, Crème Brûlée?« Und schon lagen sie lachend unterm Sofa.

Als Joke sagte ich dann irgendwann: »Wenn ich den Mälzer mal in einer Talkshow erwische, dann kriegt er gleich mal ohne Vorwarnung 'ne Ohrfeige für dieses Scheiß-Rezept!«

Wilson und Jimi trafen ihn zum Glück noch vor mir und warnten ihn: »Solltest du mal auf einem Event oder einer Show unserem Vater begegnen, sei vorsichtig!«

»Wieso?« fragte er, angeblich leicht verstört.

»Der ist stocksauer auf dich wegen deines Crème-Brûlée-Rezepts!«

Ein paar Wochen später liefen wir uns dann tatsächlich über den Weg, und Tim meinte ganz vorsichtig: »Hallo, Uwe, du hast ein Problem mit mir, ne?«

Ich erklärte ihm, dass ich das nur im Spaß gesagt hatte. Wir mochten uns sofort.

»Aber bitte sag mir doch, was mit dieser beschissenen Crème Brûlée los ist!«

»Das war eins meiner ersten Kochbücher, und da hat vielleicht was mit der Rezeptur nicht gestimmt«, bekannte er freimütig.

»Super! Ist ja toll! Und nun?«

»Das Problem ist: Die Eier dürfen nicht aus dem Kühlschrank kommen, sondern müssen warm sein. Und du musst ein oder zwei Eier mehr nehmen für die richtige Konsistenz. Und außerdem die richtigen Förmchen – nicht hoch, sondern flach!«

Aha! Der Fehler lag also bei mir: Meine Förmchen waren viel zu tief und nicht breit genug. Ich besorgte mir die richtigen und: Es klappte!

Seitdem sind wir gut befreundet.

Tim und seine Freundin Nina, mit der er über zwanzig Jahre zusammen ist, haben auch eine Finca auf Mallorca. Wenn Kiki und ich auf der Insel sind, ist es quasi ein »Pflichttermin« für uns, die beiden zu besuchen. Wenn Tim dort für uns und ein paar Freunde gekocht hat, sitzen wir danach oft noch lange unter den Olivenbäumen zusammen, philosophieren über das Leben, lachen, toben mit den Hunden, trinken Rotwein und genießen den selbstgemachten Hierbas, den traditionellen mallorquinischen Kräuterlikör. Diese Abende koste ich bewusst voll und ganz aus. Sternenklare Nacht, geile Mucke, gute Leute – da muss man im Moment leben, loslassen und die Zeit vergessen. Dafür lohnt sich das Leben! Tim und ich kommen aus ganz einfachen Verhältnissen und empfinden es als Riesengeschenk, so ein Leben leben zu dürfen. Das ist Glück.

ÜBER DEN TELLERRAND SCHAUEN – GEDANKEN UND EINSICHTEN

Je älter ich werde, desto mehr realisiere ich, was für ein Riesenglück mir in meinem Leben bis jetzt beschert wurde. Diese Erkenntnis führt zwangsläufig dazu, mir unter anderem die Frage zu stellen, warum ausgerechnet mir das passiert und andere Mitmenschen weniger Glück haben. Gibt es für jeden einen »Plan«? Und wenn ja, warum fällt der für manche schlecht und für andere gut aus? Und wie kommt dieser Plan zustande? Fragen, die sich schon viele kluge Köpfe seit Jahrtausenden stellen. Aber Antworten? Eher unbefriedigend und nicht wirklich greifbar. Was wäre denn, wenn wir alle Geheimnisse des Daseins gelüftet hätten? Wie sähe unser Leben dann aus?

Einen nicht zu unterschätzenden sinnbringenden Teil meines Lebens machen diese schwer zu beantwortenden Fragen aus. Dank solcher Fragen komme ich mir selbst täglich ein bisschen mehr auf die Schliche. Ich versuche, mein Denken in immer neue Bahnen zu lenken und registriere dabei, wie ich wahrnehme, kombiniere, katalogisiere und werte. Dabei merke ich natürlich auch, wie schwer es ist, alte anerzogene Denkmuster abzulegen.

Egal, ob es um den Feuergürtel aus Vulkanen geht, der sich um die Erde herumspannt, die Ausgrabungen in Pompeji oder den Buddhismus – meine Neugier bezieht sich sowohl auf naturwissenschaftliche als auch spirituelle Themen. Und auch Esoterik spricht mich an. Die Frage, was es in diesem unendlichen Universum der Möglichkeiten alles gibt, beschäftigt mich sehr. Auch die Tatsache, dass wir nur einen relativ kleinen Prozentsatz unseres Gehirns nutzen, finde ich hochinteressant. Was ist noch möglich? Was könnte man alles wahrnehmen, wenn man die gesamte »Festplatte« einsetzen würde?

Ich finde es äußerst spannend, mal über den Tellerrand zu gucken. Wir sind alle ein bisschen »locked in« auf diesem Planeten und laufen mit Scheuklappen durch unser Leben. Es gibt kluge Bücher, die einem dabei helfen können, die Tür ein wenig weiter aufzumachen. Ganz vorne steht dabei für mich *Auf der Suche nach dem Wunderbaren* von Peter Demianowitsch Ouspensky. Der russische Mathematiker, Philosoph und Esoteriker fasst darin die Lehren Gurdjieffs zusammen und vertritt die These, dass die meisten Menschen schlafend durch die Welt gehen und nur in Schock-Situationen richtig wach werden.

Genauso faszinierend ist für mich, was der amerikanische Zellbiologe Bruce Lipton in seinem Buch *Intelligente Zellen* über die biochemischen Funktionen unseres Körpers berichtet. Oder Dr. Ulrich Warnke in seinem Buch über *Quantenphilosophie und Spiritualität*. Ich verschlinge solche Werke und bin in der Theorie schon ganz gut – in der Praxis allerdings noch blutiger Anfänger: Rückführungen, Schwitzhütten – das habe ich alles noch nicht gemacht.

Ganz oben auf meiner »To do«-Liste in Sachen Erkenntnis steht allerdings das Projekt »außerkörperliche Erfahrung«. Ich möchte demnächst unbedingt mal in schamanischer Begleitung meinen Bewusstseins-Horizont und meine Wahrnehmungen erweitern. Nicht um möglichst stoned zu sein, sondern in seriöser Absicht und unter professioneller Anleitung. Es interessiert mich brennend, was ich dann möglicherweise alles sehen, fühlen, riechen und spüren kann.

Shirley Maclaine erzählt in ihrem Buch *Zwischenleben* von einem erleuchtenden Erlebnis, das sie in Begleitung eines indianischen Schamanen in der Mojave-Wüste hatte. Sie machte eine außerkörperliche Reise, flog bis ins Weltall, war dabei jedoch über ein weißes

Band, ähnlich einer Nabelschnur, mit ihrem Körper verbunden. Sie wusste, wenn das Band durchtrennt wird, wäre sie weg. Experimente dieser Art finde ich supermutig!

Manche berichten davon, unter Einsatz der peruanischen Lianen-Droge Ayahuasca zu ihrem Krafttier geworden zu sein (das jeder Mensch besitzt). Ich würde gern wissen, wie es sich anfühlt, ein Adler zu sein, wie es ist, fliegen zu können und die Welt von oben zu sehen. Aber vielleicht ist es da oben auch ganz doof und kalt, und er wäre lieber ein Mensch, der mit Chips und Bier auf dem Sofa vor der Glotze sitzt. Who knows?

Mein fünftes Lieblingsbuch stammt von dem indisch-amerikanischen Arzt Dr. Deepak Chopra und heißt *Das Tor zum vollkommenen Glück*. Darin geht es um Synchronizitäten, das sind Verbindungen schaffende Muster des Universums. Wenn man gerade an jemanden denkt und der dann genau in dem Moment anruft, zum Beispiel, dann ist das so ein Muster. Oder wenn man etwas träumt, das sich als wahr herausstellt. Deepak Chopra erklärt, welche Kräfte solchen »Wundern« zugrunde liegen, und beschreibt, wie man seine eigenen Zufälle gestalten und in allen Lebensbereichen positiv nutzen kann. Denn Wunder passieren dauernd – das bekommt man mit, wenn man gelernt hat, sie zu sehen. Und dazu ist jeder in der Lage!

»ICH HAB NOCH DREISSIG SOMMER!« – AUSSICHTEN

Die Summe der Glücksmomente macht ein erfülltes Leben aus, sagt man. Unter diesem Aspekt betrachtet ist mein Konto gut gefüllt: Ich habe viel gesehen, viel erlebt, tolle Menschen kennengelernt und finde es äußerst schade, dass schon über die Hälfte rum ist. Ich bin jetzt siebenundfünfzig und habe, wenn alles gut läuft, noch fünfundzwanzig bis dreißig Sommer vor mir. Das ist überschaubar. Gut, ich könnte mich damit trösten, dass auch noch fünfundzwanzig bis dreißig Winter dabei sind – ein relativ schwacher Trost. Nicht nur deshalb versuche ich, jede Sekunde bewusst zu genießen und alles mitzunehmen, was sich mir bietet – nach dem Motto: »Friss das Leben, oder es frisst dich!«

Wilson wohnt gerade wieder bei mir in Berlin, wir leben zusammen mit Kiki in einer coolen WG und haben engen Kontakt zu Jimi und Cheyenne. Auch Rocco habe ich mich wieder angenähert. »Augenblick verweile, du bist so schön« – das könnte ich momentan jeden Tag rufen. Die vielzitierte Goethe-Weisheit »Nichts ist schwerer zu ertragen als eine Folge von glücklichen Tagen« kann ich dagegen nicht unterschreiben. Mein Glas ist immer halbvoll, und ich habe mir abgewöhnt, Haken oder »dicke Enden«, die vielleicht noch kommen könnten, zu fürchten. Es gibt offenbar auch ein Leben ohne Haken. Wenn ich morgen stürbe, würde ich sagen: »Schade, ich wäre gerne noch etwas länger hier geblieben«, aber ich wäre dankbar für das supergeile Leben, das ich bisher hatte.

Ich kenne keine Angst vorm Tod, weil ich mit meinem Leben bislang absolut zufrieden bin. Und danach geht's ja auch weiter, da bin ich sicher. Mein Weg lief so geradlinig wie auf Schienen. Ich habe das Gefühl, genau zum richtigen Moment auf diesem Planeten gelandet zu sein, und scheine wohl im Vorleben (wenn man es so sehen möchte) nicht allzu viel falsch gemacht zu haben. Zumindest musste ich in dieser Runde kein schlechtes Karma abarbeiten. Mein Lebensplan ging auf, vielleicht gerade deswegen, weil ich mich eben nie nach der Meinung anderer gerichtet habe. Ich besitze mein eigenes inneres Navigationssystem, dem ich vollkommen vertraue. Offenbar bin ich mit dem klaren Auftrag »Werde Schauspieler!« auf diese Welt gekommen. Es ist, als wäre mir dieses Ziel eingepflanzt worden, als wäre ich darauf programmiert worden, da gab's einfach nie etwas dran zu rütteln. Diese Art »Bestimmung« betrachte ich mit viel Demut. Es ist ein großes Geschenk und unglaubliches Glück.

Und wenn es einmal mit mir zu Ende geht, dann möchte ich den Übergang so bewusst wie möglich erleben. Meine liebsten

Menschen sollen dann an meiner Seite sein und mit mir anstoßen. »Wenn hier einer heult, fliegt er raus!«, würde ich rufen. Und: »Mir geht's gut, ich freu mich auf das, was jetzt kommt, denn ich hab ein super Leben gehabt!« Ich würde noch eine letzte Zigarette rauchen, austrinken und einschlafen – so stelle ich mir meinen Abgang vor. Ach, und auf meinen Grabstein soll stehen: »Bin gleich wieder da.«

Was macht also ein glückliches Leben aus? Ein guter Freundeskreis, Gesundheit, eine Aufgabe zu haben und Bestätigung zu erfahren, denke ich. Genug Geld zu haben ist auch nicht unwichtig, aber mit »genug Geld« meine ich »genug, um gut zu leben« – Luxus und Besitz braucht eigentlich kein Mensch, denn am Ende kann man eh nichts mitnehmen. Gar nichts! Außer der Summe seiner Erfahrungen und Erlebnisse. Wenn schon Geld ausgeben, dann deshalb höchstens für Reisen: Es gibt so viel zu sehen, so viele Länder, Landschaften und Kulturen. So viele Lebenskonzepte. Da kann man erstklassig seinen Horizont erweitern und sein Leben aus anderen Perspektiven betrachten.

Die Geschichte der Frau, die immer glaubte, sich keine Weltreise leisten zu können, bis sie mehrere Millionen im Lotto gewann, ist in diesem Zusammenhang hochinteressant: Dank ihres Gewinns machte sie nun die Weltreise und gab letztlich keinen Cent dafür aus. Denn sie nahm unterwegs immer irgendwelche Jobs an, sodass sie am Ende reicher zurückkam, als sie gestartet war. So kann man sich verschätzen, und viele Träume bleiben unerfüllt, weil man nicht den Mut hat, sie einfach zu leben.

Trotzdem braucht man eine Begabung zum Glücklichsein. Positives Denken ist vor allem auch eine Sache des Verstandes – jeder kann es bekanntlich in sich und bei sich initiieren. Die größten Glückskiller waren für mich immer Neid und Hass. Neid und Hass sind keine produktiven Gefühle. Beide sind Sackgassen. Von Bedeutung ist allein die Kraft des positiven Denkens. Und für diesen Kurs habe ich mich entschieden.

Die letzten Seiten klangen vielleicht ein bisschen so, als hätte ich missionarische Ambitionen. Das ist natürlich Quatsch. Ich muss nicht die Welt retten oder jemanden von irgendwas überzeugen. Aber wenn ich ehrlich mitteilen soll, »was bisher geschah« – und das habe ich getan –, gehören diese Überlegungen und Ansichten eben auch dazu.

»Wo siehst du dich in zehn Jahren?«, lautet eine beliebte Frage von Journalisten und Psychologen. Die Antwort fällt mir nicht schwer: Ich will spielen, bis zum letzten Atemzug, und auf der Bühne stehen, bis ich umfalle! Ich werde nämlich äußerst unleidig und übellaunig, wenn ich nicht arbeite. Außerdem macht mir mein Job wahnsinnig viel Spaß. Solange ich spiele, habe ich keine Zeit, alt zu werden – und die Stones rocken ja auch noch, obwohl sie schon lange im Rentenalter sind.

Ich kann mir auch gut vorstellen, junge Schauspielanfänger ohne Berufserfahrung zu coachen und ihnen Unterricht zu geben. Das habe ich in der Vergangenheit schon ein paarmal sporadisch gemacht und fand es für beide Seiten sehr effektiv. Wenn mir jemand in einer Casting-Situation etwas vorspielt, wird mir klar, was ich nach vielen Jahrzehnten im Geschäft alles draufhabe und was für mich inzwischen selbstverständlich ist. Im Unterschied dazu wissen Anfänger oft überhaupt nicht, wie man eine Figur glaubhaft, authentisch und auf den Punkt genau darstellt. Ich glaube, ich kann dann ganz gut die richtigen Wege finden, um junge Talente dahin zu bringen, dass sie selbst spüren, wann ihr Spiel richtig ist.

In Ermangelung qualitativ guter Angebote trage ich mich in letzter Zeit auch immer wieder mit dem Gedanken, selbst mal ein Film- oder Theater-Projekt anzuleiern. Ich habe etliche Story-Ideen, aus denen ein guter Produzent und ein fähiger Autor ein spannendes Drehbuch machen könnten. Und vielleicht stelle ich mich dann, nach über vierzig Jahren *vor* der Kamera selbst mal hinter sie und führe Regie! Wär doch einen Versuch wert ...

Eins steht also auf jeden Fall fest: Es bleibt spannend! Und vielleicht erzähle ich Ihnen in einigen Jahren ja, *Was noch geschah* ...

ABSPANN

»Uwe, warum schreibst du nicht auch mal ein Buch über dich?«, wurde ich jahrelang immer wieder gefragt. Von Freunden, von der Familie, von Kollegen – und nicht zuletzt von diversen Verlagen. Bis zum August 2012 lehnte ich Anfragen dieser Art stets ab. Ich konnte mir nicht vorstellen, dass mein Leben für andere interessant genug wäre, um es in einer Autobiografie festzuhalten.

Doch als ich mich nach einer Begegnung mit Stefan Lübbe intensiver mit dem Gedanken befasste, sah ich die Möglichkeit, in einem solchen Buch *den* Uwe Ochsenknecht zu beschreiben, der ich wirklich bin. Im Gegensatz zu dem Image von mir, das durch die Medien über Jahrzehnte aufgebaut wurde und nur zum Teil der Wahrheit entspricht.

Und so begann ich also, mich im Rückblick mit meinem bisherigen Leben zu beschäftigen. Im Schnelldurchgang erlebte ich ein zweites Mal die verschiedenen Stationen von der Kindheit über die ersten Bühnenerlebnisse und die großen Filmerfolge bis hin zu der wunderbaren Begegnung mit Kiki. Und langsam schob ich dabei meine Bedenken, nichts Besonderes erzählen zu können, beiseite. Am Ende war ich erstaunt – über all das, *Was bisher geschah* ...

Einigen Menschen, die mich auf diesem Weg begleitet haben, möchte ich hier abschließend noch meinen Dank aussprechen. Das sind insbesondere Stefan Lübbe und meine Lektorin Ramona Jäger vom Bastei Lübbe Verlag, Renate Schuster von der ZAV-Agentur München, Karin Schreiner von CO.CO Concerts, Jürgen Grethler von der Kanzlei Grethler, Peter und Marc Schmalisch von der Kanzlei Schmalisch, Bernd Häcker von der Kanzlei Maly & Häcker, Simone Lingens von der Kanzlei Prinz, Dr. Klaus Heyme, Dr. Hans-Wilhelm Müller-Wohlfarth, Florian und Nanni Grill, Rüdiger

Meng, Günter Gellesch, meine Bandmitglieder Thomas Lui Ludwig (Drums), Stefan Ivan Schäfer (Gitarre), Christoph Kaiser (Bass), Florian Walter (Gitarre, Gesang), Markus Zimmermann (Keyboards, Gesang), Simon Nicholls (Keyboards, Gesang), Hans Reiner Schröder, Manja Burmeister, Marek Lieberberg und seine Konzertagentur, Familie Brenner von BB Promotion Mannheim, Bernd Hummel, Sylvie Kollin sowie Hans-Peter und Maren Oehm.